# 高铁"流空间"产业经济环境效应分析

刘敬严 著

哈尔滨工业大学出版社

## 内容简介

本书聚焦于高铁"流空间"效应,系统分析了高铁对产业经济环境的影响;通过 DPSIR 模型和 PLS 模型,探讨了高铁"流空间"对产业经济环境的影响机理,并对其协调发展进行了测度分析,揭示了高铁"流空间"对产业经济环境的总体效应;此外,详细探讨了高铁"流空间"对产业集聚、绿色发展以及区域产业结构转换的影响。书中展望了高铁"流空间"产业经济环境效应的未来趋势,并提出了相应的政策建议。本书为理解高铁对区域经济的深远影响提供了理论参考和实践指导。

本书适合从事区域经济、产业发展、城市规划、高铁发展等领域的研究人员、政策的制定者和实践工作者阅读。

**图书在版编目(CIP)数据**

高铁"流空间"产业经济环境效应分析/刘敬严著.
哈尔滨:哈尔滨工业大学出版社,2024.10.(2025.3 重印)--ISBN 978-7-5767-1746-4

Ⅰ.F269.27;X21

中国国家版本馆 CIP 数据核字第 2024NE0460 号

| | |
|---|---|
| 策划编辑 | 刘 瑶 |
| 责任编辑 | 刘 瑶 |
| 封面设计 | 刘长友 |
| 出版发行 | 哈尔滨工业大学出版社 |
| 社　　址 | 哈尔滨市南岗区复华四道街 10 号　邮编 150006 |
| 传　　真 | 0451-86414749 |
| 网　　址 | http://hitpress.hit.edu.cn |
| 印　　刷 | 哈尔滨久利印刷有限公司 |
| 开　　本 | 787mm×1092mm　1/16　印张 13.25　字数 298 千字 |
| 版　　次 | 2024 年 10 月第 1 版　2025 年 3 月第 2 次印刷 |
| 书　　号 | ISBN 978-7-5767-1746-4 |
| 定　　价 | 90.00 元 |

(如因印装质量问题影响阅读,我社负责调换)

# 前 言

在经济全球化的大潮中,高铁作为我国科技进步与交通运输革命的璀璨成果,已深深融入时代发展的脉搏之中。高铁的发展,带来了交通运输领域的变革,更引发了经济、社会、文化等多方面的连锁反应。高铁的迅猛崛起不仅重塑了我国的地理空间格局,更在产业经济环境领域产生了深远影响。其卓越的速度和广泛的覆盖打破了传统的地理束缚,塑造出一种崭新的"流空间"现象。高铁"流空间"作为一种新型空间形态,其对产业经济环境的影响日益显现。本书在这样的背景下应运而生,深入探讨了高铁"流空间"对产业经济环境的影响机制及其效应。

本书专注于高铁"流空间"产业经济环境效应,系统梳理了相关理论体系,并通过实证分析详细探讨了高铁对区域经济、产业发展和生态环境的具体影响。在此基础上,书中提出了针对性的优化策略,力求将理论与实践相结合,为广大读者提供一部既具理论深度,又富有实践指导意义的著作。同时,本书还全面审视了高铁"流空间"对产业经济环境影响的正反两面,以期引导读者全面、客观地看待高铁发展带来的机遇与挑战。

本书共分为9章,从不同角度对高铁"流空间"产业经济环境影响进行了全面探讨。

第1章 绪论。本章主要介绍了研究的背景和意义。研究背景包括高铁的发展现状及其在区域经济发展中的作用。研究意义主要体现在3个方面:一是深化对高铁与区域经济相互作用机制的认识;二是为高铁沿线产业布局优化提供决策支持;三是引导和促进区域协调发展。

第2章 高铁"流空间"效应。本章阐述了高铁"流空间"的相关理论和效应。首先介绍了流空间理论的起源与发展,然后分析了高铁"流空间"的理论基础与核心构成,最后探讨了高铁"流空间"的发展及其效应分析。

第3章 高铁"流空间"产业经济环境影响机理分析。本章通过构建 DPSIR 模型和 PLS 模型,分析了高铁"流空间"对产业结构的影响机理。主要包括高铁流空间与要素流动、产业结构变化、区域经济发展等方面的影响。

第4章 高铁"流空间"产业经济环境测度分析。本章采用 DPSIR-SBM 模型对高铁"流空间"产业经济协调发展进行测度分析。主要内容包括分析产业经济效率、产业经济影响机制、产业经济协调发展等方面。

第5章 高铁"流空间"产业集聚影响分析。本章分析了高铁交通流对旅游业、物流业、工业和服务业集聚的影响。分别从游客、旅游路线格局、商业模式、物流业运输配送模式、区域物流业集聚等方面进行了探讨。

第6章 高铁"流空间"产业绿色发展影响分析。本章分析了高铁交通流对区域环境污染、碳排放、产业结构优化、产业技术创新等方面的影响,以探讨高铁"流空间"产业绿色发展的作用。

第7章 高铁"流空间"区域产业结构转换分析。本章从产业结构转换能力、产业结构转换升级等方面,分析了高铁对区域产业结构的影响及产业结构转换布局。

第 8 章 高铁"流空间"产业经济环境效应展望。本章对高铁"流空间"产业经济效应和环境效应进行了展望,提出了相关建议和措施,以应对未来趋势和挑战。

第 9 章 结论与建议。本章总结了全书的主要研究结论,并提出了针对性的政策建议。

本书是作者对多年研究成果进行的系统的总结和梳理。在本书撰写过程中,石家庄铁道大学赵莉琴教授提供了宝贵的建议。此外,高敏、方硕、郑文文、张烁、游子吟、向恩娆等多位研究生也参与了相关内容的研究。本书汇聚了防灾科技学院部分师生辛勤耕耘的成果,采纳了国内外从事高铁相关研究的学者的部分观点,在此一并致谢。

本书适合从事区域经济、产业发展、城市规划、高铁发展等领域的研究人员、政策制定者和实践工作者阅读,同时也为广大读者了解高铁"流空间"产业经济环境影响提供了有益的参考。希望本书能为高铁"流空间"产业经济环境效应的研究领域贡献一分力量,为我国高铁事业的繁荣发展添砖加瓦。笔者衷心希望广大读者在阅读本书的过程中,能够获得深刻的启发。最后,请允许我们以诚挚的心情,祝愿每一位读者在学术道路上不断攀登,共创美好未来。

因作者水平有限,书中难免存在不足之处,恳请专家学者提出宝贵意见。

刘敬严<br>
2024 年 6 月于防灾科技学院

# 目 录

**第1章 绪论** ··············································································· 1
    1.1 研究背景 ········································································· 1
    1.2 研究意义 ········································································· 2

**第2章 高铁"流空间"效应** ······························································ 5
    2.1 高铁"流空间"相关理论 ······················································ 5
    2.2 高铁"流空间"效应 ·························································· 22

**第3章 高铁"流空间"产业经济环境影响机理分析** ······························· 50
    3.1 高铁"流空间"产业结构 DPSIR 模型分析 ······························· 50
    3.2 高铁"流空间"产业结构 PLS 模型分析 ··································· 62
    3.3 高铁"流空间"产业结构影响机理分析与讨论 ·························· 68

**第4章 高铁"流空间"产业经济环境测度分析** ····································· 77
    4.1 高铁"流空间"产业经济协调发展 DPSIR-SBM 分析 ················· 77
    4.2 高铁"流空间"产业经济协调发展实证分析 ····························· 80
    4.3 高铁"流空间"产业经济协调发展测度分析结论与启示 ·············· 88

**第5章 高铁"流空间"产业集聚影响分析** ··········································· 91
    5.1 高铁交通流对城市群旅游业影响特征分析 ······························· 91
    5.2 高铁交通流对城市群物流业影响特征分析 ······························· 96
    5.3 高铁的开通对工业和服务业集聚变化的影响 ··························· 122
    5.4 高铁"流空间"产业集聚影响分析与讨论 ······························ 128

**第6章 高铁"流空间"产业绿色发展影响分析** ··································· 130
    6.1 高铁交通流对区域环境污染的影响 ······································ 130
    6.2 高铁开通形成的结构变动、技术进步效应 ····························· 142
    6.3 高铁"流空间"产业绿色发展分析与讨论 ······························ 145

**第7章 高铁"流空间"区域产业结构转换分析** ··································· 147
    7.1 产业结构转换能力分析 ···················································· 147
    7.2 产业结构转换升级分析 ···················································· 162
    7.3 区域产业结构转换分析结论与讨论 ······································ 171

第8章 高铁"流空间"产业经济环境效应展望 ·················· 173
   8.1 高铁"流空间"产业经济效应展望 ························· 173
   8.2 高铁"流空间"产业环境效应展望 ························· 179
第9章 结论与建议 ··························································· 186
   9.1 主要结论 ··························································· 186
   9.2 相关建议 ··························································· 187
参考文献 ········································································· 192

# 第 1 章 绪 论

## 1.1 研究背景

在全球化与区域经济一体化加速融合的当下,高铁以突破性的技术成就,重塑了传统交通的格局,成为连接城市、推动区域经济发展的核心力量。从日本新干线到欧洲、亚洲等地的高速交通网络的快速发展,高铁技术的普及见证了人类对速度与效率的不懈追求。中国作为这一领域的后来者与领跑者,自 2003 年启动高铁建设以来,实现了从追赶到引领的飞跃,构建出全球规模最大、技术最为先进的高铁网络,不仅在物理意义上缩短了地理距离,更在经济、社会、文化等多个层面上加深了人与人、城市与城市的联系,其深远影响堪称交通史上的奇迹。2019 年《交通强国建设纲要》的出版标志着中国交通运输发展进入了一个崭新时代,它不仅提出了构建多层次、立体化的交通网络,还明确指出高铁作为"发达的快速网",对国家现代化具有战略支撑作用。这预示着中国交通系统正转变为积极引导经济结构优化与社会变革的力量。

高铁技术的飞跃与应用深刻改变了社会空间特性,催生了一种"流空间"现象,这一特征体现了高铁作为经济社会发展加速器的作用,通过创建高度流动性和连通性的"流空间",为经济要素自由流动与高效配置提供了新平台。在"流空间"效应下,信息、资本、人才、技术等关键经济要素如同血液般在城市与区域间自由流动,促进了新兴产业的迅速发展,加速了传统产业现代化转型的步伐,优化了产业布局,最终形成了一个更为高效、更具竞争力的产业经济环境。这一过程不仅体现了高铁作为基础设施对于经济增长的直接推动作用,更揭示了其在促进经济结构内部调整与外部合作,以及在构建开放、协同、创新的区域经济生态系统中的深层价值。

交通作为关键驱动力,不仅强化了人流、物流的高效流动,而且加速了信息流、技术流和资金流等多元要素在跨城市乃至区域层面的高度融合与动态交互。高铁"流空间"产业经济环境的研究正是植根于这一广泛而深刻的变革之中。它聚焦于探讨高速交通技术革新如何催化"流"要素之间的深层耦合与协同效应,进而重塑区域空间结构,催生新的经济活动模式,以及对区域社会经济空间格局产生的深远影响。

本书主要讲述高铁如何通过其超凡的速度和覆盖的范围打破地理界限,形成"流空间"现象,更深入地讨论了这一现象如何激发区域经济活力,推动产业升级和结构优化。本书专注于高铁交通为区域产业结构升级和经济增长提供的内在动力,以及高铁交通构筑的"流空间"与其影响区域产业经济协同发展的关系。通过构建基于 DPSIR 模型的高铁"流空间"产业结构影响评估体系,并采用 DPSIR-PLS 模型和 DPSIR-SBM 模型进行量化分析,深入挖掘高铁交通网络化进程形成的"半小时都市圈"和"1 小时经济圈"对区域要素流动、产业集聚及产业结构动态演化的深层次驱动力。此外,本书还将详细考察高铁交通对区域经济全面发展、城市可达性改善、物流产业集聚效率提升、产业结构高端化与合理化进程的影响。利用灰色预测模型和有无对比法,分析高铁开通前后的区域经济增长速度变化、城市间交通可达性实际提升程度以及高铁对物流产业集聚效应的具体展现[1]。考虑到高铁交通对区域绿色发展的重要性日益凸显,本书探讨了高铁开通如何通过产业结构优化和科技进步来降低工业污染排放,有力驱动城市的绿色发展。以京津冀地区为例,通过因子分析法和产业结构转换相关指标,深入剖析该区域在产业结构转换能力上的地域差异、产业结构升级的主要导向以及产业结构转换的空间分布特点。本书的目标在于深入解析高铁运输网络在重新塑造我国乃至全球产业经济地理格局中的核心作用,并为后续的区域发展规划和产业布局策略提供科学依据与决策参考。

## 1.2　研究意义

### 1.2.1　深化高铁与区域经济相互作用机制的认识

高铁通过大幅度缩短地理距离和减少时间成本,实现了以往受物理空间限制的要素流动质的跃升。在人流层面,高铁极大地提高了人口流动的速度和效率,有力地促进了人力资源的优化配置,使得人才和劳动力能更顺畅地在各个地区间流动,为沿线城市输送了丰富的智力支持和人力资源基础。在物流维度,高铁颠覆了传统物流模式,提升了货物运输的速度和稳定性,推动了供应链管理的深度优化,有力地激活了商品和服务市场的活跃度,并加深了其一体化程度。信息流作为现代经济社会发展的重要驱动力,在高铁时代得到了前所未有的提升。高铁网络既加快了信息传递速度,也拓宽了信息覆盖范围,有力地促进了知识和技术的快速扩散与交流,对技术创新和产业升级起到了关键的推动作用。同样,资本流也得益于高铁带来的时空压缩效应,使得资本能在更广阔的空间内寻找投资机遇,有效引导资金投向具有更大发展潜力和竞争优势的区域,促进区域间经济发展的平衡与协同进步。

为了深入探讨高铁对区域内人流、物流、信息流和资本流的影响及其相互作用机制,实证分析和模型建构是至关重要的研究手段。通过细致对比分析不同地区、不同时段的数据资料,并建立能够揭示要素流动内在规律的理论模型,可以更精确地揭示高铁如何通过资源再分配来重构区域产业结构,催生新兴产业成长,推动传统产业改革升级;同时,通过强化创新力,提升整个区域经济的活力和可持续发展潜力。

高铁营造的"流空间"产业经济环境效应研究,在理论层面展现出深远的学术价值和理论贡献。这一领域的研究超越了传统交通基础设施与区域经济发展关系的认知架构,聚焦于高铁这一新型高效交通方式构建的"流空间",深度剖析时空压缩、要素流动加速等机制,从而揭示出高铁如何从根本上改变地区间的经济联系结构和布局形态。

这种基于高铁"流空间"的研究视野,不仅加深了我们对现代社会经济活动中地域关系重建与功能区划新特性的认知,也启发我们在评价和规划交通基础设施建设时,既要重视其联结地理节点、改进出行条件的直接效益,更要充分认识到其在编织社会经济活动网络、激发区域发展动力等方面的深远战略意义。这有助于更好地指导政策制定和实际操作,推动我国乃至全球范围内的区域经济协调发展达到新的高度。

### 1.2.2 为高铁沿线产业布局优化提供决策支持

高铁"流空间"产业经济环境效应的实际应用,在城市规划、产业政策制定及企业投资决策中具有无可比拟的指导价值。这一理论研究的实际转化,使政策的制定者和市场的参与者能够更加科学、准确地理解及掌握高铁对沿线区域经济发展的影响机制,进而做出更为精准的战略规划。

通过对高铁开通前后沿线地区产业发展的深度比较,该研究揭示了高铁所产生的时空压缩效果如何通过重塑要素流动模式,推动特定产业的发展与集聚。例如,那些依赖快速物流、人才流通及信息传输的行业,诸如现代服务业、高端制造业、高新技术产业等,在高铁网络的辐射下通常能迅速获益,实现产业规模的扩大和竞争力的提升。基于此类发现,地方行政部门可根据研究结果,精准地规划和发展特色优势产业,积极引导新兴产业或高附加值服务业向高铁枢纽周边集聚,不仅充分利用高铁交通带来的便捷性,还能避免行业同质竞争,促进区域间的差异化发展,有力地推动区域产业结构的优化升级。

同时,该研究成果为企业在选址设厂、市场定位及供应链管理等多个方面提供极富价值的参考。高铁作为现代交通系统的核心组成部分,对企业生产布局具有显著影响。企业可通过深入研究高铁"流空间"内的资源流动规律,选择交通便利、产业集聚度高的区域设置生产基地,这有助于降低成本、提高生产效率,同时便于获取优质的劳动力资源和技术支持。在市场定位层面,高铁所连接的城市群构成了庞大的消费市场,企业据此可适时调整产品组合和服务策略,瞄准由高铁带来的庞大市场需求。另外,在供应链管理环节,高铁的存在也促使企业更加注重与上下游产业链的协同配合,围绕高铁站点形成集约高效的产业集群,从而提升产业链整体竞争力,有力推动区域经济实现高质量的增长。

综上所述,在实践层面,深入探究高铁"流空间"产业经济环境效应,能为政府和企业提供丰富的决策依据。它指引城市规划朝着更适应新时代交通变革的趋势发展,使产业政策设计更显前瞻性和针对性;对于企业来说,则预示着更多发展机遇和更为宽广的发展天地。这种理论研究与实践相结合的方式,无疑加速了我国乃至全球高铁沿线地区的经济社会现代化步伐,为实现可持续发展目标注入了强劲的动力。

### 1.2.3 引导和促进区域协调发展

高铁"流空间"产业经济环境效应的深入研究,对于我国政府在制定和执行区域协调发展与新型城镇化战略时具有重大指导意义。基于这些研究成果，政府部门能够更准确地掌握高铁网络布设对区域经济发展的内在规律，确保在规划和调整国家及地方区域发展策略时具备更高的科学性与准确性。

首先，在高铁线路规划布局上，研究结论为优化设计提供了可靠的理论依据。通过对高铁沿线各地资源条件、发展潜力和市场需求等因素进行全面考量，政府可有的放矢地引导高铁线路向相对欠发达地区延伸拓展，借由交通基础设施的改善拉动资本、人才和技术等关键要素向这些区域汇集，逐步缩小区域间的发展鸿沟，实现区域间的均衡和协调共同发展。同时，利用高铁的强大力量，推动落后地区的产业结构更新换代，催生本地经济的内生动力。

其次，在高铁站点周边区域的发展策略上，政策的制定者应充分吸取研究成果，创新土地管理制度，如采取灵活的土地供应方式、区别化的土地出让政策等，以适应高铁催生的产业发展需求及城市空间结构的演变趋势。此外，还需改革投融资机制，积极招揽多元化社会资本加入高铁经济带的建设，通过金融扶持措施鼓励企业投资与发展，打造依托高铁带动的经济增长高地。

高铁作为城乡一体化和区域协同联动的重要桥梁，其"流空间"效应在推进新型城镇化过程中扮演着至关重要的角色。一方面，高铁将大小城市和乡村紧密相连，促进人口有序流动，有助于减轻大城市的人口承载压力，缓解资源供需矛盾，同时为中小城市和乡村带来发展机遇，优化人力资源、物质资源及信息资源的高效配置；另一方面，高铁赋能构建以城市群为主体的城市群联动发展模式，强化不同等级城市间的功能互补和资源共享，有利于推动产城深度融合，确保工业化与城镇化协调并进，实现经济社会与生态环境的和谐共存和绿色发展愿景。

综上所述，无论是在宏观区域规划层面，还是微观的地方政策设计环节，决策者均应高度重视并充分运用高铁"流空间"产业经济环境效应的研究成果，采取科学合理的政策措施，有力引导和调节高铁驱动的区域经济转型与升级，扎实推动我国区域协调发展的进程以及新型城镇化向更高层次迈进。同时，还需要根据实际情况不断探寻和完善相关政策架构，确保高铁建设和运营始终契合国家整体发展战略，持续释放其对经济社会发展的巨大动能。

# 第2章　高铁"流空间"效应

## 2.1　高铁"流空间"相关理论

### 2.1.1　流空间理论的起源与发展

#### 2.1.1.1　流空间产生的背景

流空间概念的兴起,是对21世纪初期社会经济空间结构转型的深度理论化,其蕴含的是全球化与信息技术革命双重动力的推动。流空间(space of flows)通俗来讲是可以在不同地点之间通过各种网络和通道进行人员、商品、资金、信息、技术等要素的高效、即时的交流与互动,从而构建起跨越地理界线的一种新形式的空间之内的社会、经济、文化联系。流空间的核心价值在于其对传统空间观念的解构与重建。它不再拘泥于定义物理位置的静止,而是创造了一个以流动性为核心的新空间逻辑框架。流空间概念的诞生与以下因素紧密相连。

(1)全球化进程深化

全球化是一个长期的历史进程,起始于早期的殖民扩张与国际贸易增长,表现为多层面的跨国界相互依赖与整合,显著增强了国际间商品、服务、资本、人员、信息等要素的自由流动,突破地理限制,推动全球经济一体化、市场全球化及文化交融。可以说全球化进程中日益增强的大规模流动性和高度连接性为流空间概念的产生提供了现实基础。信息技术革命则是全球化得以推向高潮的关键驱动力,特别是20世纪70年代以来,信息技术的飞速发展极大地加速了全球化的进程。互联网的普及,尤其是在20世纪90年代初计算机网络的广泛使用,标志着信息化进程进入新阶段。袁园[2]指出20世纪末由于信息技术范式的转变与全球化趋势的加深,引领了社会从物质资源主导转向信息资源主导,催生了虚拟社群、多媒体文化等新兴现象,重塑了城市形态。可见,信息技术革命不仅提供了支撑网络社会的强大技术基础与工具,更是信息化现象发生、发展的根本动力。没有信息技术的跃进,就无法形成现代意义上的信息化社会。

(2)信息技术革命的催化

Castells指出:"网络社会以全球经济为力量,彻底动摇了以固定空间领域为基础的民族国家或所有组织的既有形式。"[2]在信息通信技术(information and communication technology,ICT)高度发达的背景下,人们通过数字化、网络化的手段进行信息交流、经济活动、社会交往,形成超越传统地理边界的虚拟或实体网络关系的社会形态[3]。其特征包括信息的即时性、全球可达性、知识与技术的快速扩散、社会关系的去中心化及社会行为的高度协同等。张瑛[4]认为，全球化为网络社会提供了展现自身的平台，而网络社会则是全球化在空间形态上的具体体现，二者相互交织、相互影响，共同构建了一个全新的、系统化的、开放的社会结构。网络技术将全球信息紧密连接，塑造了20世纪社会的主导形态——网络社会，成为孕育流空间的背景环境。网络社会作为全球化与信息技术交织的产物，其诞生和发展与流空间概念紧密相连。网络社会的物质基础正是全球化与信息技术革命相互作用下空间结构深层变革的结果。"流空间"的哲学理论深入剖析并详尽阐释了网络社会中存在的多元问题，并为实现世界网络空间治理的和平与可持续发展提供了坚实的理论指导[5]。全球化和信息化的推进加速了网络社会的形成，而网络社会的演化历程又进一步推动了流空间概念的深化与发展。

（3）社会结构与文化转型

Castells结合马克思主义的全球化理论、信息社会理论和后现代空间理论，提出了网络社会理论与流动空间理论[5]。他指出，网络社会以全球经济为动力，从根本上动摇了以固定空间为基础的传统民族国家和各类组织形式。Castells分析网络社会具有三大特征：信息-技术革命、社会经济重构及文化社会运动。其中，信息-技术革命不仅催生了虚拟社群、多媒体文化等新兴现象，重塑了城市形态，还推动了社会从物质资源主导转向信息资源主导。这种转型进一步加剧了空间的流动性与网络化，为流空间概念的形成提供了理论依据。

综上所述，流空间概念的诞生与全球化、信息技术革命紧密相连，是理论与现实交互反馈的产物。它不仅反映了现实世界中空间组织与社会互动模式的深刻变化，也为理解和预测未来社会经济空间结构的演进提供了重要的理论工具。

#### 2.1.1.2 流空间演变历程

流空间概念最早根植于传统地理学的空间理论，强调地理空间的物质性和固定性。空间被视为地理实体的集合，主要关注地理位置、地形地貌、自然资源等特征。David Harvey在其著作《地理学的解释》中，通过对资本循环和空间流动的深入探讨，提出了流空间的概念。他强调了空间的动态性和流动性，认为空间不是静止不变的，而是受到资本循环和各种流动过程的影响而不断变化。这一观点引发了对空间的重新思考和理解。在"流空间"形式中，地点（places）并不消失，但地点的含义有着根本性的不同。一个地点由在各种"流"中所处的位置界定其属性。

1989年美国社会学家Castells在 *The Informational City: Information Technology, Economic Restructuring, and the Urban-Regional Progress*（《信息化城市：信息技术、经济重构与都市-区域过程》）这部里程碑式的著作中初步触及了这一概念的核心思想[6]，他提出了"流空间"这一概念的雏形，虽未将它明确定义为一个严谨的学术术语，但描绘了一种新型空间形态的轮廓。这种形态反映了信息技术如何渗透并重构经济活动与城市空间的关系，进而影响都市和区域的发展进程。在这一阶段，Castells对流空间的探讨较为抽象，更多地体现在对信息时代下社会经济活动与地理空间之间新型关联的意识形态层面，暗示了空间不再仅仅是物理位置的集合,而是由信息流、物质流、资本流等多重流动要素编织而成的新型空间结构。在 Castells 的理论中,城市间的物质、信息、人口等资源的流动不受地理邻近的局限,继承为可实现共享时间的实践组织[7]。随着理论的深化和实践经验的积累,Castells 在后来的"信息时代三部曲"之一《网络社会的崛起》(*The Rise of the Network Society*)中专门设立了"流空间"这一章节,对这一概念进行了更为详细和科学的阐述[8]。在此章节的导言中,Castells 提出了流空间理论的中心前提是流空间与位空间概念的分离。在这一著作中,Castells 不仅明确了流空间是围绕信息流动和其他关键要素流动而组织起来的空间形态,还强调了信息和通信技术如何在信息经济时代中,通过打破地理空间界限,重新定义了城市、区域乃至全球的社会关系和经济活动模式,从而塑造了一个以网络连接和流动为核心的空间新秩序。书中提出,随着信息技术的发展,城市间的组织和单位通过网络建立了新的空间关联,信息流动成为决定空间关系的关键因素。在城市的发展过程中,各个组织和单位之间的网络关联其实就是一种新的空间关系,而这种空间关系在信息经济时代主要受信息流动的影响,网络连接使得各组织所处的空间呈现出一种流空间形态[9]。Castells 将流空间定义为一种无须地理邻近性也能实现时间共享的社会实践物质组织形态,强调了"通过流动运作"的空间组织方式,其中涉及的流主要包括实体流和信息流[10];更新了全球各国关于信息社会发展状况的数据和实例,通过对这些最新信息的整合分析,对流空间理论进行了更具说服力的理论建构和实证推理,从而将这一概念提升到了一个全新的理论高度。孙中伟[11]将流空间定义为在网络空间导引作用下的位空间新的表现形式。他强调实践层面的信息交流和距离层面的物质移动。

国内学术界对流空间理论的探讨进一步深入,不仅局限于 Castells 的流空间理论的引进,更在理论内化、本土化应用与创新方面取得了显著成效。

20 世纪 90 年代后期,崔保国等人合译的《信息化城市》,夏铸九、王志弘、曹荣湘、黄慧琦等学者翻译的 Castells 的"信息时代三部曲"——《网络社会的崛起》《认同的力量》和《千年终结》,都极大地推动了中国学术界对"网络社会""流空间"及"信息地理学"等领域进行深度探索与本土化研究。此外,还出现了一系列 Castells 网络社会理论介绍研究的文章,如陆扬的《解析卡特斯的网络空间》[12],谢俊贵的《凝视网络社会——卡斯特尔信息社会理论评述》[13],王保臣的《曼纽尔·卡斯特研究综述》[14],杨卫丽、童乔慧、杨洪福的《曼纽尔·卡斯特与密斯的流动空间比较试析》[15]。此外,周凯教授翻译的 Castells 另一著作《网络社会:跨文化的视角》,对中国构建网络社会理论体系起到了积极的推动作用,深化了学术界对网络社会文化、网络经济机制、网络社交与社会结构变化、信息化环境下社会运动现象以及信息化政治等诸多相关议题的研究。张捷等探讨计算机网络技术的发展而带来的网络虚拟信息空间的地理研究及人文地理学研究,并提出了网络信息空间未来的发展趋势[16]。对 Castells 著作的翻译,为我国的信息化和网络化城市研究提供了新的研究视角与理论指导。在流空间的机理研究方面,学者们已经开始关注不同维度的流空间现象,孙中伟、路紫讲述了信息时代背景下流空间的概念及其在地理学中的意义,以及它如何塑造和影响我们对地理环境的理解与研究[11]。陈修颖探讨了在经济社会转型的关键时期,区域空间结构重组作为区域结构调整的核心任务,所面临的理论和实践挑战[17]。此外,陈修颖在另一篇文章中围绕区域空间结构重组的理论探索、动力机制分析及要素优化策略,提出了在社会经济转型期间推动区域空间合理布局和可持续发展的综合见解[18]。

在知网中以"space of flows"或"流空间"作为主题词进行筛选,并以发表年度作为横坐标得出趋势图(图2.1)。从图2.1中可以看出,从2003年到2023年,论文发表的数量呈现出逐年上升趋势,尤其是在2010年以后,增长速度加快。也可以看出,虽然2021—2023年的论文数量有所下降,但总体上仍然保持了较高的水平,说明对于流空间的研究热度并未减退。

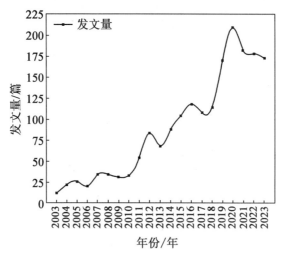

图2.1 流空间发文量趋势图

上述筛选条件不变,根据中国知网的数据显示,以"旅游流"为核心主题的学术研究文献数量居于首位,反映了学界对旅游者空间行为模式及其背后驱动因素的深度关注,包括对特定地区的国内旅游流空间流动模式和扩散规律的研究,探讨旅游活动如何塑造空间结构并受其影响,为旅游资源开发和市场策略提供依据。

实质上,这种研究热潮根源于交通方式,尤其是高铁,对旅游流分布与流动模式具有不可忽视的导向与塑造作用[19]。伴随高铁网络的飞速扩张,区域视角下的社会网络分析与空间结构研究也渐趋热门,进一步凸显了交通基础设施升级对加速城市间信息、资源流动的决定性影响,乃至对传统时空观念的深刻重塑[20]。汪德根等[21]以京沪高铁线路为例,通过研究分析揭示了区域旅游流空间结构受高铁影响的特点及其效应机理,探讨了高铁对区域旅游可达性变化、旅游资源禀赋、旅游接待设施布局、交通网络密度以及区位等因素的交互作用。孙一鸣等[22]发现西北地区的旅游流受交通基础设施、地区经济水平、目的地旅游资源等多方面的影响。李磊等[19]以黄山市为案例,发现交通对旅游流具有重要的导向作用,高铁作为近年来我国诞生的新兴地理要素,正在对区域旅游流空间结构产生重要影响。高铁正在极大地改变城市的旅游吸引力和辐射力[23]。郭建科等[24]发现哈大高铁使东北各地到区域内各旅游景点平均时间压缩2.5 h左右,填补了东北一日游市场区的空白,且高铁对短期游(一日游、两日游)供需市场的带动明显好于七日游市场。邓涛涛等[25]得出长江三角洲地区高铁网的建设对城市旅游业发展有着重要且逐渐增强的影响,尤其体现在对沿线城市可达性的提升以及由此带来的旅游客流增长上。穆成林等[26]以京福高铁为研究对象,得出京福高铁的开通为黄山市旅游业带来了新的机遇和挑战,黄山市可以充分利用高铁带来的便利条件,进一步优化旅游产品和服务,加强旅游营销和推广,提高旅游产业的竞争力和吸引力。

区域视角下的社会网络分析、空间结构研究,主要用来分析基于流空间视角的城市群发展,研究人流、物流、资金流、信息流如何交织形成复杂的空间网络及其对区域一体化、经济协同与空间布局的影响。王少剑等[27]主要研究了在现代交通、通信和信息技术快速发展的背景下,基于网络社会理念的"流空间"理论如何应用于分析城市群的空间结构,特别是针对珠三角城市群进行了深入探讨,并揭示了珠三角城市群的空间结构特点和未来的演变趋势。胡昊宇等[28]主要研究了铁路客流作为反映城市群经济社会联系及区域流空间特征的重要性,利用流空间理论结合复杂网络分析手段,根据2018年中国铁路出行的起讫点(OD)数据,以双重视角(国家层面与城市群层面)探讨了城市群的社群组织、空间布局、规模特征及网络节点属性。刘敬严等[29]采用DPSIR概念模型与DEA模型相结合的方法,在"流空间"的框架内构建了高铁"流空间"与区域产业结构协调发展的分析框架,并分析了高铁"流空间"如何影响区域产业经济协调发展的效率及其内在机理,即推动高铁"流空间"与区域产业经济的协同进展,关键在于重视高铁的催化作用,增强政策调控的灵敏性,并着力推进产业结构的优化转型。在全球化背景下,资源禀赋、经济发展水平、政策导向等因素差异,导致区域发展存在差异。因此,从区域视角分析旅游流,能够揭示区域间的联系与竞争关系,为促进区域协调发展提供策略。

此外,国内关于流空间的研究不仅深化了对城市群、城市网络结构更新的认识,而且在理论与实践层面均展现出向更加精细化、实用化方向发展的趋势,同时积极探索理论的本土化应用,以便更好地服务于中国的新型城镇化和区域发展策略。

### 2.1.2 高铁"流空间"的理论基础与核心构成

#### 2.1.2.1 高铁"流空间"相关研究理论

高铁"流空间"理论与信息经济地理学、经济学、城市地理学、城市社会学、社会学等众多学科都有相关联系。研究高铁"流空间"形成与发展的理论基础是一个综合信息经济地理学、区域空间结构重组和网络社会等理论的集合体。主要涉及以下理论:

(1)时空压缩理论

时空压缩(compression of time and space)[30]最早源于美国社会学家R. D. 麦肯齐1933年的著作《都市社区》,他在书中分析了公路货运数据,并绘制了"美国近代空间缩小示意图",以此展现了空间与时间相互作用下的紧凑化趋势,并通过图示来研究交通变化对于个人交往及社会组织的影响因素。英国著名地理学家和社会理论家 David Harvey 在其《后现代的状况》(The Condition of Postmodernity)中提出这一概念,他使用这一概念试图表明:"资本主义的历史具有在生活步伐方面加速的特征,同时又克服了空间上的各种障碍,以至世界有时显得是内在地朝着我们崩溃了。"

伴随着 ICT(information and communication technology,信息通信技术)的创新和普及,ICT 逐渐成为驱动全球经济和社会变革的核心力量。在其理论体系中,信息通信网络的建立与发展不仅仅是一种技术手段的进化,更是引发了一场全球性"时空压缩"的深刻革命。这场革命导致了"地球村"(global village)的出现,由此也引发了人们在时空方面新的焦虑和挑战,并产生了一系列的社会、文化、经济问题。时空压缩分为两个维度,即时间的空间化(形成)和时间消灭空间(形成),二者是对立统一的辩证关系,空间化主要是指利用科学和交通技术打破地理空间阻碍,达到空间的合理有效利用[31]。这场革命彻底打破了过去制约区域间交流合作的传统地理障碍,使得空间与时间维度发生前所未有的交融。具体来说,在时空压缩的情境下,由于信息技术的日新月异,地理空间的分隔不再是限制人们即时沟通和高效协作的因素,信息能够在瞬息之间游走于世界的每一个角落,使得全球各地在时间感知上仿佛缩至咫尺,在空间感知上也变得扁平而紧凑。时空压缩理论强调的是,在交通技术,尤其是高铁和其他高速交通工具的革新,以及通信技术的爆发式增长之下,人类社会对地理距离的心理认知和实际体验都发生了翻天覆地的变化。这种变化直接表现为全球各地在时间和空间上的距离感大幅缩短。时空压缩效应指出现代交通技术和信息通信手段极大地缩短了物理距离感,使得不同地理位置之间的互动变得更加即时和频繁,从而改变了传统的空间感知与利用方式。功能关联性则是强调各个地理区域因其所承载的功能和服务对象的不同,而在流空间内建立起紧密的功能性联系,进一步塑造了空间结构及其演变路径。

在这种"时空压缩"趋势的推波助澜下,全球资源、资本、信息和人力等各种要素的流动速度明显加快,原本相对孤立和遥远的地区因为快速、便捷的交通网络而变得触手可及,从而促成了一个以流动性为突出特征的新颖空间结构的诞生,这就是所谓的"流空间"。在这个意义上,现代高铁系统以其卓越的速度性能和准点率,堪称实现时空压缩效应的重要载体。总之,流空间理论正是通过对以上诸多属性和特征的深入探讨,来剖析现代社会空间组织形式的深刻变革及其所带来的经济社会发展影响,为城市规划、区域开发、社会治理等领域提供了全新的理论视角和研究方法。

(2)集聚与扩散理论

该理论认为集聚与扩散是城市区域空间非均衡发展进程中的动态表现形式,它们的出现源自规模效应、扩散效应及分化效应等多种因素相互交织的结果。由于各类经济活动对地理位置条件的敏感程度不一,其所创造的价值和生产效率也因此存在差异,这种差异在地理空间中形成了所谓的"位势差",进而催生出新一轮的集聚与扩散活动。这一持续的过程有力地塑造并推动了城市区域空间结构的发展与变迁。集聚与扩散理论在高铁"流空间"语境中的应用主要体现在以下几个关键方面:首先,高铁作为现代高效的交通基础设施,显著提升了区域间的通达性,有力地促进了各类经济要素的流动和产业集聚。高铁站区及其周边地区常常成为新的经济增长点,吸引多元化产业在此集中布局。例如,南京高铁站周边发展出包括物流、商务服务、旅游休闲等在内的产业集群,形成了以交通枢纽为内核的新经济区域。其次,高铁通过大幅缩短时空距离,增强了核心城市的辐射影响力,使得大城市的优势资源能更迅速地向周边城市和地区扩散。诸如人才、资本、技术及信息等生产要素可借助高铁网络从大都市快速流向次级城市或小城镇,从而推动不同区域间实现均衡发展与协同进步。再者,高铁构建起的城市群网络化连接模式,孕育出了多中心、多层次的集聚结构形态。一方面,沿线各大中城市之间联系更为紧密,形成联动效应,共同构筑城市群内部的产业链条;另一方面,中小城市则凭借高铁站点的优势,进行差异化定位,分别打造出特色鲜明的产业集聚区域。同时,在高铁塑造的"流空间"内,创新知识和技术得以高效传播,有利于创新成果迅速由源头地区扩散至其他地域,有力地推进了整个网络内的产业升级。高铁所带来的高流动性环境极大地促进了研发活动、教育资源和创业活动跨越地理界限的交流与合作,进一步强化了区域内创新协作与技术转移的效率。最后,高铁将原本相对独立发展的城乡区域紧密衔接起来,加速了城乡间生产要素的双向流动。农村地区的劳动力资源、土地资源得以更快融入城市产业体系,而城市所拥有的资本、技术和管理经验也能更顺畅地渗透到乡村领域,推动城乡互补发展以及新型城镇化进程的深入推进。在高铁"流空间"的大背景下,集聚与扩散理论不仅揭示了高铁对重塑区域经济格局的深刻影响,还为政策的制定者有效利用高铁网络优势、优化资源配置、促进区域均衡和可持续发展提供依据。

(3)要素流动理论

要素流控理论植根于国际贸易优势理论的研究中,最初从国际商品贸易及要素流动的角度探讨国际劳动地域分工的问题。其中涉及的核心要素包括物质资源、资本、劳动力、技术和信息五大类。鉴于各地不同的自然禀赋和后天形成的条件,即便是同一种商品,在不同地区的生产效率也会有显著的区别,从而体现出绝对优势和比较优势。这些优势所带来的势能差异会促使要素进行流动,并可能引发生产地域分工的重构。高铁"流空间"的构建与拓展,生动地诠释了生产要素流动理论在网络社会背景下的实际应用。高铁网络犹如一条条交织的脉络,极大地缩短了地域间的时空距离,使得人才、资本、商品及信息等关键生产要素得以在更广阔的地理范围内高效流动。首先,在人才流动与知识传播方面,高铁打破了地理限制,促使高素质劳动力、技术人员和管理者能够迅速跨地区流动,实现人力资本的优化配置,进而加速知识和技术的扩散与共享,有力地推动了各区域的社会经济发展和创新能力提升。其次,高铁对资本流动及资源配置产生的影响显著。通过改善投资环境并增强资本流动性,投资者能够依据高铁带来的交通便利性和经济辐射效应进行灵活的投资布局调整,引导资金流向更具发展潜力的地区。同时,物流成本降低增强了区域间经济联系的紧密度,有助于资源在全国乃至更大范围内的合理、高效配置。再者,高铁重塑了商品流通体系和供应链结构。显著提高的货物运输效率促使企业能够更快速地将产品推向市场,从而有效促进产业链上下的合作,激发新兴产业聚集现象,并实现供应链的重构与优化。高铁"流空间"还强化了信息传播与创新扩散的速度和广度。借助于高铁带动的高效率信息交流机制,技术创新、管理经验等无形资源能够在城乡、区域之间迅速传播,有利于创新型产业的培育与发展,进一步推动产业结构升级和创新发展。最后,高铁时代的来临促进了城乡互动与新型城镇化进程。城乡之间的便捷通勤使得二元结构逐渐被打破,城市与乡村相互融合,共同繁荣。高铁站点周边地区成为新的经济增长极,吸引各类产业集中发展,为新型城镇化战略的实施提供了强大动力。

(4)空间相互作用理论

空间相互作用理论是城市地理学领域中不可或缺的基础性理论框架,早在20世纪50年代,由美国杰出地理学家厄尔曼(Edward Ullman)首次明确提出并奠定了坚实的理论基础。厄尔曼的理论核心聚焦于不同地理空间单元之间的相互联系和相互依存关系,他深入探讨了在经济活动、社会发展、文化交流等多种复杂力量的驱动下,人口、物资、信息、资本等各种关键要素如何在地理空间中不间断地流动、交换与整合,这些流动活动构成了空间结构演进的基石,并由此塑造了特定的空间组织模式和秩序。

社会物理学家司徒瓦特(Walter Christaller),借鉴了物理学中的万有引力原理,建立了城市人口引力模型。这个模型是用来揭示和量化空间相互作用机制的基础工具。根据这个模型,空间单元(如城市或地区)之间的相互作用被视为形成特定空间结构形态的内在动因。而沃尔特·克里斯塔勒(Walter Christaller)是一位德国地理学家,他创立了"中心地理论"(central place theory),这一理论是地理学界的一个重要理论。两个人英文名字虽然相同,但所做的贡献不同。

随着信息化时代的到来,流空间理论作为对空间相互作用理论在当今情境下崭新表达的抽象提炼,更加强调了信息时代空间流动的即时性、无边界性和网络化特征。其中,高铁等高速交通工具的出现与普及,极大地提升了空间相互作用的速度和广度,使得"流空间"的特点更加鲜明。高铁网络如同血脉一般,将原本分散的空间单元紧密地连接在一起,极大地增强了人口、资源和信息的流动性,这对城市与区域之间的经济发展模式、产业结构布局以及空间结构的演变过程带来了深远的影响。在高铁等现代交通系统的推动下,地理空间的联系愈发紧密,空间结构也因此呈现出前所未有的开放性和动态性,为区域一体化和新型城镇化战略提供了有力的支撑。

(5)区域经济空间结构理论

区域空间结构理论是地理学、经济学和城市规划等领域中研究空间组织、地域分布特征以及不同空间单元之间相互关系的理论体系。它关注的是在一定区域内,自然环境、经济社会活动、文化政治等要素如何在地理空间上形成有规律的组合模式与结构特征。具体包括以下几个主要方面:

①增长极理论。增长极理论起始于20世纪50年代,由法国经济学家弗朗索瓦·佩鲁开创性地提出,强调在区域经济发展过程中,特定的"增长极"扮演着核心驱动角色。这些增长极凭借其特有的资源或创新优势,成为资本、劳动力和技术的汇聚中心,通过强

劲的自身增长及其向外的扩散效应,逐步拉动周边区域的经济兴起,构建出一种自核心向边缘逐层扩展的发展模式[32]。随后,布德维尔对增长极理论进行了补充和完善,他将增长极视作具有广泛影响力且不断扩张的工业综合体,它不仅引领着所在区域的生产布局,还决定了发展的总体趋向。在实践中,如中原城市群这类区域空间规划中,识别并培养符合当地特色的发展极,对于优化区域结构、激活产业升级至关重要。同时,需审慎考虑不同增长极与周边环境的互动影响,既包括正面的扩散效应,即通过信息、技术等无形资产的输出带动周边发展,也包括负面的极化效应,即因资源和活动向中心集中可能抑制周边地区的成长,两者共同作用于区域经济的平衡与失衡之中。佩鲁的理论框架为经济地域学中的非均衡增长模型奠定了基础,尽管其侧重于增长极的积极影响,而对其潜在的负面后果讨论不足。布德维尔则通过引入地理空间视角和"区域发展极"的概念,丰富了理论内涵,更加全面地评估了增长极的双重作用机制——极化与扩散,为理解和调控区域发展不平衡提供了新的视角。以高铁为例,作为现代化交通方式,其在促进某些城市成为旅游增长极的同时,也展现了极化与扩散效应的复杂交织。高铁的便捷性可加速资源流动,既可能因强化中心城市的吸引力而加剧区域差异,也可能通过提升可达性,促使旅游经济的积极外溢,促进周边区域的协同发展。因此,如何平衡这两种效应,最大限度地发挥增长极的正面推动力,减少其不利影响,是当前区域发展规划中的一大挑战[33]。

②核心-边缘理论。美国地理学家弗里德曼在其著作《区域发展政策》中首次系统地阐述了核心-边缘理论,指出任何空间经济系统都由两个相互影响的基本部分构成:核心区(core)和边缘区(periphery)。在这一理论框架下,人口、资金、信息等资源要素倾向于向更具竞争优势的核心区集中,而边缘区则依赖于从核心区溢出的技术、知识和投资等来带动自身发展。弗里德曼细致地分析了区域经济空间结构演化的4个阶段:第一阶段是前工业化时期,农业在经济中占据主导地位,生产力水平低下,商品生产和交换不够活跃,导致区域间经济联系较为松散,城镇独立、分散;第二阶段进入工业化初期,随着城市化进程加快,工业占比逐渐上升,城市之间及城乡之间的差距加大,大量资源从边缘区流向核心区;第三阶段步入工业化成熟期,工业经济迅猛发展,资源开始重新配置,部分从核心区域回流至边缘地区,边缘区开始形成一定规模的产业集聚,次一级的核心区域也随之崛起;第四个阶段是后工业化时期,区域间经济关系趋向相对均衡,核心区域内的资本和技术等高级要素通过扩散作用不断向边缘区域渗透,最终促使整个区域成为一个经济组织和社会功能紧密相连的城市化经济体系,实现区域发展的平衡协调。

③点-轴渐近扩散理论。此理论由中国著名地理学家陆大道院士基于增长极理论进行创新性拓展。在这一理论中,"点"代表着区域内的重要城市节点、各级居民聚落及各类产业园区等,它们作为经济增长的动力源,对周边区域产生强大的吸引力和集聚效应。"轴"则由交通网络(如高速公路、铁路、航空线路)、通信设施以及其他基础设施所构建的连接线组成,这些"轴线"不仅促进了"点"之间的有效沟通和互动,同时也成为资源流动和信息传递的主要通道。随着经济的发展,资源禀赋和地理位置等因素使得经济活动

首先集中在少数"点"上,然后沿着"轴线"逐渐向外扩散和延伸,形成"点-轴-面"的发展模式。这种模式不仅有利于促进经济中心沿交通线路向落后区域纵深推进,而且还能通过轴线上流动的信息、技术和人力资源,激活周边区域的经济发展潜能,从而在更大范围内塑造和优化区域空间结构。

此外,图层结构理论揭示了区域空间内部存在的层次特性,例如在都市圈内,可能包含以中心商务区为核心,外围依次分布居住区、郊区工业区等多种功能圈层,这些圈层之间相互依存、紧密联系,共同构成了复杂而有序的空间格局。在研究区域空间结构时,除了要关注点状(如城市、城镇、产业园区)、线状(如交通线路、河流、能源输送管线)和面状(如行政区划、经济区、生态区)等各种要素及其相互关系外,还需要深入理解这些理论对于指导区域发展规划制定、优化资源配置策略及解决区域发展差异问题的重大意义。综上所述,区域空间结构理论为我们解析和预测区域内各种空间实体的布局、演变趋势及其相互作用机制提供了强有力的理论支持和实践指导。

(6)新经济地理学理论

新经济地理学理论主要由保罗·克鲁格曼教授提出并进一步发展和完善,将国际贸易、区域经济学和空间经济学的多元视角深度融合,深入剖析了经济活动的空间分布规律、产业集聚与扩散机制,以及地区间经济发展差距产生的深层次原因。该理论构建了一套全面而深刻的分析框架,主要包括以下几个核心内容:

①报酬递增与规模经济。在克鲁格曼的模型中,他特别强调了规模经济的重要性,即随着生产规模的扩大,单位成本得以降低,从而揭示了为何某些产业或企业倾向于形成产业集群的现象。这种集聚效应能够促进知识和技术的共享、市场的扩展和基础设施的有效利用,进而实现更高的经济效益。

②运输成本与区位选择。在传统国际贸易理论中,零运输成本假设的突破是新经济地理学的一个重要创新点。克鲁格曼指出,实际存在的运输成本对企业的选址决策具有显著影响,并可能导致市场分割和产业集聚现象的发生。运输成本成为决定经济活动布局的关键因素之一,它塑造了不同地域间的经济联系强度和模式。

③核心-边缘结构。核心-边缘结构主要是通过离心力(如市场规模扩大带来的分散效应)与向心力(如聚集经济带来的集中效应)之间的动态平衡关系来分析各个地区的经济发展水平及其变迁过程。这一理论解释了为何有些地区会成为经济发展的核心,而其他地区则可能长期处于相对边缘化的地位。

④要素流动与经济活动的空间组织。新经济地理学深度研究了劳动力、资本等生产要素如何在不同地区之间流动,并探讨了这些流动如何受政策环境、技术进步及其他外部因素的影响,进而塑造了经济活动在空间上的分布形态。

新经济地理学理论不仅深化了我们对国际贸易模式的认知,更为理解现代经济体系中的地域差异、城市化进程及制定区域经济发展战略提供了全新的理论工具和视角。尤其是在探讨"流空间"理论时,新经济地理学的重要作用不言而喻。二者共同阐述了交通和通信技术进步如何压缩时空距离,增强了各地域之间的紧密联系和频繁互动。它们都强调资源从经济核心区域向边缘地区流动的过程,以及在此过程中特定区域内集聚效应的强化。具体到高铁"流空间"的应用情境下,新经济地理学理论扮演着关键角色。首先,高铁作为一种高效的交通运输方式,极大地改变了人们对时间和空间的传统认知,重新塑造了经济活动的空间分布格局,有力地推动了城市群和都市圈的一体化进程;其次,高铁沿线及站点周边区域往往能快速成长为新的经济增长极,吸引各种产业大量集聚,从而加速产业集聚和产业升级的步伐;再者,高铁网络显著增强了核心城市的辐射带动能力,使得各类生产要素可以迅速流向其他地区,促进了区域间协同联动发展,有利于实现区域均衡发展与新型城镇化目标;最后,高铁大大增强了知识、技术、人才等创新要素的流动性,为创新成果的广泛推广和产业技术转移创造了极为有利的条件,从根本上推进了区域内产业结构优化升级的进程。

(7)网络分析理论

网络分析理论是一个跨越多学科、多层次的复杂系统研究方法,它通过构建节点和边的抽象模型来探索并揭示现实世界中各类实体及其相互关系的内在规律与动态演变过程。在这一理论体系中,"网络"一词代表了一个由各种元素(如人、组织、事物等)作为节点以及连接这些节点的联系或路径所组成的系统结构。社会网络分析是网络分析的一个重要分支,专注于探究人类社会互动关系的模式、结构与效应。该理论运用社会网络模型深入剖析了信息传递、权力分配、群体凝聚力及社会资本积累等现象,强调了个体间社会关系对于个人行为决策、集体行动和社会结构形成的重要影响。复杂网络理论源于物理学领域,并逐渐渗透到生物学、计算机科学、经济学等多个学科,主要针对具有高度复杂性和非线性特征的大规模网络系统进行研究。此类网络可能包括互联网、生物分子相互作用网络、全球经济贸易网络等,其关注点在于量化和理解网络属性,如节点度分布、聚类系数、路径长度和社区结构等,并探讨这些特性如何塑造网络的功能表现、稳定性及其随时间推移的发展变化。地理网络分析则在地理信息系统(geographic information system,GIS)的应用实践中占据核心地位,特别是在交通规划、物流配送和应急响应等方面。通过对道路网、铁路网等空间网络数据进行计算和解析,能够精准地确定最短路径、服务覆盖范围、最优设施选址等问题,为城市规划和区域发展提供科学依据。图论作为数学的一个分支,为网络分析提供了算法工具箱和坚实的数学基础,用以精确描述和解决网络结构中的关键问题,如匹配问题、最短路径问题、网络流问题等经典优化问题。信息网络分析着重于研究在网络环境中信息的流动、传播和扩散机制,比如在社交媒体平台中,通过分析用户的信息转发、分享行为,可以揭示信息传播的模式、影响力评估及舆论生成的过程。技术网络分析则聚焦于电力网络、通信网络、物联网等领域的具体应用,旨在提高网络系统的可靠性、运行效率、故障诊断能力以及设计优化水平,涉及电路理论、信号处理技术和分布式系统理论等多种知识体系。总之,网络分析理论以其强大的包容性和普适性,广泛应用于各领域对复杂系统结构和功能的研究,为实际问题的解决提供了有力支持。

#### 2.1.2.2 流空间的核心概念

(1) 流空间与场空间概念辨析

场空间是一个具有封闭性的空间区域,其形式、功能和意义在物理临近界线内自成体系[34]。它与流空间的关系并非截然对立或彼此排斥,而是相互作用并共同构成了复杂的社会空间结构。Castells 指出社会是围绕着流动(资本、信息、技术、组织互动和象征符号的流动)构建的,其中流空间依托于场空间,利用其鲜明的地理属性支持各类流要素的流通。在流动社会中,社会实践通过流动进行运作,信息技术革新了空间传播方式,通过网络和节点实现信息服务与技术创新的扩散,使社会活动突破传统地域限制,在地理上得以延展。

随着交通科技和互联网信息技术的快速发展,场空间的局限性日益显现,信息、资本、技术、人才等生产要素逐渐摆脱现实空间的桎梏,通过交通网络和信息网络等方式自由流动,成为全球共享的资源。这一过程也在根本上改造了工业时代以来的生产空间结构,有力地推动了流空间的形成[35]。流空间的概念颠覆了以往将空间视为固定不变、以地理位置为核心的旧有认知,突出了时间和空间动态交织的本质。在这一新的观念下,流空间不再仅仅关注物理上地理位置和区域边界的分布与占有,而是更加侧重于事物和活动在时间轴上的连续流动、相互作用与重新组合。在传统的地域空间认知中,人们习惯将空间的意义限定于实体地理环境的约束之内,形成的是静态、相对稳定且具有一定封闭性特征的空间模型。这类空间在我们的日常生活中随处可见,如稳定的居住区域、遵循特定地域法规、生活习俗深受本地文化、政治环境和经济发展状况的影响。

相比之下,"流空间"概念更强调空间的动态性和流动性结构的特点,它有力地打破了传统地域空间对于边界固化的坚持,克服了原有的行政区域壁垒[36]。在流空间的语境下,借助互联网信息技术,个人能够在家中便捷地购买到来自世界各地的商品,这样的实时全球化交易行为就是流空间效应的一个生动例证。流空间不再局限于实体地理范围,而是构建了一种跨越时空障碍、高度互联且瞬息万变的空间形态,使得信息、商品、服务甚至人们的社交互动在全球范围内得以高效流转。

(2) 流空间的定义

本书将流空间定义为:在信息化社会背景下,随着时空观的变革和信息与通信技术的广泛应用,由各类流动要素相互交织和共同塑造的、高度动态、即时性和网络化的空间形态,体现了空间关系从相对静态到持续流动的转变,实体空间与虚拟空间的无缝衔接与有机统一。

在现代"流空间"理论中,实体空间(即我们居住、工作的物质世界)与虚拟空间(如网络空间、数据空间)日益深度融合。实体空间中的流动要素在网络空间得到延伸和放大,而虚拟空间的活动也反过来强烈影响实体空间的布局和发展。这种融合催生出一种全新的空间范式,其中空间关系不再单纯取决于物理距离,而是更加依赖于网络联系和信息传递的速度与质量。

董超[37]提出"流空间"由流要素、流载体、流节点和流支配系统 4 个部分组成,将社会意义的"流空间"概念拓展到地理学领域。流空间中要素的流动虽然难以精确量化(且网络开放性增加了对其主体把握的难度),但在本质上仍需落实到地理空间的基础上。流空间的有效运转需要具体的地理实体支持,如交通设施、网络通信设施等,这些设施构成了流要素得以高效流动和传输的物理空间基础。流空间的形成缩短了空间距离,强化了区域间的关联效应,产生了非贸易形式下的"邻近效应",地理外部性显著,表现为不同地域间无偿获取信息和技术等资源。因此探讨流空间在地理学属性方面尤为重要,流空间在地理学中具有时间-过程性、空间-格局性和综合-地方性的特点[38]。流空间的变化和演化是随着时间动态发展的,每一时刻的流动活动都有对应的空间状态,通过时空维度的分析可以揭示其演进路径。其呈现出空间集聚和扩散的特性,不同的流要素交织在一起形成特定的空间分布格局,并展现出全球性和区域性的层次特征。根据流空间的地理属性,流空间的网络化、信息化特征明显,但对于现实价值来讲,其最终仍然要体现在实际的场所空间中,要挖掘流空间的概念内涵,需要兼顾哲学和地理学的双重视角。简言之,流空间构建于知识与技术基础之上,通过信息流引导各种要素流动,并聚焦于信息流动过程的调控核心,依赖信息和通信网络作为神经网络,围绕信息化大城市为核心节点,以信息传递过程中起到协调功能的地方为节点,以拥有主导权的政府和信息掌控组织为主体,形成的复杂交互网络化空间[37]。

(3)流空间理论核心概念

流空间理论有4个主要核心概念:流、节点、网络及空间。正是这几个概念,完整勾勒出流动空间的结构与运作机理,现有研究也是基于以上角度分别展开的[35]。

在信息时代,"流"扮演着至关重要的角色,它是生产资料数据化、流动化的体现,涵盖了物流、客流、信息流等多个维度,生动地描绘了不同区域间错综复杂的社会经济联系。"流"的存在是流动机制有效运作的前提条件,它凭借自身多样化的形态穿梭于各个空间之中,诸如实物的流动、人的迁移、信息的传递等,这些不同的"流"在某种程度上相互交织、相互影响,共同编织出一张动态的社会经济活动网络。"流"本质上依赖于空间而存在,空间为其提供了必要的物质载体和运行轨道。在流空间中,"流"以其独特的方式深刻影响着我们的社会生产和日常生活,成为一种能够穿透地理屏障、联结世界的强大信息载体。相较于传统的地理学侧重于研究静态的、基于地理位置的空间(场空间),"流"的引入填补了原有理论框架中对动态流动性的忽视,揭示了在当前条件下,距离和区位不再是决定性因素的现实。"流"与"流空间"是两个不同的概念,前者是流动要素,后者则是承载这些流动要素的空间结构。例如,同样是依托于空间,人流与公交车流虽共用相同的物理空间,但其运行模式却各具特点,这是因为"流"的多样性——不同的"流"要素决定了各异的空间结构形态。"流"要素的影响程度和本质性通常超过"流空间"本身,它们在各类空间中运行,通过网络化的"流空间"将特定功能或意义的"场空间"联结起来,实现两者之间的互动。"流空间"作为容纳各种"流"运动的空间舞台,其每一部分都具备实体支撑,例如交通流依赖于道路网络,信息流则依附于光纤和电信设施,能量流通过市政管网得以传导。实际上,"流空间"是"场空间"的一个子集,以实体形式展现了流动性的空间组织。而正是"流"要素之间的相互作用与相互影响,决定了区域空间结构的组织机制和具体表现形式。动态的"流"消解了静态空间单元的孤立性,拓宽了传统地理学研究的视野和深度。可以说,"流"是整合和构建区域空间结构的核心要素,其运行机制主要表现为节点与通道的互动、引力与势能的转化。节点既是各类"流"的出发点,又可因"流"的汇聚而衍生出新的节点,这种节点与"流"的共生互动,有力地驱动着区域空间结构的持续演化和更新。

在流空间理论中,节点扮演着至关重要的角色,它们是承载和传递各种"流"的实体媒介,无论是资源的汇聚,还是知识、人才等生产要素的流通,都离不开节点的功能实现。节点的构建材料丰富多样,可以是城市、交通枢纽,也可以是大学、科研院所、企业乃至人才个体,但所有类型的节点均需具备一个共性特质,即拥有集聚、传递资源,甚至创造价值的核心能力,以便促进生产要素的流动、增值与再生产过程。从结构角度来看,节点构成了流空间最基本的设计单元,就像建筑中的砖石,它们为流空间内部的通道、走廊及覆盖面的形成提供了必需的基础素材。节点间相互连接,织就了流空间中更为复杂的网络结构,使得生产要素能在时间和空间上跨越距离进行有效传递。节点根据其功能的重要性和影响力的不同,可划分为主要节点和次要节点,主要节点发挥主导作用,次要节点则承担辅助支持的角色。节点间的连通性保障了信息流动的畅通无阻,而节点的位置并非一成不变,随着时间的推移,节点的动态变化实际上有助于优化"流空间"的整体效能。系统会自动淘汰那些降低"流空间"效率的冗余节点,并适时引入具有价值的新增节点。在"流空间"体系中,节点的功能犹如现实生活中的交通枢纽或链接站,不同层级的节点从根本上界定了"流空间"的总体格局。

"网络"是由密集节点组成的网状结构。流空间理论将网络视作"一组相互连接的节点",而"什么是具体的节点,根据我们所谈的具体网络种类而定"[39]。流空间理论中关于网络的界定与传统认识中的互联网等所代表的虚拟网络、交通网所代表的现实网络均有所差别,并非单指以上网络中的一种,而是各种网络的融合。流空间网络处于一种现实网络与虚拟网络相互融合的状态,现实网络可以通过具有信息转化能力的传播节点实现资源的流化,跨越遥远的空间距离瞬间完成对资源的传输,虚拟网络中流化的资源同样可以通过在现实中具有生产能力的节点物化为商品,由虚拟资源落实为对社会生产力的实际贡献。

网络的构成要素包括节点、边和流。节点代表流空间中的关键地点或区域,如城市、机场、港口、商业中心等。它们是流的起源地、目的地或中转站,具有不同程度的吸引力和辐射力,能够聚集或流散人流、物流、资金流、信息流等。边连接着网络中的节点,代表节点间流动的具体通道或关系。这既可以是物理的交通线路(如公路、铁路、航线),也可以是非物理的信息传输渠道(如互联网、通信网络)。边的性质(如长度、容量、成本)直接影响流动的效率和模式。流是网络中最为活跃的因素,它涵盖了人员的迁移、商品的运输、资本的流动、信息与知识的传递等多种形式。流是网络生命力的体现,驱动着节点的发展和变化,同时也受节点特性和网络结构的影响。此外,网络包括连通性、层级性、适应性和复杂性,网络通过边的连接确保了节点间的可达性和交互性,高连通性意味着更紧密的空间整合和更快的信息传递速度。在网络中,节点依据其规模、功能、影响力的不同形成等级结构,核心节点与边缘节点之间存在不对称的依赖和控制关系。流空间网络具有自我调整和演化的能力,能对外界变化(如新技术、政策调整、突发事件)做出反应,重新配置节点和边的关系,体现出空间组织的动态适应性。流空间网络是高度复杂的系统,其中节点和边的相互作用产生非线性效应,导致空间格局的多样性与不可预测性。总之,网络在流空间理论中不仅仅是地理空间中节点的简单集合,还蕴含了流动、交互、结构演化等丰富内容,是理解当代全球化和社会经济动态过程的关键。

"空间"的概念不仅仅局限于物理学意义上的三维实体,它是一个囊括社会、经济、文化和技术等多元因素相互作用的复杂系统。空间作为一种动态的社会建构,它与人类社会活动中的诸多物质因素相互交织,这些因素在特定的社会关系网中被赋予了独特的空间形态、功能以及深厚的社会内涵。空间不仅充当着社会结构展现其复杂面貌的舞台,更是特定历史阶段社会整体特性的真实写照。每一次重大技术革新和广泛应用都会触发社会结构的深层蜕变,同样,社会形态的演进也将不可避免地对社会空间形态带来明显影响。正如Castells[40]所强调的,每一个社会形态都会创建与其物质再生产和维护社会关系相匹配的客观空间与时间认知体系,从而指导现实生活中物质实践的组织安排。在流空间理论中,空间被重新定义为一种流动的、网络化的存在。现实世界的物理网络与虚拟世界的数字网络相互交融,共同塑造出了全新的生产空间——流动空间。这表明信息技术对社会生活产生了质的飞跃,颠覆了传统意义上对时间和空间的认知。原本固定的"场所空间"和"位空间"逐渐被更具流动性和联结性的"流空间"所取代,在这样的空间里,地域界限被淡化,人、事件和物品以流动的状态存在,并随时准备接入全球化的生产网络,形成一种高度动态且紧密联结的新型空间秩序。

"流空间"理论主要针对信息社会中时空关系和经济活动模式的深刻变化,旨在解释随着信息技术的发展,尤其是通信技术和交通技术的进步,如何改变传统的地域空间和社会联系的方式。其他学者如Pekka Himanen[41]指出"流空间"对于远距离的作用。而Fleix Stalder指出"流空间"使遥远的元素、事物和人实现现实的互动联系。国外大多数学者从几何学中的空间结构入手,Beaverstock等[42]通过商业银行办事处数据研究了20世纪90年代中期以来银行人员的全球流动。而Kwan[43]在认知行为层面构建了对流空间可达性的理论框架,在网络空间中信息资源的获取并非仅依赖于连接设备和服务的有效运作,个体所掌握的利用导航工具和搜索技术的能力同样起着至关重要的作用。

Manuel Castells[40]基于技术决定论视角分析,提出了流空间将在很大程度上取代传统的场所空间,并对高端服务业的空间布局产生深远影响。他主张存在一个跨越国界的、功能与权力结构化的网络体系,该体系将生产、分配以及管理职能根据不同优势区位进行分离配置,并通过先进的通信网络把所有活动紧密连接在一起。早期的空间流理论主要体现在人文地理学中的中心地理论、运输网络理论以及经济地理学中的区位论中。可以说,空间流理论起源于地理学中的区位论研究,在地理学领域,空间流理论被广泛应用于城市与区域系统的研究,揭示地理空间内部及其之间的互动关系。如 Torsten Hägerstrand[44]的时间-空间路径分析模型,探讨了个体和集体的行为如何受到时空约束的影响,形成了对人口流动行为的独特理解。Walter Christaller[45]提出的中心地理论强调了市场区和服务范围的概念,初步揭示了商品和服务流动的空间规律;Johann Heinrich von Thünen[46]的农业区位论则通过分析农产品流向市场的最优路径,探讨了空间成本对生产布局的影响。在当代地理学研究中,空间流理论被用于分析城市系统间的相互作用、区域经济联系强度、全球贸易格局演变等问题,通过 GIS 技术描绘物流、人流、信息流等的流动路径及节点的重要性,揭示区域发展的动态变化和空间结构重塑的过程。作为一个全新的理论视角,流空间旨在解析全球化和信息化背景下空间结构的动态性质及变迁规律。其不仅仅关注物理空间的静态分布和划分,还聚焦于信息、资本、人口、商品和技术等关键流动要素如何驱动空间结构的形成、演进和发展,这种视角是对传统地理空间观念的一次重大突破[3,47]。

### 2.1.2.3 流空间的结构和功能

(1)流空间的结构

自 1996 年引入流空间基本框架,Castells 就探讨了该结构形成的逻辑:构建流空间的基础、运作中展现的等级形态及控制其运行的力量。在 1998 年的论文 *Grassrooting the Space of Flows* 中,他细化了 4 个层次分析流空间,突显网络作为关键基础设施的角色,并扩展了影响流空间的社会行动者范畴,单独讨论了电子空间的作用。这表明,社会发展的不同阶段对空间的认知有别,验证了"每个社会和生产方式塑造其特有空间"的观点。理解当代流空间构成,需考虑国家社会发展阶段及政治体制特性,尤其鉴于中国与西方在政治经济体系上的差异,西方流空间模型不完全适用于中国。Castells 虽重视电子领域,但理论与现实操作结合有限,可视作一种理想模型。

Castells 拓展了流空间的概念,使其不再局限于虚拟技术领域,而是涵盖了地理空间和社会网络的维度,为我们提供了一个理解现代社会空间组织的框架,即各种各样的"流"将世界各地的城市连成一个整体网络,城市间的"流"是界定城市间关系以及一个城市在世界城市网络中的功能和地位的物质基础[48]。此外,Castells 强调了信息技术的决定性作用,以及社会活动在塑造流空间结构中的重要性。通过这一理论,我们可以更好地理解城市和社会如何适应信息时代的变化,以及如何制定相应的政策和规划来优化流空间的结构及功能。

Castells 在其重要著作《网络社会的崛起》中详细阐述了流空间的多层次结构,旨在为这一抽象概念提供具体框架。他将流空间的架构分为 3 个基础层次:

①物质支撑层。这是流空间的技术基础,涵盖电子交换的全系列设施,如微电子技术、电子通信网络、计算机处理系统、广播媒介及信息高速公路。这些技术构成了信息社会运行的物理骨架,决定着网络中空间的布局与特性,同时也映射了权力结构对流动网络的塑造与内容控制。

②节点与枢纽层。尽管流空间倾向于无地方性,但它依然依托于特定地理位置的节

点和枢纽。这些节点作为信息、资本、人口流动的交汇点,承担交换、通信和控制等功能。城市和其他地理区位依据其在流动网络中的角色与功能分层,形成节点与网络中心,这些中心不仅维持地域性的社会文化特质,还通过网络活动的升级,不断演化出新的空间组织层级。

③支配性空间组织层。在此层次中,管理精英群体(技术人员、金融管理者等)对流空间的构建起着决定性作用。Castells[40]指出,社会是围绕支配性利益不均衡组织的,而这些精英以其特定的需求和实践塑造了空间结构。他们不仅创造并维护着象征性的社群边界,还通过标准化的高端生活方式和空间设计,如国际酒店和机场贵宾室的全球一致性,强化了跨地域的精英文化认同。

此外,Castells[40]在后续的研究中进一步深化了流空间理论,强调其并非单纯地存在于虚拟或电子领域,而是电子空间与物理空间互动的产物。他指出流空间由信息系统的基础设施、节点与中继站、社会行动者的居住空间及电子空间等多维度构成,形成了一个高度互动、动态变化的社会空间网络。这一网络不仅包含金融、制造、服务等多个领域的特定流动模式,还涉及电子空间内的互动与传播,电子网络的扩张正不断改变决策、信息生产和传播的基础结构。

作者认为流空间结构逻辑应关注行动主体、运作平台、空间格局及主导力量。基于此,本书界定的流空间结构包含以下4个方面:

①流要素。流要素包括人流、物流、信息流、资金流和技术流等,它们是流空间中动态交互的基本单位,体现了资源、信息和人口在空间中的移动与分配。这些要素代表了不同类型的资源、知识和人口在地理空间中的流动与分配过程。

②流载体。流载体指各类传输途径,如电信、互联网、交通网络,它们促进了流空间的发展。若城市载体发达,则信息获取快、机遇多。在我国,国家规划在流载体的发展中扮演了核心角色,大规模的基础设施建设和技术升级计划显著缩短了地域间的时空距离,尽管地区间差异依然存在,但随着基础设施的普及,这种差异正逐步减少。流载体的短期影响日益显著,意味着新的投资项目或技术革新能够迅速改变某一地区的竞争优势。

③流节点。流节点是流要素汇聚、交换、分散的关键地点,如城市、港口、机场、数据中心、物流中心等,这些节点不仅是流要素交汇、交换的场所,也是经济活动集中和创新扩散的源头。它们具有不同程度的吸引力和辐射力,在网络中占据不同的战略地位,影响周边乃至更广泛地区的经济发展模式和空间结构。

④流支配体系。在我国,流空间的形成与发展受到政府主导力量和政策导向的显著影响。政府的投资策略,特别是在基础设施建设和推动技术创新方面的政策,是流空间发展的主要推手。为了维持长期的竞争力和创新能力,未来的发展策略需进一步强化市场机制的作用,鼓励企业创新和市场竞争,平衡政府引导与市场自我调节的力量,以实现流空间结构的持续优化和升级。

流空间的网络不是单一平面的,而是多层次、多维度的,包括全球、国家、区域、地方等多个尺度,每个尺度上的网络都有其特定的节点和流,且相互之间存在复杂的嵌套和交互。流空间结构不是静态的,而是具有高度的适应性和动态性,能够随着技术进步、政策调整、市场需求变化等因素快速调整节点布局、流的方向和强度。

综上所述,流空间理论深入探究了全球化和信息化背景下的空间构造逻辑,揭示了空间形态、结构和功能的内在演变规律,为城市发展、区域规划、经济战略制定等诸多领域提供新的研究范式和实践思路。在面对未来更为复杂且快速变化的世界格局时,理解并把握流空间的基本概念、属性和特征,无疑有助于我们更有效地参与和引导空间的有序发展,实现社会经济的持续进步与和谐共生。

(2)流空间的功能

流空间通过高效的信息流、物流和资本流,加速了资源的配置和市场的整合,从而打破了传统地理空间对社会经济活动的枷锁。距离的障碍在合作与交易场景中显著减小,允许企业和个人跨越国界无缝对接,进行无界限的全球互动。这一进程不仅催化了经济活动的全球化步伐,还强力推动了区域经济的扩张与多元化发展,同时为人际交往和信息流通铺设了宽广的通路,为文化的广泛传播与深度交融提供了条件,进一步丰富了社会的多元性与包容性,加深了世界各国人民的相互理解和联系纽带。

在流空间的架构下,节点城市作为知识与尖端技术的汇聚中心,通过密集的网络连接,成为新思维、新技术迅速扩散的发射台,为知识经济的蓬勃兴起和产业迭代升级提供了强大动力。这样的空间结构深刻影响了城市和区域的角色定位与职能分化,主要节点城市崛起为全球或区域性的指挥塔和服务中心,而其他节点则依据各自在网络结构中的特定位置与功能,展现出多样化的发展路径,共同推进了空间发展的异质性和专业化。

流空间还展现了极高的灵活性与适应性,在面对自然灾害、经济危机等外部挑战时,能够通过流动路径的灵活调整和资源的快速再分配,有效维护系统的稳定性并促进灾后恢复,彰显了其作为现代经济社会弹性基石的关键作用。总而言之,流空间不仅是全球化时代经济活动的加速器,更是社会文化融合、技术创新扩散与空间差异化发展的关键驱动力。

## 2.2 高铁"流空间"效应

### 2.2.1 高铁"流空间"发展

高铁(high-speed railway)在不同国家、时代及科研领域有不同的定义。早在20世纪,日本率先对高铁(新干线)下定义,认为它是指铁轨间距在1 435 mm、运行时速在200 km以上的客运专用铁路[49]。1962年,国际铁路联盟将提速至200 km/h的旧线和新建速度达250~300 km/h的线路界定为高铁标准。中国国家铁路局设定的高铁标准为新建线路设计速度250~350 km/h,采用标准轨距且专供动车组运行[50]。国家发展和改革委员会对高铁的界定更为宽泛,涵盖了时速不低于250 km的新建或既有线路,并在《中长期铁路网规划》中将满足特定条件的 200 km 时速线路归入高铁网络。自 2014 年 1 月 1 日起,中国《铁路安全管理条例》界定高铁为设计速度至少 250 km/h,初期运营不低于 200 km/h 的客运专列铁路,涉及既有线路改造提速至不低于 200 km/h,或新建线路至少 250 km/h。据此,中国的高铁范畴包含了标注为"G""D""C"字头的部分动车和城际列车。步入高铁建设的黄金时代后,高铁网络流空间效应逐渐凸显。

#### 2.2.1.1 我国高铁发展历程

我国作为一个大陆性大国,国土广袤,南北延伸 5 200 km,东西宽度接近 5 400 km。这一辽阔的国土导致全国多数大中城市及省会之间的常规间距维持在 300~1 000 km 范围内,这决定了我国对于中长距离客货运需求量极为庞大。我国高铁的发展史是一部从技术引进、自主消化吸收、再到自主创新的辉煌篇章,经历了从无到有、从跟跑到领跑的跨越式发展历程。

(1)起步阶段(20 世纪 80 年代至 2002 年)

1964 年,随着日本新干线的商业化启用,世界高铁时代正式开启。1978 年,邓小平在日本考察新干线时感叹其"疾如风"的速度,并表达了中国对提升交通速度的迫切愿望。新干线的速度已超 200 km/h,反观中国客运列车的均速仅 43 km/h,凸显了两国铁路技术的显著差距。由于运输能力不足,中国面临着客货混跑的矛盾问题。为了提升速度和竞争力,中国决定引入国外现有的高铁技术。然而,在全面兴建高铁之前,中国选择了一段摸索的日子,通过旧线改造进行初步的提速。

1990—1991 年,中国开始了高铁技术的攻关和试验实践规划[51]。1994 年,中国铁路的旅客列车均速为 48.3 km/h,显著滞后于国际先进水平。为增强铁路运输的市场竞争力及扩充运力,自 1996 年 4 月 1 日起,沪宁铁路引领变革,推出了国内首班快速旅客列车"先行号",标志着中国在现有铁路线提速的征程由此启程。1998 年 5 月,广深铁路完成了电气化提速改造工程,标志着中国首条引入瑞典租赁 X2000 摆式高速列车的铁路线诞生,其设计极速达到 200 km/h,实际运营保持在 160 km/h。广深铁路被誉为中国高铁发展的"试验田",在这里积累的关键经验为后续提速奠定了基础。通过改造个别线路积累的经验,中国在 20 世纪末进行了大规模的铁路提速。以此为契机,自 1997 年 4 月 1 日首次大范围提速起,中国铁路历经多次重大提速行动,至世纪之交实现了列车速度的大幅提升。

(2)初期准备阶段(2003—2007 年)

21 世纪以来,地理可达性对经济发展的重要作用得到中国政府的重视,在此背景下,建设高铁的愿景呼之欲出。2003 年 2 月,铁道部发布《京沪高铁设计暂行规定》[52],京沪铁路的建设,标志着中国高铁建设的正式启动。2004 年 1 月,中国政府发布《中长期铁路网规划》[53],明确提出建设"四纵四横"高铁客运专线,确立了我国高铁发展的宏大蓝图。2005 年 12 月,国务院发布了《国家中长期科学和技术发展规划纲要(2006—2020 年)》[54],其中明确提出我国需攻克高速轨道交通核心技术,包括但不限于控制与调速系统、车辆制造技术、线路建设及系统集成等关键技术环节。2007 年 1 月 5 日,台湾地区高铁启动试运行服务,成为中国首个投入使用的 300 km/h 级别的高铁线。继而,4 月 18 日实施的中国铁路第六次大提速中,多条线路的列车最高速度提升至 250 km/h,此举标志着中国在若干区域首次广泛引入了 200 km/h 等级的动车组运营,标志着中国铁路正式步入高速时代的大门。表 2.1 所示为我国六次大提速具体情况。

表 2.1 我国六次大提速具体情况

| 日期 | 主要路线 | 提速前 | 提速后 | 时速 |
| --- | --- | --- | --- | --- |
| 1997 年 4 月 1 日 | 京广、京沪、京哈 | 48.1 km/h | 54.9 km/h | 最高时速达 140 km、平均运行时速达 90 km |
| 1998 年 10 月 1 日 | 京广、京沪、京哈 | | 55.2 km/h | 最高时速达到 140~160 km,在非提速区段的时速达到 120 km |
| 2000 年 10 月 21 日 | 陇海、兰新、京九、浙赣 | | 60.3 km/h | — |
| 2001 年 11 月 21 日 | 汉丹、襄渝、达成、京广、京九、浙赣、沪杭、哈大 | | 61.6 km/h | — |
| 2004 年 4 月 18 日 | 京沪、京哈 | | 65.7 km/h | 投入使用的和谐号 CRH380BL 型电力动车组,代替东风 11G 型柴油机车,部分列车时速达 200 km |
| 2007 年 4 月 18 日 | 京哈、京沪、京广、陇海、沪昆、胶济、广深、京九、兰新、广深、胶济、武九、宣杭 | | 70.2 km/h | 时速达 200~250 km |

(3) 中国高铁的快速发展阶段(2008—2015 年)

2008 年,铁道部与科学技术部共同签署了《中国高速列车自主创新联合行动计划合作协议》[55],该协议旨在构建政府部门、产业界、学术界、科研机构及应用主体间协同的创新体系,共同推进中国高铁产业技术创新与国家战略布局的深度融合。恰逢京沪高铁建设这一历史性机遇,双方部委协同主导了时速 350 km 及以上等级高速动车组的研发工作。同年 8 月 1 日,京津城际高铁盛大开通运营,这一事件标志着中国正式跨入全面建设高铁的新时代。其重要意义不仅在于该线路设计最高运营时速达 350 km,一举打破当时全球高铁运营速度纪录,更在于作为新中国首条拥有完全自主知识产权的高铁,为后续"四纵四横"高铁网络规划的实施奠定了坚实基础。

2008 年 10 月,国家发展和改革委员会批复《中长期铁路网规划(2008 年调整)》[56],调整高铁建设总体建设目标:在 2020 年前,建成总里程超过 1.6 万 km 的客运高铁专线,基本完成"四纵四横"高铁干线网络布局。为此,京港高铁这一纵线率先发力。2009 年

12月,作为京港高铁的重要分支,武广客运专线全面建成并通车,铁路北起武汉市,南至广州市,全程1 069 km。武广客运铁路的落成运行不仅预示着京广高铁的全面贯通,也为京港高铁(北京至香港)的整体竣工夯实关键基础。此外,同年9月,另一纵、一横干线也有所建树,"杭福深"这一纵线中,宁波至福州分段建成并运营,而"沪汉蓉"这一横线中的合武分段及遂成分段也相继投入使用。可见,对于中国高铁建设而言,2009年是纵线铁路,尤其是京港高速纵线的丰收之年。

2010年2月6日,郑西高铁正式建成通车,全程523 km,设计时速达350 km,成为中国在湿陷性黄土区建成的首条高铁,也是"徐兰客运"横线的重要中段,为构建东西部高铁走廊奠定坚实基础。之后的两年里,中国高铁建设焦点重新对准"纵向专线",主角由"京港客运专线"变为"京沪高铁"与"京广高铁"。其中,京沪高铁专线于2011年6月30日正式投入运营,纵贯北京、天津等6个省市,全线里程长达1 318 km,是中国高铁发展史上又一重要里程碑。其意义不仅在于它保持着当时世上高铁路线长度和制造标准两项世界纪录,更在于作为连接中国南北经济中心——北京和上海的交通纽带,有力地推动了沿线地区的经济发展。同年12月,广深港高铁广深段也完成正式通车,这极大地促进了珠江三角洲与香港地区的经济联系。2012年12月,"四纵四横"的最长纵轴、"中国南北交通的大动脉"——京广高铁全线贯通运营,全长2 298 km,不仅取代京沪高铁成为世界运营里程最长的高铁,更在"四纵四横"网规划中发挥举足轻重的作用,构筑其联连通粤、湘、鄂、豫、冀、京6省市的"经济走廊"。在此期间,哈大高铁、京哈高铁沈哈分段、沪汉蓉客运专线汉宜段及遂渝段等线路也相继开通。总体上,随着"二纵"线路逐步拓展,中国距离全面建成"四纵四横"又迈进了一大步。

聚集2013—2015年,中国高铁网络版图沿着"一纵四横"方向继续扩展。在"一纵"方面,杭深铁路"杭州至宁波段"及"厦门至深圳段"均于2013年下半年相继开通,这标志着杭福深客运高铁完成全线贯通。在"四横"方面,2013年12月,沪汉蓉快速客运通道的"渝利分段"和隶属徐兰高铁的"西宝段"相继建成开通;2014年12月,徐兰客运这一横线也随着兰新高铁的开通运营有所拓展。在之后的两年里,我国高铁建设的重心转向纬度最低的一支横线——"沪昆高铁"。从最早的沪杭段通车到之后的南昌—长沙、杭州—南昌、湖南以西、贵州东等分段的相继落成,最终于2016年7月16日,"沪昆高铁"全线贯通。此外,在2015—2016年间,同期开通线路还包括东北最美高铁——"古图珲高铁"、全球唯一环岛高铁——"海南环岛高铁"及纵贯安徽中南部段等。

(4)中国高铁建设的持续优化和扩展阶段(2016年至今)

截至2016年年底,我国"四纵四横"的高铁干线网络基本成型。2016年6月,国家发展和改革委员会、交通运输部与中国铁路总公司联合发布《中长期铁路网规划》[57],明确提出,在原有"四纵四横"铁路网络基础上,进一步扩大高铁覆盖面,构建"八纵八横"为骨架的全新高铁网络体系,标志着中国高铁建设迈入了系统完善的崭新阶段。同时提出实现到2020年和2025年高铁网规模分别达到3万km和3.8万km的目标。同年12月28日"四横"中最长"一横"沪昆高铁全线开通。2017年6月,"复兴号"中国标准动车组投入商业运营,其拥有完全自主知识产权,并成功构建起一套独立于欧洲标准和日本标准之外的中国高铁技术标准体系,这象征着中国高铁产业成功完成了从引进消化到自主创新的战略转型,步入了一个全新的发展境界。9月21日,复兴号动车组在京沪高铁实现时速350 km商业运营,中国为世界高铁商业运营树立了新标杆。我国即将建成的高铁网络将是全世界规模最大、里程最长的。

#### 2.2.1.2 我国高铁发展现状

2020年10月21日,"先进轨道交通"国家重点项目的研发取得关键进展,一款设计时速达400 km的跨国互联互通高速动车组,在中车长春轨道客车股份有限公司成功下线。该列车不仅标称时速为400 km,还具备在全球不同气候、轨距及供电标准的铁路间顺畅运行的能力,集成了节能环保、主动安全防护与智能化维护等多项先进技术。到2019年底,中国的34个省级行政区域中,除西藏自治区和澳门特别行政区外,均已迈入高铁时代。全国铁路运营总长度扩张至15.5万km,其中高铁覆盖4.2万km。中国高铁无论从已投入运营的线路长度还是总体规模上,均大幅超越日本、德国、法国等国家,牢固确立了全球领先地位。表2.2所示为历年高铁开通线路表。

表2.2 历年高铁开通线路表

| 开通时间 | 铁路名称 | 线路长度/km | 设计速度/(km·h$^{-1}$) | 初始运营速度/(km·h$^{-1}$) |
| --- | --- | --- | --- | --- |
| 2003-10-12 | 秦沈客运专线 | 405 | 250 | 200 |
| 2008-04-18 | 合宁客运专线 | 157 | 250 | 200 |
| 2008-08-01 | 京津城际铁路 | 120 | 350 | 350 |
| 2008-12-21 | 胶济客运专线 | 393 | 250 | 200 |
| 2009-04-01 | 石太客运专线 | 232 | 250 | 250 |
| 2009-04-01 | 合武快速铁路 | 359 | 250 | 200 |
| 2009-07-07 | 达成铁路复线成隧段 | 146 | 200 | 200 |
| 2009-09-28 | 甬台温铁路 | 275 | 250 | 200 |
| 2009-09-28 | 温福铁路 | 298 | 250 | 200 |
| 2009-12-26 | 武广客运专线 | 1 069 | 350 | 350 |
| 2010-02-06 | 郑西客运专线 | 505 | 350 | 350 |
| 2010-04-26 | 福厦铁路 | 226 | 250 | 250 |
| 2010-05-13 | 城灌铁路 | 68 | 200 | 200 |
| 2010-07-01 | 沪宁城际高铁 | 301 | 350 | 300 |
| 2010-09-20 | 昌九城际铁路 | 131 | 250 | 200 |
| 2010-10-26 | 沪昆高铁沪杭段 | 169 | 350 | 300 |
| 2010-12-30 | 海南东环铁路 | 308 | 250 | 200 |

续表 2.2

| 开通时间 | 铁路名称 | 线路长度/km | 设计速度/(km·h$^{-1}$) | 初始运营速度/(km·h$^{-1}$) |
|---|---|---|---|---|
| 2011-01-11 | 长吉城际铁路 | 113 | 250 | 200 |
| 2011-06-30 | 京沪高铁 | 1 318 | 380 | 300 |
| 2011-12-26 | 广深港高铁广深段 | 102 | 350 | 310 |
| 2012-07-01 | 汉宜铁路 | 292 | 200 | 200 |
| 2012-07-01 | 龙厦铁路 | 171 | 200 | 200 |
| 2012-09-28 | 石武高铁郑武段 | 483 | 350 | 300 |
| 2012-10-16 | 合蚌客运专线 | 131 | 350 | 300 |
| 2012-12-01 | 哈大客运专线 | 921 | 350 | 夏季300/冬季200 |
| 2012-12-26 | 京石高铁 | 281 | 350 | 300 |
| 2012-12-26 | 石武高铁石郑段 | 358 | 350 | 300 |
| 2012-12-30 | 隧渝铁路二线 | 131 | 200 | 200 |
| 2012-12-31 | 广珠城轨 | 177 | 200 | 200 |
| 2013-07-01 | 宁杭客运专线 | 256 | 350 | 300 |
| 2013-07-01 | 杭甬客运专线 | 150 | 305 | 300 |
| 2013-09-11 | 盘营客运专线 | 89 | 350 | 300 |
| 2013-09-26 | 昌福铁路 | 636 | 200 | 200 |
| 2013-12-01 | 津秦客运专线 | 261 | 350 | 300 |
| 2013-12-28 | 衡柳铁路 | 498 | 250 | 200 |
| 2013-12-28 | 西宝客运专线 | 120 | 350 | 250 |
| 2013-12-28 | 茂湛快速铁路 | 103 | 200 | 200 |
| 2013-12-28 | 武咸城际铁路 | 91 | 250 | 200 |
| 2013-12-28 | 渝利铁路 | 264 | 200 | 200 |
| 2013-12-28 | 厦深铁路 | 514 | 250 | 200 |
| 2013-12-30 | 广西沿海城际铁路钦北段 | 100 | 250 | 200 |
| 2013-12-30 | 广西沿海城际铁路钦北段 | 63 | 250 | 200 |
| 2013-12-30 | 广西沿海城际铁路钦北段 | 99 | 250 | 200 |
| 2013-12-30 | 柳南城际铁路 | 225 | 250 | 200 |
| 2014-06-18 | 武石城际铁路 | 97 | 250 | 250 |
| 2014-06-18 | 武冈城际铁路 | 36 | 250 | 200 |

续表 2.2

| 开通时间 | 铁路名称 | 线路长度/km | 设计速度/(km·h⁻¹) | 初始运营速度/(km·h⁻¹) |
|---|---|---|---|---|
| 2014-07-01 | 大西客运专线太西段 | 567 | 250 | 250 |
| 2014-07-01 | 宜万铁路宜昌至利川段 | 288 | 200 | 200 |
| 2014-09-16 | 沪昆高铁杭长段 | 927 | 350 | 310 |
| 2014-12-16 | 沪昆高铁长沙至新晃段 | 420 | 350 | 300 |
| 2014-12-20 | 成绵乐城际铁路成乐段 | 162 | 250 | 200 |
| 2014-12-20 | 成绵乐城际铁路江成段 | 152 | 250 | 200 |
| 2014-12-26 | 南广高铁 | 577 | 250 | 200 |
| 2014-12-26 | 贵广高铁 | 857 | 300 | 250 |
| 2014-12-26 | 兰新高铁(兰新铁路第二双线) | 1 786 | 250 | 200 |
| 2014-12-28 | 青荣城际铁路即荣段 | 276 | 250 | 200 |
| 2015-01-01 | 兰渝铁路重庆段 | 71 | 200 | 200 |
| 2015-06-18 | 沪昆高铁新贵段 | 286 | 350 | 300 |
| 2015-06-26 | 郑焦城际铁路 | 78 | 250 | 200 |
| 2015-06-28 | 合福高铁 | 852 | 300 | 300 |
| 2015-08-17 | 哈齐高铁 | 282 | 250 | 250 |
| 2015-09-01 | 沈丹高铁 | 208 | 250 | 250 |
| 2015-09-20 | 京津城际铁路延伸线(至滨海) | 45 | 350 | 350 |
| 2015-09-20 | 吉珲铁路客运专线 | 359 | 250 | 200 |
| 2015-12-06 | 宁安城际铁路 | 257 | 250 | 200 |
| 2015-12-10 | 牡绥铁路牡穆段 | 65 | 200 | 200 |
| 2015-12-11 | 南昆高铁南百段 | 224 | 250 | 200 |
| 2015-12-17 | 丹东至大连快速铁路 | 292 | 200 | 200 |
| 2015-12-26 | 新金丽温铁路 | 189 | 200 | 200 |
| 2015-12-26 | 赣龙铁路复线 | 273 | 200 | 200 |
| 2015-12-26 | 兰渝铁路广渝段 | 352 | 200 | 200 |
| 2015-12-26 | 成渝高铁 | 308 | 350 | 300 |
| 2015-12-28 | 牡绥铁路穆绥段 | 74 | 200 | 200 |
| 2015-12-28 | 津保铁路 | 158 | 250 | 200 |
| 2015-12-30 | 广深港高铁深圳段 | 9 | 350 | 300 |
| 2015-12-30 | 海南西环铁路 | 363-8 | 200 | 200 |

续表 2.2

| 开通时间 | 铁路名称 | 线路长度/km | 设计速度/(km·h$^{-1}$) | 初始运营速度/(km·h$^{-1}$) |
|---|---|---|---|---|
| 2016-01-06 | 娄邵铁路扩能改造(新娄邵铁路) | 100 | 200 | 200 |
| 2016-03-30 | 广佛肇城际铁路 | 111 | 200 | 200 |
| 2016-03-30 | 莞惠城际铁路常平至小金口段 | 53 | 200 | 200 |
| 2016-05-15 | 宁启铁路南京至南通段 | 268 | 200 | 200 |
| 2016-09-10 | 郑徐高铁 | 362 | 350 | 300 |
| 2016-11-16 | 青荣城际铁路即青段 | 26 | 250 | 200 |
| 2016-11-28 | 渝万城际铁路 | 247 | 250 | 210 |
| 2016-12-01 | 武孝城际铁路 | 62 | 250 | 200 |
| 2016-12-26 | 长株潭城际铁路长沙站以南段 | 82 | 200 | 160 |
| 2016-12-28 | 沪昆高铁贵昆段 | 463 | 350 | 300 |
| 2016-12-28 | 南昆高铁百昆段 | 486 | 250 | 200 |
| 2016-12-28 | 昆玉城际铁路 | 88 | 200 | 200 |
| 2017-07-09 | 宝兰高铁 | 401 | 250 | 250 |
| 2017-08-03 | 张呼客专乌呼段 | 120 | 250 | 250 |
| 2017-08-08 | 长白乌快速铁路 | 412 | 200 | 160 |
| 2017-06-12 | 武九高铁大冶至枫林段 | 36 | 250 | 250 |
| 2017-09-21 | 武九高铁枫林至九江段 | 97 | 250 | 250 |
| 2017-12-06 | 西成高铁西安至江油段 | 519 | 250 | 250 |
| 2017-12-26 | 长株潭城际铁路长沙站以西段 | 22 | 200 | 160 |
| 2017-12-28 | 萧淮客运联络线 | 25 | 250 | 250 |
| 2017-12-28 | 石济高铁(石齐段) | 277 | 250 | 250 |
| 2017-12-28 | 莞惠城际铁路东莞段 | 44 | 200 | 200 |
| 2017-12-28 | 九景衢铁路 | 334 | 200 | 200 |
| 2018-01-25 | 渝贵铁路 | 345 | 200 | 200 |
| 2018-07-01 | 深茂铁路江茂段 | 268 | 200 | 200 |
| 2018-07-01 | 昆楚大城际铁路 | 175 | 200 | 200 |
| 2018-09-23 | 广深港高铁香港段 | 30 | 300 | 300 |
| 2018-09-28 | 大西高铁太原—原平段 | 116 | 250 | 250 |
| 2018-09-30 | 哈佳快速铁路 | 343 | 200 | 200 |
| 2018-12-25 | 杭黄高速高铁 | 285 | 250 | 250 |

续表 2.2

| 开通时间 | 铁路名称 | 线路长度/km | 设计速度/(km·h$^{-1}$) | 初始运营速度/(km·h$^{-1}$) |
|---|---|---|---|---|
| 2018-12-25 | 哈牡高铁 | 300 | 250 | 250 |
| 2018-12-26 | 济青高铁 | 305 | 350 | 300 |
| 2018-12-26 | 青盐铁路 | 428 | 200 | 200 |
| 2018-12-26 | 怀衡铁路 | 319 | 200 | 200 |
| 2018-12-26 | 铜玉铁路 | 48 | 200 | 200 |
| 2018-12-28 | 成蒲铁路 | 140 | 200 | 200 |
| 2018-12-29 | 京沈高铁承沈段 | 504 | 350 | 300 |
| 2018-12-29 | 新通高铁 | 197 | 250 | 250 |
| 2018-12-29 | 南龙铁路 | 247 | 200 | 200 |
| 2019-01-05 | 石济高铁(齐济段) | 21 | 275 | 250 |
| 2019-06-15 | 成贵高铁乐宜段 | 141 | 250 | 250 |
| 2019-09-26 | 京雄城际铁路李大段 | 34 | 250 | 250 |
| 2019-10-11 | 梅汕客专线 | 122 | 250 | 250 |
| 2019-11-26 | 日兰高铁日曲段 | 235 | 350 | 300 |
| 2019-11-29 | (汉十高铁)武孝城际铁路孝云段 | 22 | 250 | 250 |
| 2019-11-29 | (汉十高铁)武西高速线云十段 | 377 | 350 | 350 |
| 2019-12-01 | 商合杭高铁商丘—合肥段 | 378 | 350 | 310 |
| 2019-12-01 | 郑阜高铁 | 281 | 350 | 300 |
| 2019-12-01 | 郑万高铁郑襄段 | 389 | 350 | 300 |
| 2019-12-16 | 成贵高铁宜贵段 | 372 | 250 | 250 |
| 2019-12-16 | 徐盐高铁 | 313 | 250 | 250 |
| 2019-12-16 | 连镇高铁董淮段 | 105 | 250 | 250 |
| 2019-12-26 | 昌赣高铁 | 402 | 350 | 350 |
| 2019-12-26 | 黔常铁路 | 336 | 200 | 200 |
| 2019-12-29 | 银兰高铁银中段 | 207 | 250 | 250 |
| 2019-12-30 | 京张高铁 | 174 | 350 | 350 |
| 2019-12-30 | 张呼高铁张乌段 | 161 | 250 | 250 |
| 2019-12-30 | 张大高铁 | 141 | 250 | 250 |
| 2020-06-28 | 商合杭高铁合肥—湖州段 | 309 | 350/250 | 250 |
| 2020-06-30 | 喀赤高铁 | 156 | 250 | 250 |

续表 2.2

| 开通时间 | 铁路名称 | 线路长度/km | 设计速度/(km·h$^{-1}$) | 初始运营速度/(km·h$^{-1}$) |
|---|---|---|---|---|
| 2020-07-01 | 沪苏通铁路 | 137 | 200 | 200 |
| 2020-07-08 | 安六高铁 | 124 | 250 | 250 |
| 2020-11-26 | 潍莱高铁 | 125 | 350 | 350 |
| 2020-11-30 | 广清城际铁路 | 58 | 200 | 200 |
| 2020-12-01 | 京张高铁延庆线 | 9 | 160 | 160 |
| 2020-12-11 | 连镇铁路淮丹段 | 199 | 250 | 250 |
| 2020-12-12 | 郑太高铁焦太段 | 362 | 250 | 250 |
| 2020-12-12 | 机南城际铁路 | 11 | 200 | 200 |
| 2020-12-22 | 合安高铁 | 162 | 350 | 300 |
| 2020-12-26 | 银西高铁 | 543 | 250 | 250 |
| 2020-12-26 | 福平铁路 | 88 | 200 | 200 |
| 2020-12-26 | 仙桃城际铁路 | 17 | 200 | 200 |
| 2020-12-27 | 京雄城际铁路大雄段 | 59 | 250~350 | 250~350 |
| 2020-12-30 | 盐通高铁 | 157 | 350 | 300 |
| 2021-01-22 | 京哈高铁京承段 | 192 | 350 | 300 |
| 2021-02-08 | 徐连高铁 | 185 | 350 | 300 |
| 2021-06-28 | 川南城际铁路内自泸段 | 128 | 250 | 250 |
| 2021-08-03 | 朝凌高铁 | 107 | 350 | 300 |
| 2021-12-06 | 张吉怀高铁 | 246 | 350 | 310 |
| 2021-12-06 | 牡佳高铁 | 372 | 250 | 250 |
| 2021-12-10 | 赣深高铁 | 438 | 350 | 300 |
| 2021-12-24 | 敦白客专 | 111 | 250 | 250 |
| 2021-12-26 | 鲁南高铁曲阜—庄寨段 | 204 | 350 | 350 |
| 2021-12-30 | 安九高铁 | 168 | 350 | 350 |
| 2022-01-08 | 杭绍台高铁 | 223 | 350 | 350 |
| 2022-03-30 | 贵阳环线城际小碧—白云段 | 81 | 160~200 | 160~200 |
| 2022-04-22 | 黄黄高铁 | 127 | 350 | 350 |
| 2022-06-20 | 郑万高铁襄阳—万州段 | 434 | 350 | 350 |
| 2022-06-20 | 郑济高铁郑州—濮阳段 | 195 | 350 | 350 |
| 2022-09-06 | 渝厦高铁益长段 | 63 | 350 | 350 |

续表 2.2

| 开通时间 | 铁路名称 | 线路长度/km | 设计速度/(km·h$^{-1}$) | 初始运营速度/(km·h$^{-1}$) |
|---|---|---|---|---|
| 2022-09-22 | 湖州至杭州西至杭黄铁路连接 | 138 | 350 | 350 |
| 2022-12-05 | 南崇高铁 | 121 | 250 | 250 |
| 2022-12-16 | 弥蒙高铁 | 106 | 250 | 250 |
| 2022-12-26 | 渝厦高铁常益段 | 91 | 350 | 350 |
| 2022-12-29 | 中兰客专 | 219 | 250 | 250 |
| 2022-12-30 | 济莱高铁 | 116 | 350 | 350 |
| 2022-12-30 | 京唐城际铁路 | 136 | 250-350 | 250-350 |
| 2022-12-30 | 京滨城际铁路 | 54 | 250 | 250 |
| 2023-08-08 | 贵南高铁贵荔段 | 148 | 350 | 350 |
| 2023-08-31 | 贵南高铁南荔段 | 307 | 350 | 350 |
| 2023-09-26 | 广汕高铁 | 200 | 350 | 350 |
| 2023-09-28 | 福厦高铁 | 227 | 350 | 350 |
| 2023-09-28 | 沪宁沿江高铁 | 279 | 350 | 350 |
| 2023-11-28 | 川青铁路 | 206 | 200 | 200 |
| 2023-12-08 | 潍荣高铁莱荣段 | 193 | 350 | 350 |
| 2023-12-08 | 济郑高铁济濮段 | 407 | 350 | 350 |
| 2023-12-18 | 津兴城际 | 49 | 250 | 250 |
| 2023-12-26 | 龙龙高铁龙武段 | 65 | 250 | 250 |
| 2023-12-26 | 汕汕高铁 | 162 | 350 | 350 |
| 2023-12-26 | 成宜高铁 | 261 | 350 | 350 |
| 2023-12-27 | 杭昌高铁黄昌段 | 290 | 350 | 350 |

以京津冀地区为例,已开通线路与预计开通线路,详见表 2.3、表 2.4。

表 2.3 京津冀地区已开通高铁线路

| 开通时间 | 铁路名称 | 线路长度/km | 设计速度/(km·h$^{-1}$) | 初始运营速度/(km·h$^{-1}$) |
|---|---|---|---|---|
| 2003-10-12 | 秦沈客运专线 | 405 | 250 | 200 |
| 2008-08-01 | 京津城际铁路 | 120 | 350 | 350 |
| 2009-04-01 | 石太客运专线 | 232 | 250 | 250 |

续表 2.3

| 开通时间 | 铁路名称 | 线路长度/km | 设计速度/(km·h$^{-1}$) | 初始运营速度/(km·h$^{-1}$) |
|---|---|---|---|---|
| 2011-06-30 | 京沪高铁 | 1318 | 380 | 300 |
| 2012-12-26 | 京石高铁 | 281 | 350 | 300 |
| 2012-12-26 | 石武高铁石郑段 | 358 | 350 | 300 |
| 2013-12-01 | 津秦客运专线 | 261 | 350 | 300 |
| 2015-09-20 | 京津城际铁路延伸线（至滨海） | 45 | 350 | 350 |
| 2015-12-28 | 津保铁路 | 158 | 250 | 200 |
| 2017-12-28 | 石济高铁(石齐段) | 277 | 250 | 250 |
| 2018-12-29 | 京沈高铁承沈段 | 504 | 350 | 300 |
| 2019-09-26 | 京雄城际铁路李大段 | 34 | 250 | 250 |
| 2019-12-30 | 京张高铁 | 174 | 350 | 350 |
| 2019-12-30 | 张呼高铁张乌段 | 161 | 250 | 250 |
| 2019-12-30 | 张大高铁 | 141 | 250 | 250 |
| 2020-12-27 | 京雄城际铁路大雄段 | 59 | 250~350 | 250~350 |
| 2021-01-22 | 京哈高铁京承段 | 192 | 350 | 300 |
| 2022-12-30 | 京唐城际铁路 | 136 | 250~350 | 250~350 |
| 2022-12-30 | 京滨城际铁路 | 54 | 250 | 250 |
| 2023-12-18 | 津兴城际铁路 | 49 | 250 | 250 |

表 2.4 京津冀地区预计开通高铁线路

| 名称 | 途经主要区域 | 设计速度/(km·h$^{-1}$) | 起止站点 |
|---|---|---|---|
| 京沪高铁二线 | 北京、天津、沧州、滨州、东营、潍坊、日照、临沂、宿迁、淮安、扬州、泰州、南通、上海 | 200 350 | 北京南站 安亭西站 |
| 京港高铁（京雄商高铁段） | 北京、雄安、商丘 | 350 | 北京丰台站—商丘站 |
| 雄忻高铁 | 雄安、山西 | 350 | 雄安站—忻州西站 |
| 石衡沧港城际铁路 | 石家庄、衡水、沧州 | 250 | 石家庄站—渤海新区 |
| 石雄城际铁路 | 石家庄、雄安新区 | 350 | 保定东站—栾城站 |
| 津承城际铁路 | 天津、承德 | 350 | 天津西站—承德站 |
| 廊涿城际铁路 | 廊坊、涿州 | — | 廊坊—涿州市 |

通过参考文件《河北省"十四五"现代综合交通运输体系发展规划》及《京津冀城际铁路网规划修编方案(2015—2030年)》得出京津冀远期规划即2025以后有希望开工建设的线路有(远期规划线路的站点和建设时序存在极大变数,仅供参考):①廊坊经过香河、平谷至怀来城际铁路。②怀来经涞水至涿州城际铁路。以上2条铁路与廊涿城际铁路一起组成北京环线铁路。③聊城经过邯郸至长治高铁。④石家庄至邯郸城际铁路(石雄城际铁路的南延长线)。⑤雄安经天津至滨海新区高铁。⑥大同经涞源至徐水高铁。⑦天津至秦皇岛沿海高铁。⑧津承城际铁路蓟州至承德段支线从遵化引出到唐山。⑨遵化至秦皇岛城际铁路。⑩天津至沧州城际铁路。⑪邢台至衡水城际铁路。⑫秦沈高铁二线。

如图2.2所示,自2008年开始运营以来,我国的高铁网络一直在稳步扩张。尽管早期的增长速度较慢,但随着时间的推移,建设步伐明显加快。2010—2015年,高铁营业里程出现了显著提升。这可能与国家对基础设施投资加大以及技术进步有关。2016年以后,虽然每年仍保持一定量的新建线路投入运营,但整体增速有所放缓。这表明随着网络的逐渐完善,未来的发展将更加注重优化现有线路和服务质量。到2022年,高铁营业里程达到42 241 km,远超初期水平。2008—2022年,我国高铁营业里程呈现了快速增长的趋势。

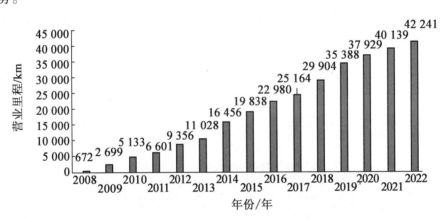

图2.2 2008—2022年我国高铁营业里程

从数量上看,这15年间高铁营业里程增长超过了60倍。特别是近几年,随着国家对高铁建设的重视和加大投资力度,营业里程的增长速度更是明显加快。这反映出我国在交通基础设施建设方面的持续发力,以及对于推动经济发展的决心。

从增长趋势来看,2009—2013年,高铁营业里程基本保持稳定增长;2014—2016年,增长速度有所提升;2017—2022年,尤其是2020年和2021年,营业里程呈现出爆发式增长。这可能与我国经济发展、人口流动增加及政府政策推动等因素有关。我国高铁营业里程在这15年中取得了巨大的成就。未来,随着科技的不断进步和政策的扶持,我国高铁行业将继续保持高速增长,为经济社会发展提供更强大的支撑。

如图2.3所示,2008—2022年,高铁在铁路营业里程中的占比呈逐年上升的趋势。

2008 年高铁占铁路营业里程的比例为 0.8%,到了 2022 年,这一比例增长到 27.3%,近 15 年里增长了将近 34 倍。可见,随着中国高铁建设的快速发展,其在铁路营业里程中的比例也在不断攀升。

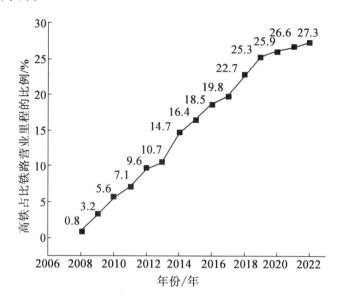

图 2.3　2008—2022 年高铁占铁路营业里程的比例

如图 2.4 所示,2008—2022 年,高铁的客运量呈现稳步上升的趋势。2008—2019 年,高铁的客运量增长迅速,从最初的 734 万人增长至 235 833 万人,显示出高铁在满足人们出行需求方面发挥了重要作用。虽然在 2020—2022 年,高铁的客运量有所下降,分别降至 155 707 万人、192 236 万人和 127 533 万人,但这可能与新冠疫情导致人们的出行(尤其是跨省或长途旅行)意愿降低有关。

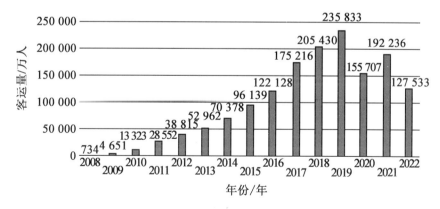

图 2.4　2008—2022 年高铁客运量

如图 2.5 所示,高铁占铁路客运量比例呈逐年增长的趋势,从 2008 年的 0.5% 到 2022 年的 76.2%,增长了将近 152 倍,高铁占比的增加可能是由于高铁网络的扩张、服务质量的提升以及出行人们对时间效率的追求等因素的驱动。

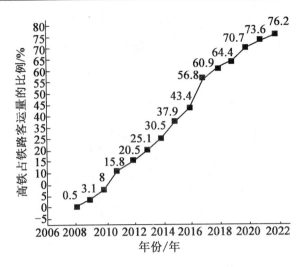

图 2.5 2008—2022 年高铁占铁路客运量的比例

如图 2.6 所示,2008—2022 年,高铁旅客周转量总体上呈现上升趋势。2008—2010 年,旅客周转量有较小幅度的增长,从 15.6 亿人·km 增加到 463.2 亿人·km。接下来的几年里,旅客周转量持续上升且增长速率加快,到 2019 年达到了一个高峰,为 7 746.7 亿人·km。从 2019 年开始,旅客周转量又开始下降,到 2022 年降至 4 386.1 亿人·km。总体来看,高铁旅客周转量虽然有波动,但仍然保持了较高的水平。这可能与新冠疫情人们的出行意愿降低、经济状况影响人们出行需求等多方面影响有关。

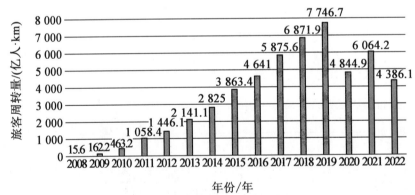

图 2.6 2008—2022 年高铁旅客周转量

如图 2.7 所示,2008—2022 年高铁在铁路客运周转量中所占比例从 0.2% 开始,逐年增长,到 2022 年达到 66.7%。这表明高铁在铁路客运中的重要性逐年增加,成为铁路客运的主要组成部分。2020—2022 年旅客周转量虽然有所回落,但高铁占铁路客运周转量的比例依然呈上升趋势。

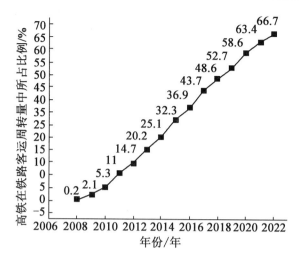

图 2.7  2008—2022 年高铁在铁路客运周转量中所占比例

在国家铁路网建设及规划中,高铁连接了主要省会城市、直辖市及经济特区,可见我国高铁发展之迅猛。这些铁路线路在设计时速、全长以及技术创新方面都展现了我国在高铁领域的领先地位。

我国构建的"八纵八横"高铁网络,核心框架由沿海、京沪线等 8 条纵向通道与陆桥、长江沿线等 8 条横向通道构成,并辅以城际铁路网,旨在形成高效、广泛的快速铁路体系。"八纵八横"布局旨在将相邻大都市间的通行时间缩减至 4 h 内,在城市群内部建立 0.5~2 h 的通勤圈。

下一步将是发展规划着眼于在现有"八纵八横"主干道上,增建区域高速铁路高铁联络线,以强化路网互联性,拓宽服务范围。2020 年 8 月发布的《新时代交通强国铁路先行规划纲要》主要讲述了中国在新时代下加强铁路建设的规划和目标。其中包括加快铁路网络建设,提高铁路运输能力,推动铁路科技创新,完善铁路管理体制等内容。纲要明确,到 2035 年,全国铁路网运营里程达到 20 万 km 左右,其中高铁 7 万 km 左右。20 万人口以上城市实现铁路覆盖,50 万人口以上城市高铁通达。未来将统筹推进高铁主通道及普速铁路通道建设,普速铁路基本覆盖县级以上行政区。到 2050 年,全面建成更高水平的现代化铁路强国,全面服务和保障社会主义现代化强国建设[58]。

从历史规划来看,中国高铁网络规模不断扩大,高铁里程不断增加。在未来,中国计划继续扩展高铁网络,加快高铁建设步伐,以实现更广泛的城市覆盖和更高的运营里程。这些举措将进一步提升中国的交通运输体系,为国家经济发展和人民生活带来更多便利。中国高铁产业的成长之路可概述为 3 个阶段:初期的自我探索、中期的外资技术引入与消化吸收到后期的独立创新,这一系列转变见证了其从"追随者"跃升为"领航者"的辉煌蜕变,成为拉动国家经济增长的核心动力。中国高铁实现非凡成就的背后,是政府高屋建瓴的政策引导、高效的资源整合策略,以及技术领域连串突破的合力效应。在国家战略框架下,中国凭借其资源整合能力和对国际经验的借鉴,构筑起了现代化高铁网络,在这一过程中解决了众多关键技术挑战,涉及无砟轨道铺设、无缝钢轨应用、高速道岔设计等线路核心技术,还包括大型桥梁与特长隧道的建设工艺,以及供电系统的高性能材料应用与智能化维护的全面升级。此外,从通信技术的革新,如无线传输、车地数据交换,到自动驾驶信号控制的最前沿,再到"和谐号"向"复兴号"——最高商业运营时速 350 km 的迭代,乃至向 400 km 时速自动驾驶列车的研发迈进,这些都深刻展现了中国高铁技术全面而深入的进步轨迹。

全球高铁技术的演进与发展,离不开背后科学理论的不断进步[59]。中国能在短时间内迅速崛起并取得世界瞩目的高铁技术成就,关键在于其对高铁基础理论研究的高度重视与试验的高额投入。中国科研团队深入钻研高铁的空气动力学、轮轨相互作用及振动噪声控制等基础科学问题,构建了完善的高铁系统动力学理论体系。这一理论框架为高铁的设计、施工到运营提供了科学指引,确保了技术决策的准确性和实用性,是中国高铁技术创新的理论基石。

在技术突破方面,中国不仅自主研发了高速列车的牵引、制动及控制系统,还创新性地推出了满足各种严苛环境需求的列车车型,包括耐高寒、防风沙、低噪声等特殊设计,极大地增强了列车的环境适应性和运营效率。中国科研团队还整合车辆、线路、信号控制等多个要素,创建了一个高铁系统集成技术平台,促进了技术间的高效协同与优化,成功解决了高速运行中的一系列技术难题,如震动噪声控制、恶劣天气下的安全运营和复杂地质条件下的线路铺设,这些成就显著提升了高铁的安全性与乘客的旅行体验。

试验突破是连接理论与实践的桥梁。中国建立了全球先进的高铁综合试验基地,具备全方位、多层次的测试能力,覆盖从零部件到整列列车、从静态到动态的完整测试链。这些严格而全面的试验确保了新技术与新材料的可靠应用,为中国高铁的提速和新车型的上线提供了有力的安全保障。

此外,中国高铁在发展模式上也实现了创新,采取了"统一规划、分步实施、滚动发展"的战略,既保证了建设的高效推进,又确保了技术的持续升级与优化。通过大规模的建设和运营实践,中国积累了丰富的高铁建设和运营管理经验,形成了一套完整且高效的高铁建设和运营维护体系。

中国高铁在技术突破、理论突破及试验突破这三大关键领域均取得了重大进展,为我国高速列车实现自主创新发展提供了坚实支撑,确保了列车在高速运行状态下依然保持平稳与安全[60]。这些成就不仅推动了中国交通运输体系的现代化,还在国际高铁舞台上确立了中国的领先地位,为中国及全球轨道交通树立了新的标准,彰显了中国高端装备制造的创新力量与综合国力。

### 2.2.2 高铁"流空间"效应分析

#### 2.2.2.1 高铁"流空间"格局形成机制

在我国,高铁通过自主创新、集成创新、引进消化吸收再创新的多元路径,在短时间内取得了关键领域的突破性进展,跃居世界先进水平,成为我国"一带一路"实施中率先

"走出去"的一项耀眼的产业标志。参考2016年国家发展和改革委员会、交通运输部与中国铁路总公司联合发布的最新版《中长期铁路网规划(2016—2030)》,我国规划的高铁网络将构筑在"八纵八横"主干线路的基架之上,搭配区域连络线及城际铁路的辅助,目标在于全面覆盖所有省会及50万人口以上的中大城市,建立高效铁路网络。这一布局旨在促成相邻大中型城市间1~4 h可达性,以及城市群内部0.5~2 h的生活圈,大幅缩短城市间的时空距离。预计至2025年底,我国铁路总里程预计将拓展至约17.5万 km,其中高铁部分将增至约3.8万 km,确保全国省会及其他核心城市的紧密互联。

自2015年起,我国高铁已逐步挺进国际市场,巨大的市场需求和已经建好的高铁对沿线城市及产业的积极影响,使得高铁成为社会各界热议的焦点。实践中,国内各地借势高铁建设规划良机,纷纷创建高铁产业园区或打造高铁新城(新火车站区综合开发项目),并且随着我国经济体制深化改革的持续推进,高铁建设主体逐渐由最初的中国铁路总公司单一主体转变为包含多种所有制形式的"混合所有制"、多元化的参与主体,不断尝试创新债券发行、基金设立等方式,拓宽融资渠道,助推高铁事业的健康发展。

在步入高铁建设的黄金时代后,中国依托3次《中长期铁路网规划》的成功实施,织就了一张辐射广阔、层次分明、结构精细的高铁网络。此网络作为现代交通革新的核心成果,凭借其前所未有的速度与效率消除地理距离的障碍,极大地增强了城市各要素的流动性与位置的灵活性,催生了同一种"流空间"时代。在此空间中,产业、地域和社群结构得到前所未有的拓展,促生出全新的产业布局、城市形态和精英聚集体,同时触发了城市区域功能与发展模式的根本转型[61]。

具体而言,城市实体的传统物理界限与行政边界日益淡化,城市与区域的特性相互渗透——城市走向区域化,区域展现城市化特征,其间形成了频繁、多元且持续的交互影响机制[62],这表征为依托高速交通的城市,围绕人流、物流、资本流、信息流和技术流等关键要素的高速流动,构建起一个动态交互的系统[63]。本书旨在从4个逐步深入的维度——站点区域、城市内部区域、城际互动、区域整合,深度剖析高铁催生的流空间效应,力图通过这一综合视角,精确解构高铁在各层面对经济社会的深刻影响。

具体而言,这四大分析层面依次为:

①区域层面。着眼最广阔的视野,探讨高铁如何在区域尺度上,重塑经济版图、促进区域战略协同、平衡生态环境与社会文化的和谐共生,以及引导区域合作与竞争的新格局。图2.8所示为高铁促进区域间的相互流动简图。

②城际层面。聚焦于城市群与都市圈之间,揭示高铁如何强化城市间的纽带,加速资源与经济活动的自由流动,促进区域一体化进程,同时加深旅游与文化交流的互融互通。图2.9所示为京津冀地区城际流动简图。图中以京沪高铁为例用黑圈代表高铁沿线的主要城市,并用直线连接城市图标,示意人流物流互动。

③城市层面。深入至单个城市内部,考察高铁如何影响城市的规划逻辑、功能布局、空间重构及交通体系整合,以及它在推动地方经济增长、引导人口流动和社会公平等方面的微妙作用。

④站区层面。以高铁站为核心,细致观察其周边区域的微环境变化,包括土地利用转型、城市形态的演进、交通基础设施的优化配置,以及经济活动的聚集效应与环境社会影响,力求精准描绘高铁站区这一微缩宇宙的发展轨迹与特性。

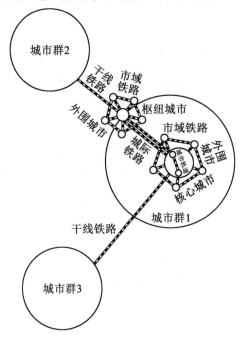

图 2.8　高铁促进区域间的相互流动简图

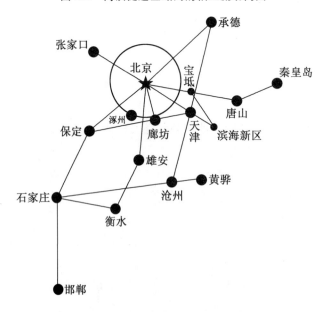

图 2.9　京津冀地区城际的流动简图

研究表明,高铁极大地提升了可达性和区域连通性,从而有效缩短了时空距离感。高铁与城市空间的相互作用愈发紧密,并凭借其卓越的可达性和高度的连通性能[64-65],产生了时空压缩效应[66],使得资本流动触及的地理范围得以显著拓宽。高铁的开通能够显著增强城市周边区域人口的吸纳力,引导人口分布重心逐步趋向于高铁站点周边区域,由此引发了城市人口布局和产业结构的深刻变迁,并重新塑造城市空间结构。高铁站点具有显著的经济辐射效应,带动了周边区域的商业繁荣和产业升级。高铁站区域通常会发展成为新的城市副中心或交通枢纽经济区,吸引各类商业设施、办公写字楼、酒店会展以及住宅项目的集中布局,形成集商业、办公、居住、休闲为一体的多功能综合区域。这种发展不仅促进了土地价值的大幅提升,还加速了服务业特别是现代服务业的成长,如金融、咨询、文化创意等,进一步增强了城市的经济活力和国际竞争力。

与此同时,高铁站点周边的交通配套设施也得到了极大的改善和优化,包括地铁、公交、出租车等多种公共交通方式与高铁的无缝对接,构建起便捷的立体交通网络,不仅方便了乘客出行,也为周边区域带来了更大的人流量和物流量,刺激了消费需求,激活了区域经济。

高铁站点的建设往往伴随着环境美化和城市绿化的加强,提升了城市形象和居民生活质量,促进了生态宜居环境的构建。这种以高铁站为核心的综合开发模式,强调功能混合与空间整合,不仅优化了城市空间利用,还推动了城市的可持续发展,为城市注入了新的发展动能。高铁及其站点的建设和发展,不仅在物理层面缩短了空间距离,更在经济、社会、文化等多个层面对城市发展产生了深远的影响,成为推动新型城镇化和区域协调发展战略的重要力量。

#### 2.2.2.2 高铁对区域层面的影响

高铁对区域层面的影响,可以从区域一体化、产业升级与转型两方面进行解释:

(1)高铁促进区域一体化

高铁对于区域一体化的影响首先体现在可达性的增加。可达性是指在一定时间通过交通工具,从起始节点城市出发到达目的节点城市这一过程中的便利程度[67]。高铁的高速和高频次服务大幅缩短了区域间的时间距离,增加了人员、文化资源交流、资金流动的可能性,增大了城市的区位优势。姚超[68]以厦门市为例选取了包括通往北京、上海、重庆、昆明等在内的103个站点进行评估。研究发现,厦门市在4 h旅行时间内的可达范围显著扩大。大多数原先普快24 h可达的城市,现在通过高铁基本上能够在6 h内到达。在保持相似的地理覆盖范围的同时,从厦门市出发至各个目标城市的旅行时间成本被有效压缩,凸显了高铁在可达性方面的重要作用。王兴平[69]通过对长江三角洲地区的沪宁高铁走廊的实证研究发现,随着高铁走廊将长江三角洲地区内主要城市纳入到"1小时通勤圈",区域化的通勤、就业现象开始出现。司奕坤[70]发现大西高铁的开通极大地增加了与晋南地区存在高铁联系的城市数量,大幅度缩短了与全国主要城市的通勤时间,10年间复合可达性提升了101.6%。高铁有助于缓解区域发展不均衡问题,通过加强偏远地区与经济中心的联系,促进资源和产业的合理分布,带动落后地区经济发展。刘柯杉[71]研究发现,在交通发达的地区,如区域中心城市、省会城市等,高铁建设将持续扩大交通的影响效应,增加路网密度与城市间的联系强度,带来人力、物力、资金流的迅速流转。在交通发展滞后的地区,如大城市群边缘城市、边疆城市、中小城市等,高铁的建设将对区域造成交通出行方式的全面革新,"一日游""跨城通勤"等都是交通便捷、区域可达性提升的产物。

从经济学的角度深入剖析,交通运输体系与国民经济两者间存在着密切且互动的制约和促进关联。历史上,以"高速"和"低成本"为核心特质的交通运输革命,不断地推进社会分工精细化、生产要素快速流动,创造出更多的就业机会,并强有力地催化了城镇和产业的繁荣发展,从根本上改变了人们对时间、空间价值的认知观念。这场交通运输革命并非孤立存在的,它与科技革新和产业结构变迁互为因果,相互交融。一方面,交通运输革命建立在科技革命和产业变革的基础之上,无法脱离三次工业革命的深远影响;另一方面,其意义远超交通运输行业本身,它通过对商品流通、要素转移及市场机制的影响,深刻地渗透到国民经济的各个部门,成为直接影响国民经济各领域活动、举足轻重的生产部门。高铁总体上显著促进了高铁区域间的经济增长。有学者研究发现,高铁主要给东部大型高铁城市带来的生产率增长效应大于高铁给居民生活带来的低成本便利效应,给中西部中小城市主要带来的是居民生活的低成本便利效应[72]。

高铁极大地缩短了城市间的旅行时间,运输成本的下降会同时减弱资本过度集聚。这种时空距离的压缩打破了传统地理界限,加快了区域经济融合的步伐,促进了城市群内部资本、技术、人才等关键资源的更流畅汇聚与配置、经济要素更为频繁和高效的流动,促进了区域内部的分工协作和产业协同。在经济学中,资本要素占有核心位置。其中,资本通常分为实物与货币两种存在形式。实物资本指厂房、机器设备等生产出来的生产资料,货币资本是指为转化为实物资本所准备的资金[73]。高铁站周边地区的土地价值显著提升,商业地产、住宅地产等行业快速发展,可能导致城市内部空间分异加剧,同时也可能带动旧城区改造和新城区建设。当运输成本减少时,原本由于地理位置接近而节省的运输费用对于本地消费者的吸引力会下降。以往,企业可能会因为靠近消费市场而选择在某个地区聚集,以减少产品运输到消费者手中的成本,从而提高竞争力。但随着运输成本的整体降低,这种由地理位置带来的成本优势变得不那么重要。外部资本及企业的迁入虽然增加了市场竞争,但由于运输成本不再是主要障碍,本地消费者能更容易地获得外地产品的实惠,这使得仅凭运输成本节约来吸引企业和资本集聚的动力减弱。随着运输成本的降低,不同区域间的经济界限变得模糊,倾向于融合成一个更大的统一体市场。在这个大市场中,企业选址的重要性相对下降,因为无论企业在哪个位置,都能较为便捷且成本较低地将产品送达整个市场的消费者。新企业或外来资本的进入可能会对本地企业构成威胁,通过抢占市场份额(即市场挤出效应)来影响本地企业的生存。但在一个高度一体化的市场中,所有企业都在同一水平线上竞争,共享相同的市场资源,企业之间的竞争更多基于产品、服务、价格等非地理位置因素,而不是单纯依靠选址优势。因此,市场挤出效应被减弱,意味着新企业和资本的进入对本地企业的直接负面影响减小。综上所述,运输成本的降低不仅影响了资本和企业的地理布局决策,还促进了更广泛市场的一体化,使得企业间的竞争更加公平,市场结构更加开放和灵活,减少了特定地理位置对企业成功与否的决定性作用。

(2)高铁促进区域产业升级与转型

高铁缩短了城市之间的时空距离,使得生产要素的流动更加便捷。这有利于发达地区的产业向欠发达地区转移,促进区域间的产业协同发展。高铁站点周边通常会形成商业、服务业等产业集聚,吸引相关企业入驻,形成产业集群。这有助于提升区域的产业竞争力和创新能力。聂雪艳[74]以江苏省为例,研究交通等基础建设在经济发展中所起的先导作用,结果得出交通运输业的发展能增加商品的可达性,为新产业萌发提供可能,促进产业结构完善,同时产业结构变动会导致对交通运输需求变动。蒋华雄等[75]通过研究得出,总体上,高铁提升了城市服务业的比例,降低了城市制造业的比例;制造业型城市和服务业型城市的服务业比例都得到提升,制造业比例都有下降;从单个城市来看,高铁提升了大多数制造业型城市和大多数服务业型城市服务业的比例。李中[76]发现在2008—2016年,京沪铁路沪宁段和沪昆铁路沪杭段动车组列车的运营将其沿途站点的产业结构水平提高了约3.22个百分点,沪宁城际铁路和沪昆高铁沪杭段的开通将其沿途站点的产业结构水平提高了约4.01个百分点。曾清蓉[77]表明高铁发展有利于我国产业结构升级,但高铁发展对产业结构升级的影响会随着经济发展水平、地区发展规模和人力资本水平的不同而发生变化。在经济发展水平较高的地区,高铁发展对产业结构高度化的影响更为显著。在人力资本水平较低、地区发展规模较小的地区,高铁发展对其产业结构合理化的影响更为显著。

综上,高铁的快速发展不仅显著缩短了城市间的时空距离,还通过促进生产要素高效流动,为区域产业协同发展构建了坚实的基础框架。高铁站点周边形成的产业集聚效应,不仅增强了区域的产业竞争力和创新能力,还通过吸引更多企业入驻和服务业的蓬勃发展,加速了产业结构的优化升级。高铁对产业结构调整的正面影响普遍存在,尤其是在提升服务业比例、促进产业升级方面效果显著。

高铁对产业结构升级的具体影响机制和效果在不同经济发展水平、地区规模及人力资本条件下有所差异,提示我们在规划高铁网络和发展策略时,需充分考虑这些区域特异性因素,以最大化高铁对促进区域经济平衡发展和产业结构优化的正面效用。因此,高铁作为新时代的"经济动脉",其发展战略应与地方特色产业培育、人力资本提升及区域协同发展策略紧密结合,共同推动我国经济社会向更高水平迈进。

#### 2.2.2.3 高铁对城际层面的影响

(1)高铁促进"同城化"效应

在社会学中,同城化是指一个城市与另一个或几个相邻的城市,在经济、社会和自然生态环境等方面具有能够融为一体的发展条件,以相互融合、互动互利,促进共同发展;以存量资源,带动增量发展,增强整体竞争力;以优势互补,相互依托,完善城市功能,建设和谐宜居城市。"同城化"不是"同一化"或者"同体化",也不是简单的规模扩张,而是形成辐射力、扩散力与竞争力越来越强的板块经济。"同城化"是经济全球化和区域经济一体化发展的客观要求,也是城市化加速发展的新形式。高速便捷的高铁交通方式所带来的"同城效应",造就出一批以现代化高铁站为依托的综合交通枢纽。从2010年的沪宁城际高铁、沪杭高铁开通运营,到2013年宁杭、杭甬高铁运营,长江三角洲地区"高铁经济带""高铁都市圈"日渐成熟。作为上海"创新驱动发展、经济转型升级"的重要载体,上海虹桥商务区区位优势独特,交通优势明显。从高铁站步行至虹桥商务区只需要7 min,坐高铁从虹桥到长三角地区的16个核心区城市,只需要0.5~3 h,大大降低了入驻企业的商务成本。区位、交通等多项优势叠加吸引大量企业涌入,欧美跨国公司、国内外知名企业纷纷选择落户虹桥商务区[78]。国务院新闻办公室2024年4月3日举行第六场"推动高质量发展"系列主题新闻发布会,据天津市委副书记、市长张工介绍,京津同城化效应在不断显现,现在每天都有七八万人乘坐京津高铁往来两地。

(2)高铁对城市间联系和就业的影响

高铁增强了城市间的紧密联系,显著提高了城市就业密度,意味着更多的就业机会被创造出来,极大地缩小了城市间的通勤时间,促进周边城市空间一体化进程,加强城市间的经济合作和资源共享。高铁的便捷性(通过缩短时间距离和频繁的车次)能有效加强城市间的相互作用,尤其是邻近省份的城市之间的交流和相互作用显著增强,构建了一个紧密的城市互动网络[68]。高铁沿线城市的产业发展得到推动,特别是服务业、旅游业和物流业等,这些行业直接或间接创造了大量就业岗位。此外,高铁不仅促进了沿线城市的经济发展,还通过构建跨区域的城市圈,平衡了人口和资源分布,避免其过度集中于少数大城市,为中小城市提供了新的发展机遇和就业增长点。有学者研究发现,高铁站接驳绩效在城市群内部呈现出"核心-边缘"差异,即核心城市高铁站的接驳效率显著高于周边边缘城市。这反映了核心城市由于资源集中、交通网络发达,高铁接驳服务更为高效[79]。在就业方面,高铁主要对我国东、中部大型高铁城市的就业影响显著,对西部中小型高铁城市的就业影响并不显著,说明高铁就业效应的充分发挥在一定程度上是以当地的经济发展水平及其合理规划为前提条件的[72]。

(3)高铁对旅游业和消费模式的影响

高铁旅行的普及提升了长距离旅行的便捷性,促进了城际旅游市场的发展,同时也带动了沿途城市消费市场的活跃度和多样化。高铁的高速化运营与公交化服务特性,显著压缩了地理距离与旅行时间,催生出显著的时空压缩与同城化效应,有力地驱动了高铁经济圈的孕育与壮大。从空间形态演变视角剖析,"2小时高铁经济圈"经历了从"点状集聚—轴线联结—面状辐射"的递进式发展历程。初期,高铁站点周边区域率先呈现局部经济活动的集聚态势;随后,随着高铁主干线路的陆续贯通,各节点城市通过高铁干线实现高效串联,形成初步的轴向经济走廊;最终,随着网络的进一步加密和完善,高铁经济活动逐渐从轴线向两侧蔓延,形成大面积、多层次的片状经济辐射带。在此过程中,圈内城市间经济联系强度显著增强,区域间的经济协作关系日益紧密且结构日趋复杂。"4小时高铁经济圈"构建主要围绕以各省会城市为核心展开。随着高铁线路网络的持续拓展以及运行服务质量的不断提升,这些中心城市的经济影响力得以有效外溢,其辐射半径随之不断扩大。在此类经济圈中,联系强度呈现出明显的圈层递减规律,即离省会城市越近的城市,与省会城市之间的经济联系越紧密,而随着距离的增加,这种联系强度逐渐减弱。这一特点反映出高铁在强化核心城市对周边地区的经济引领作用的同时,也在一定程度上塑造了区域经济发展的梯度格局[80]。

#### 2.2.2.4 高铁对城市层面的影响

高铁的快速发展不仅重塑了国家的交通版图,更在城市层面激发出一系列深刻变革,特别是对于那些有幸成为高铁枢纽的城市而言。这些城市如同网络中的璀璨节点,依托高铁的高效脉动,实现了从地方中心到区域乃至全国性经济驱动力的华丽转身,并对周边地域展现出强大的辐射力与牵引效应。探讨高铁枢纽城市的兴起及其全方位影响,是对现代城市发展路径与区域经济一体化进程的一次深度剖析。

高铁枢纽城市,作为多线交汇的战略要地,凭借其密集的列车班次和庞大的客流量管理能力,已不仅仅是地理上的交会点,更是经济活动与创新资源的汇聚中心。这些城市多数为规模可观的中大型都市,其之所以能够迅速崭露头角,核心在于高铁赋予的前所未有的交通便利性,极大地提升了人流、物流、信息流的流通效率,为产业升级与资源聚集铺设了快车道。

高铁枢纽城市的影响力远不止于此,它们在多个维度上发挥着引领与带动作用。作为经济增长的强力引擎,这些城市吸引企业总部、尖端研发机构及高端商业设施聚集,成为撬动区域经济飞跃的支点。它们是产业转型的前沿阵地,高铁的便捷加速了传统行业的革新步伐,同时为新兴业态的成长开辟了沃土,孕育出特色鲜明的产业集群。通过高铁网络的紧密联结,这些城市与周边区域形成了更加协同的发展格局,促进了资源的高效配置和市场的深度融合。高铁还成为激活人口与人才流动的新钥匙,缩短了空间距离,催生出"枢纽工作、周边居住"的新型生活模式,为跨区域合作与人才共享提供了无限可能。在文化和消费领域,高铁极大地拓宽了旅游市场边界,带动了旅游及关联服务业的蓬勃发展,为城市经济的多元化注入新活力。

(1)高铁城市空间结构的影响

高铁及高铁站的开通对城市空间结构有一定影响。在多个维度上对城市空间结构产生了深刻影响,这一影响既涉及城市的物理形态变化,也触及城市内部社会经济文化的深层结构。主要包括两方面:①外部结构,主要由实体基础设施构成;②内部结构,涵盖社会结构、经济结构、环境结构、文化结构等多元内涵。高铁不仅是城市空间扩张的推动器,更成为优化空间结构、激发周边区域发展潜力的利器,通过强化沿线城市的吸引力,加剧区域资源、人口和经济活动的集中,充分展示了其在现代城市与区域发展战略中的关键角色[71]。

不同类型高铁站点对站区发展的影响作用不相同。不同高铁站点对周边区域的发展效应存在差异。当高铁站设置于城市中心或紧邻市中心(5 km 范围内),由于受到现有城市结构及高强度开发的限制,其对周边的带动重塑效应较为温和,对人口聚集的吸引力和土地使用变化不如预期显著,因此,对城市空间构造的改观作用较为局限。相反,当高铁站点设置在城市边缘地带时,其空间优化和辐射带动的优势得以充分发挥,可以有效促进城市空间结构的优化调整[81]。位于城市边缘或新区的高铁站,其建设能够引领城市向外扩张,形成新的城市增长极——高铁新城。高铁站点对城市空间结构的形塑力随距离增加而递减,表现为一种明显的距离衰减效应。在紧邻高铁站点的 10 km 区域内,高铁对城市人口分布和土地利用格局的影响最为直接、显著,从而有力地推动了城市空间结构的演变。而随着距离站点的增加,如达到 20 km 或者更远的范围,高铁的影响力逐渐减弱,对城市空间结构的影响也随之降低[81]。研究指出,高铁站在对特大城市或经济高度发达城市及小型城市的空间结构影响相对有限,而对中等规模城市的空间结构演变展现出更为显著的推动效果。司奕坤[70]通过研究大西高铁得出临汾、运城两市主城区在高铁的影响下都起到了推动城市空间向外延伸的作用。姚超[68]得出高铁站点的设置进一步促进了厦门城市空间的扩展。厦门高铁站承担着推动新区发展的任务。有学者指出高铁的开通对城市层面的影响可以从高铁开通前后城市空间形态变化、交通系统结构变化等方面进行研究[70]。

(2)高铁站开通对城市交通组织的影响

高铁的引入和普及,对城市及区域交通组织的优化产生了革命性的影响,推动了交通体系向更高效、更环保、更一体化的方向迈进。

高铁作为中长距离出行的高效选择,有效地缓解了传统铁路和公路的运输压力,减少了地面交通拥堵,尤其是在节假日和旅游高峰期,高铁的高容量和准点性极大地提升了交通系统的整体效率。高铁站与城市公共交通的无缝接驳是交通组织优化的关键一环。许多城市围绕高铁站构建了综合交通枢纽,将高铁、地铁、公交、长途汽车、出租车以及自行车租赁等多种交通方式紧密衔接,形成便捷换乘网络,实现了"零换乘"或"少换乘"的出行体验,大幅提升了乘客的出行效率和满意度。通过设置地下直通通道、共享站厅、统一的票务系统等措施,使得乘客可以在不同交通模式之间快速转换,无须重复安检或出站,这不仅节约了时间,也优化了人流流向,减少了站内拥堵。高铁的发展还促进了智能交通系统的应用,通过大数据、云计算和物联网技术,实时监控和预测客流情况,动态调整班次和服务,精准匹配供需,有效缓解了高峰期的运力紧张问题。同时,数字化的票务系统、移动支付和在线导航服务,让乘客能够更加灵活地规划行程,减少了烦琐的纸质票务和现金交易,提升了服务的便捷性和现代化水平。高铁的连通性促进了区域交通一体化,使得城市间的人流、物流更加顺畅,为跨城通勤、商务活动提供了便利,促进了城市间的经济融合和资源共享。在某些情况下,高铁线路的规划与建设还带动了沿线小城镇的发展,使之成为新的交通节点,平衡了区域发展,优化了城乡交通布局。高铁不仅是单一的交通方式的革新,它通过与城市公共交通网络的深度融合、智能化技术的应用、区域交通一体化的推动,全方位优化了交通组织,为城市及区域的可持续发展注入了新的活力。

(3)高铁对城市产业结构的影响

高铁的引入极大地促进了城市内部产业结构的调整与空间布局优化,推动了传统区域向综合服务、创新区转型,工业区升级为高科技或物流园区,从而形成更合理的城市功能布局,促进了产业发展,提升了居民生活质量,加速了经济与社会的和谐共生。高铁枢纽城市作为关键节点,通过高效的交通连接,不仅吸引了企业总部、研发中心聚集,还促进了产业的转型升级和新兴产业集群的形成,增强了区域协同发展,激活了人口与人才的流动性,扩展了旅游与消费市场,全面推动了产业结构的高级化和经济地理的重塑。高铁建设的经济拉动效应显著,不仅直接带动基础建设相关产业,还在运营后激发第三产业活力,促进绿色低碳发展,为中国科技创新和制造业竞争力的提升贡献力量。此外,高铁对资源型城市的转型也有显著影响,包括产业结构优化和经济增长,尤其在特定地区和发展阶段表现更为突出,助力经济结构调整和地区均衡发展。

徐银凤[79]构建了长江三角洲地区经济带城市高铁枢纽接驳绩效的评价模型,从城市层面分析显示,不同等级绩效所对应的各类城市在各项指标上的表现差异显著,各城市间接驳绩效水平存在显著分化。进一步细化至指标层面,可以发现各项评价指标在不同城市之间的分布并不均匀,且对各地高铁接驳绩效的影响程度各有差异,显示出明显的地域特性和接驳效能的差异化驱动因素。姜海宁[82]研究高铁的开通对中国资源型城市经济转型的影响,得到以下主要结论:总体上,高铁的开通对资源型城市的产业结构转型和经济增长均具有显著的促进作用。高铁的开通对资源型城市经济转型存在明显的地区异质性:高铁的开通对沿海资源型城市产业结构优化具有显著的促进作用,对其经济增长影响却并不明显,与之相比,内陆地区资源型城市产业结构优化受高铁影响并不明显,其经济增长受高铁影响比较显著。高铁的开通对不同发展周期的资源型城市经济转型作用也存在异质性,对成长再生型资源型城市产业结构优化的促进作用显著,而对成熟型、衰退型资源城市的产业结构优化作用并不明显。与之相比,高铁的开通对成长再生型和成熟型资源型城市经济增长影响并不明显,而对衰退型资源型城市经济增长有显著的促进作用。

#### 2.2.2.5 高铁对站区层面的影响

高铁站的开通对周边地区(通常指车站半径 1~3 km 范围内,或特意规划的高铁新城及交通枢纽区)会产生一定的辐射带动作用。在紧邻站点的狭小圈层内(约 1 km),经济活力与交通便捷性显著增加[70]。资源和要素经由高铁站这一"节点"向四周的"地带"扩散,催化站点周边形成产业聚集,驱动周边区域的土地开发利用迈向新阶段,不同地理位置的站点,其周边地区的成熟度和开发强度展现出各异的面貌[83]。

(1)高铁站的开通对站区土地利用的变化

高铁站的建设促使周边土地利用更为高效,表现为更高的固定资产投资、更紧凑的布局以及更多配套服务设施,如长途客运站、地铁接入等。高铁站的开通使高铁站周边地区的土地价值显著提升,京沪和武广高铁沿线城市在高铁站区建设后,土地价格大幅上涨。这表明高铁的引入能显著改变城市土地市场的价值分布,尤其是在大城市和中小城市中,这种影响尤为明显。高铁站周边地区在开发过程中展现出了功能多元化特征,土地利用从单一向混合转变,强调商住结合、办公与休闲娱乐等功能的整合,以适应高铁带来的大量人流和商机,增加了用地的前期投资回报。司奕坤[70]指出在大西高铁线上,那些行政级别较高、经济社会发展水平较强的城市,由于本身具备更好的基础设施和更强的集聚扩散能力,高铁的开通更容易引起它们土地利用结构的重大变革,包括城市功能区的重组、城市空间的拓展和优化等,呈现城市等级越高,高铁对土地利用结构的影响就越大的特点。这里的"影响最大"意味着这些站点在高铁开通后,原本的土地使用类型如农业用地、工业用地、居住用地、商业用地等可能经历了较大的转型和调整,比如有更多的非农用地转变为交通用地、商业设施用地或居住用地等,以适应高铁带来的客流、物流需求和城市扩张需要。

(2)高铁站对城市空间与经济的重塑效应

高铁站的设立为新兴城区带来了前所未有的发展机遇,其影响力的大小关键在于区域是否能有效抓住高铁带来的契机,通过策略性规划和转型升级,形成多样化的城市空间演进路径[70]。那些基于稳固的人口基量、扎实的产业根基及完备基础设施,并善用高铁优势的新城区域,得益于前瞻性的规划和高铁带来的便捷,有潜力成长为具有独立城市职能、高度一体化的城市副中心或新兴经济增长点,深刻改写城市空间格局,比如推动城市边界的外延,催生新的核心功能区域。

相比之下,部分城市新区未能充分利用高铁潜能促进全面发展,或因规划缺失、资源吸引不足、后续发展动能匮乏等因素,其发展空间在经历初步成长后可能趋于饱和,对城市总体空间架构的调整作用较为有限。这类新区倾向于围绕高铁站形成特定的功能集中区,如商贸物流枢纽或旅游服务专区,虽在个别行业保持影响力,但未从根本上重塑城市的整体布局和功能分区。此时,高铁站更多扮演着交通枢纽和服务平台的角色,其周边环境主要承担交通衔接与服务职能,未能广泛激发其他城市功能的聚集与扩张,故对城市空间结构的全局性变迁影响较小。

尽管国内诸多城市在高铁站点周边规划并试图引入商务、金融等高端服务业,但从实际开发成效来评估,高铁站点对周边新建城区产业提升的作用并不显著。目前,城市高端服务功能的培育与发展依然高度依赖于传统市中心区域。尤其在中小城市,高铁站点周边商务功能的孵化面临较大困难,这些区域往往以满足基本的交通集散需求为主,综合性商业设施,如融合购物、娱乐等多元化功能的大型综合体,尚不多见[84]。统计显示,80%的高铁站点对设站城市重心变化存在明显的影响,且主要起到吸引重心偏移、促进城市发展的积极作用,对城市空间拓展的作用力比人口聚集的影响更大。80%的高铁站周边处于快速或稳定增长的状态,建设斑块增速随圈层结构向外逐渐减缓。中心的圈层式向外的建设,并与城市形成了双向发展的态势。站点周边的时空变化受城市与高铁站的双重作用,既由城市引导空间增长方向,又由高铁站决定增长速度。

基于高铁站点城市为基点,整合周边区域产业,形成以高铁为纽带的城市群,把出口导向发展模式带向内生增长发展模式;高铁沿线核心城市积极构建总部经济,促进企业价值链与区域资源实现最优空间耦合;高铁交汇站点城市应中端化布局其产业、宜居化其商务地点;高铁沿线非核心城市应以站点为轴心,实现产业分工专业化,同时注意其商务活动的培育;未建高铁城市应主动接驳高铁,融入中国内生发展时代的高铁网,加大中西部地区基础设施建设,借助高铁协调区域发展。

与西方国家高铁布局多深入城市核心,侧重于金融商务区带动的自然演进不同,我国高铁选址偏向城市边缘和外围,旨在推动新城新区建设,反映了土地城镇化路径依赖的政府主导模式[85]。

随着信息化的发展,特别是互联网在各领域的普及,全球进入信息流引导和整合各种空间流态的新时期。互联网信息流几乎完全克服了空间距离导致的时滞和成本,使这种空间相互作用不再受距离的影响,因而不再有距离衰减的问题。"流空间"的提出是一个创造性的贡献,在世界范围内获得了广泛深刻的学术和社会反响,学术界普遍相信这一概念能够在区域空间重构中发挥重要作用,但是验证概念有效性的案例研究一直非常缺乏,原因在于获取"流"本身的数据困难。此外,目前可用的替代方法较为有限,并且主要适用于全球尺度以及发达的后工业社会。我国基于高铁"流空间"经济体系的城市网络整体上呈现出上升的发展态势。相较于传统铁路网络,高铁网络极大地提升了城市间节点间的要素流动效率和城市可达性,尽管区域内部的增长均衡性仍有待提高。接入高铁网络的企业表现出显著的绩效提升,这一提升效果主要源于高铁促进了科研人才向相关企业的集聚,进而提升了企业的创新能力。同时,高铁网络所带来的中心地位加强与可达性的提升也对企业的正面发展起着关键作用。

# 第3章 高铁"流空间"产业经济环境影响机理分析

## 3.1 高铁"流空间"产业结构 DPSIR 模型分析

### 3.1.1 高铁"流空间"与要素流动

高铁作为一项高效便捷的当代区域交通技术,极大地促进了中国城市区域在经济结构、社会管理及空间规划方面的深刻转变与重新构造。高铁使得原本分隔甚远的地理空间变得紧密相连,城市流动要素的空间移动性和位置的可变性日益增强,原本由距离决定的"地方空间"逐渐向由时间决定的"流动空间"转变。实际上,自20世纪90年代以来,伴随着高速交通与通信网络技术的进步,全球区域经济社会的空间布局经历了显著的演变,这一过程对传统的时间—空间认知框架构成了挑战,并激发了对于新兴空间形态的研究兴趣,"流动空间"成为这一变化过程中的一个显眼的新空间形态和关键的前沿理论[86]。

更具体地说,流动空间是基于信息技术构建的网络和快速交通流线,它围绕着人、物、资金、技术和信息等关键要素的流动而形成。戴维·哈维(David Harvey)提出了"时空压缩"的观点,他认为社会的关系模式和日常生活的节奏正在经历一次重新整合;Castells 持有的观点是,"流动空间"本质上是一种通过流动来实现共享时间的社会实践的物质结构,它主导并塑造了流动社会的形成;齐格蒙特·鲍曼(Zygmunt Bauman)提出了一种名为"流动的现代性"的观点,并强调人们的生活模式正处于一种无法控制的"强迫性流动"的核心位置。在流动空间效应的影响下,空间观念经历了重新塑造,呈现出尺度扩张、距离消失、边界模糊及尺度多维等多种特点,这些变化越来越多地影响着城市的经济和社会活动以及空间结构,进一步催生了社会空间的分异现象。

在快速交通流线下方的流动区域,随着现代交通工具技术的持续进步,特别是高铁的涌现,原先不连贯的地理区域因为高速的运营而变得更为接近。因此,城市中的人流、物流、信息流、资金流、技术流等关键流动要素的空间流动性和地理位置的可变性都在逐渐增强。流动空间的存在促进了产业、地理和社会阶层空间的拓展,从而催生了新型工业、城市和精英等多种空间形态,同时也催生了城市区域功能和发展模式的重大变革。首先,随着时间的推移,城市的物理和行政界限变得越来越模糊,城市逐渐走向区域化,而区域也逐步走向城市化。当空间实体相互独立时,它们之间会产生持续、频繁和多样化的交互控制效应。这种相互作用的结果是催生了全球城市区域(global city region)、巨型城市区域(mega-city region)及超大型城市连续体(beyond megalopolis)等新兴城市空间模式。这些新兴城市空间的主要特征在于,它们借助尖端通信技术和高效的交通基础设施来维系、整合"流动空间",进而形成一个功能性的城市区域网络。此外,现代快速交通技术的飞速发展显著增加了城市内部及城市间要素流动的密集度、速率和范围。这也将促使产业、就业机会、人口分布和城市空间结构的结构性调整。原本囿于特定区域内较为固定的社会联系网络正遭受重塑与分解,而原本局限于单个城市的功能性活动区域正逐步扩展至其他城市。这导致城市居民在社交活动的范畴与内容上,将会在跨越城市或地区的广阔空间维度里经历一次新的排列与整合,从而构建一个高度流动性的社会结构。现阶段,国内的学者们已经开始对流动空间给予更多的关注和研究。然而,现有的研究大多集中在流动空间相关机制的理论探讨上,通常更侧重于从信息流动的角度分析其对地域发展空间的冲击,相比之下,对交通流动下的空间效应,尤其是其对社会空间作用的研究,则显得较为匮乏。对新兴空间形态的研究需要从理论探究转向实证应用分析。高铁作为当代"流动空间"模式的突出推动力,它在城市区域进化与变迁中的作用值得持续观察与深思。因此,深入探讨高铁带来的"流动空间"效应,以及它如何塑造人们的社会关系网络和空间依赖模式,显得尤为关键。

"流动空间"构建于人流、物流、资金流、技术流及信息流等关键流动要素的基础之上(图3.1),形成了一种基于动态流动性特征的空间组织形态。

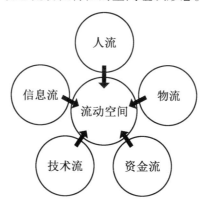

图 3.1 流动空间构成要素

从人流角度看,首先,高铁以其高效便捷的特性大大缩短了城市间的通行时间,使得人口流动更加频繁且快速,增强了城市间的人才交流和劳动力市场一体化。原本受地理距离限制的人口迁移变得更加灵活,促进了人才资源在更大范围内的优化配置。其次,高铁沿线地区由于交通条件的改善,对外吸引力显著增强,不仅吸引了大量商务人士、游客等流动人口,还促使部分原居于大城市的人群选择居住在周边卫星城或中小城市,通过高铁通勤至大都市工作,有效缓解了大城市的人口压力,并带动了沿线地区的经济发展和新型城镇化进程。此外,高铁网络的构建强化了区域之间的教育合作与资源共享,学生群体可以更方便地跨地域求学,进一步推动了知识传播和技术转移,提升了整体人力资源素质。高铁形成的"流空间"对人流产生了深远影响,它改变了人口分布格局,促进了人才合理流动和区域均衡发展,为经济社会的持续繁荣注入了强大动力。

从物流角度来看,首先,高铁以其快速、准时、大容量的特性,显著提升了货物运输的速度和效率,大大缩短了产品从产地到消费市场的时空距离。这不仅降低了物流成本,提升了供应链的稳定性与响应速度,还为生鲜食品、电子产品等对时效性要求高的行业提供了更为理想的运输解决方案。其次,高铁网络的完善促进了多式联运的发展,使公路、航空、水路等多种运输方式能更加高效地协同运作,形成了现代综合交通运输体系。通过高铁中转,各类货物能够更便捷地接入全球物流网络,有效地提升了国家及区域间的物流联通水平。此外,高铁物流中心的建设也带动了沿线地区仓储、分拣、配送等相关产业的发展,形成了一批以高铁为核心的物流产业集群。这种集散效应使得物流资源得以优化配置,进一步推动了地区经济结构的转型升级和整体竞争力的提升。高铁形成的"流空间"在物流方面极大地改变了货物流动的方式和效率,促进了物流行业的现代化进程,强化了区域间经济联系,对于构建新型高效的物流体系和推动经济社会发展起到了至关重要的作用。

在资金流方面,首先,高铁作为一种重要的基础设施投资,其建设和运营本身拉动了大量资本的投入与流动。政府投资、企业融资和国际合作等多元化的资金来源共同促进了高铁网络的快速扩展和完善。其次,高铁建设极大地提升了沿线地区的交通便利性及经济发展潜力,使得这些区域的投资环境得到显著优化,对外来资本具有更强的吸引力。大型企业、金融机构以及各类投资者将目光投向高铁沿线,寻求新的发展机遇,进一步推动区域内金融资源的有效配置与整合。此外,高铁构建的高效交通体系缩短了地理距离,使资金能够更便捷地跨越地域限制,在不同地区之间进行高效的流通与配置。这不仅加速了资本市场的联动效应,还有利于促进区域间的产业转移和技术合作,形成资金集聚与辐射效应,从而带动整体经济的发展活力与创新能力。综上所述,高铁通过改善区域投资环境、吸引外来投资和优化资源配置等方式,有效地促进了资金流在更大范围内的快速流动和合理分配,为区域经济一体化和国家经济持续健康发展提供了强大的金融动力。

在信息流领域,首先,高铁系统通过缩短地理距离和时间成本,使得人员流动更加频繁,进而加快了信息传播的速度与广度。商务人士、科研人才等可以在短时间内跨区域交流协作,推动了知识、技术、创新理念等无形信息的快速流动与共享。其次,随着高铁站点及沿线地区信息化基础设施的完善,互联网、大数据、云计算等信息技术得以广泛应用,形成了一种以高铁为轴线的信息高速公路。这不仅促进了区域内数据交换的高效性,而且强化了区域间的信息联动和协同创新,使得新的商业模式、科技成果能够迅速传播并转化为生产力。此外,高铁建设还带动了智慧城市、智慧交通等相关领域的快速发展,进一步提升了信息采集、处理和利用的能力,使得决策者可以更准确地把握市场动态,及时调整产业结构和发展策略,从而实现经济社会发展的精准化管理和服务。总之,高铁构建的"流空间"有力地推动了信息流的畅通无阻,加速了知识和技术的扩散,提高了社会经济活动的信息化水平,对于促进我国乃至全球范围内的信息社会发展与产业升级具有不可忽视的作用。

在技术流领域,首先,高铁作为一种先进的交通技术成果,其自身的发展与推广就体现了技术流的流动和扩散过程。通过引进、消化、吸收及自主创新,我国在高铁技术领域已实现由追随、并行至领先的关键性飞跃,形成了具有自主知识产权的世界级高铁体系。其次,高铁网络极大地缩短了地理距离,使得技术人才、研发资源能够在更广阔的地域间高效流动。科研人员、工程师等可以更加便捷地参与跨区域的技术交流与合作,促进了知识和技术的快速传播与共享。高铁沿线地区也因此得以更方便地引入先进技术和创新理念,推动本地产业技术升级和结构优化。此外,高铁的建设与运营过程带动了大量相关领域的技术创新与发展,如新材料、新能源、信息技术、装备制造等,这些领域内的技术进步不断为高铁系统注入新的活力,并通过高铁这个载体辐射到更多行业和地区,形成了一种以高铁为核心的技术辐射圈。综上所述,高铁构建的"流空间"有力地推动了技术流的汇聚与扩散,加速了科技创新的步伐,促进了产业链条的深度融合与协同发展,对于提升国家整体技术水平和竞争力具有重要意义。

在高铁时代,人流、物流、资金流、信息流和技术流等要素能够在城市之间及城市内部实现更高效、更频繁的流动与交换,从而形成一种超越传统地域限制的网络化、动态化的空间结构。高铁"流空间"打破了传统的行政区划界限,促进了区域间一体化进程,推动了经济活动的空间重组和社会关系的重构,对各个产业都产生了一定的影响。

### 3.1.2 建立高铁"流空间"产业结构 DPSIR 模型

"驱动力-压力-状态-影响-响应"(DPSIR)模型,由 OECD 于 1993 年首先提出的,此后在政策制定方面与研究中得到推广。DPSIR 模型兼具 DSR("驱动力-状态-响应")和 PSR("压力-状态-响应")的特点,能有效地反映系统的因果关系并整合资源、发展、环境与人类健康等要素。DPSIR 模型是一种基于可持续发展理论的模型,是基于因果关系组织信息及相关指数的模型。它还是一种因果关系分析工具,有助于简化系统中各要素复杂的相互作用过程。通过对驱动力(driving forces)、压力(pressures)、状态(state)、影响(impact)、响应(responses)的综合考量,可以揭示经济、社会、资源利用与环境保护等子系统间复杂的因果关系网络。其中驱动力代表那些主要的社会经济或文化因素,它们可能源自于人口增长、经济繁荣、社会观念和技术变革等潜在动力。压力则是导致系统变化的直接动因。状态指的是在驱动力和压力影响下系统的当前状况。影响则涉及这些变化对生态环境或社会经济产生的结果。响应则指对这些变化而采取的政策和策略。DPSIR 模型通过揭示这些要素间的因果关系,研究人类活动与环境系统的相互作用,为可持续发展的研究提供了一个综合性的分析架构[87]。

区域产业结构构成了对区域内部人口、技术、投资等关键要素承载与反映的综合性框架,它反映了该地区的经济组织形式和产业发展情况,包括各种产业的占比、数量、种类以及它们之间的相互关系。区域产业结构的特点和特色往往与该区域的资源、地理位置、人口结构、技术水平等因素有密切关系,其优化能够进一步反馈于区域可持续发展,通过分析区域产业结构,可以了解一个地区经济发展的基本情况,为产业政策和发展规划提供依据。

赵军辉[88]基于 DPSIR 模型,结合层次分析法和熵权法,对新疆地区低碳经济的演进轨迹及影响其发展的关键制约因素进行了细致的分析。研究结果表明,新疆目前仍主要依赖于高碳经济模式,而其低碳经济发展受制的关键因素可能包括产业和能源结构的单一性,以及环境污染排放的严重性。魏珍香、周晗[89]采用一种多维度构建方法,从经济、消费、能源、环境以及产业与技术 5 个关键维度出发,构建了适用于东营市的 DPSIR 模型,旨在形成一个综合的绿色经济发展评价框架,利用熵权法对 2007 年至 2016 年东营市的绿色经济发展水平进行了评估和分析。研究结果揭示,在这段时间内,东营市的绿色经济发展已显现出积极的进展,基于这些发现,研究还提出了针对东营市绿色发展的建议[89]。汤健、邓文伟[90]以社会责任理论和利益相关者理论为基础,从可持续发展的视角探讨了环境绩效评估的目标和内容,他们提出了一种将绩效评估与 DPSIR 模型相结合的方法,从而构建了一个全面的环境绩效评估体系。该体系不仅包括财务指标,还涵盖非财务指标,并旨在通过对资源型企业环境绩效的评估,实现环境与经济绩效的双赢。这项研究为资源型企业提供了一种基于 DPSIR 模型的环境绩效评估工具。李雪铭等[91]采用 DPSIR 模型作为理论框架,建立了一套针对城市人居环境韧性评估的指标体系,该体系融合了熵值法、地理信息系统(GIS)空间分析以及地理探测器等综合技术手段,其中选取了 2006 年、2010 年、2014 年和 2018 年作为关键时间点,对长江三角洲地区城市群内的 26 个城市的人居环境韧性及其时空动态特征进行了深入剖析,并考察了影响这些城市韧性程度的关键因素。研究结果显示:①长江三角洲地区城市群的城市人居环境韧性整体呈现稳步提升的态势,同时城市间的排名变动较为显著;②城市人居环境韧性的空间分布呈现出整体性和区域性两种不同的演变模式;③教育水平、能源压力及经济动力是主导城市人居环境韧性水平的关键因素,而这些因素之间的相互作用进一步塑造了城市的人居环境韧性。

因此本书借助 DPSIR 模型来进行分析,在其基础上引入流空间理论,参照 DPSIR 模型中的分析框架,建立高铁"流空间"DPSIR 模型,如图 3.2 所示。

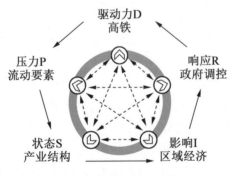

图 3.2 高铁"流空间"DPSIR 模型

高铁作为驱动力(D),高铁的建设和运营显著提升了区域间的连通性,激发了要素资源的空间重新分配。随着高铁的引入,可达性的改变导致集聚租金的变动,进而加快了要素在区域间的流动速度。高铁的"时空压缩"特性对要素配置进行了优化,从而推动了区域生产率的提升。本书将通过高铁站的数量和高铁线路的数量来衡量高铁开通的影响力度。

流动要素作为压力(P),高铁的布局促进了区域资源在铁路网络关键节点城市的再配置,增强了人流、物流、信息流、资金流、技术流等城市流动要素的空间流动性。这不仅加快了要素跨区域流动的速度,也扩大了流动的规模。空间要素流动的可增强性对经济系统内部结构的优化产生了正向的放大作用,进而促进了产业经济的广泛扩张。本书将通过城镇人口比例、邮政业务总量、公共预算收入、技术市场交易额及电信通信服务水平等指标来表征要素流动的压力状况。

产业结构作为状态(S),产业结构的定义涉及不同产业或部门间在基本经济活动中所存在的技术经济联系及其间的比例关系。产业结构优化的路径涵盖了两大部分:高级化和合理化。产业结构的高级化涉及产业由初级阶段向更高级别形态的转变,体现在产业向技术密集、服务导向、灵活性增强的方向发展。这一进程可以通过产业间比例关系的调整来评估,如第三产业产值相对于第二产业产值的比例增加,可以作为产业结构高级化趋势的指标。另外,产业合理化强调的是产业按照其固有规律健康发展,实现产业间的和谐与资源的有效配置。本书将采用干春晖等人提出的泰尔指数来评估产业结构的合理化程度,泰尔指数的降低表明产业结构的合理化水平提升。高铁的运营显著改变了人口、资本等生产要素的流动方向和规模,加快了要素的流动速度,从而提升了要素的利用效率,促进了区域间的分工合作,实现了要素更为有效的配置,整体上推动了产业结构的合理化和高级化进程。

区域经济作为影响(I),无论是产业结构的升级还是优化,两者均对城镇经济的增长产生显著影响。作为区域经济增长的一个内生因素,产业结构扮演着连接区域经济活动与生态环境的桥梁角色。本书将使用人均国内生产总值(GDP)和电力消耗量作为衡量区域经济发展水平的指标。

政府调控作为响应(R),我国公共财政在促进区域产业结构优化与升级方面所发挥的效能正逐步显现,尽管在财政投入方面仍存在一定的局限性。本书将选取政府科技支出和节能环保支出反映政府调控[29]。

自改革开放以来,中国致力于积极的产业结构调整,导致生产要素不断地在区域间和部门间进行重新配置与分配,从而缔造了备受全球瞩目的"中国增长奇迹"。然而,伴随着要素成本的上升、经济的"结构性减速"及资源错配等问题的逐渐显现,中国的经济增长速度开始出现放缓趋势。传统的依赖资本和劳动力的投入以及"结构红利"来推动经济增长的模式,其空间正逐渐缩小,并趋于不可持续。因此,中国越来越需要通过资源配置和产业结构优化来提升经济效率。"十四五"发展规划明确提出"强化国内大循环的主体作用,促进要素顺畅流动""加快发展现代产业体系"。发展战略新兴产业离不开要素的支撑与保障,这些因素正成为中国经济增长的新动力源泉。消除要素流动的障碍、促进资源配置的优化是推动国内大循环的关键支撑,对经济增长具有显著影响。在当前的新发展格局下,考虑到要素禀赋的结构特征,从资源合理配置的视角审视产业结构的优化问题,可能成为在"新的变革中开拓新局"的关键策略[92]。张辽[93]提出,通过地区间的要素流动性可以实现空间结构的优化,并促进区域的协调发展,进而推动经济增长。而韩彪等[94]则从运输成本的视角进行分析,指出降低跨区域的运输成本能显著提高要素的配置效率,从而促进经济增长。

#### 3.1.2.1　高铁驱动区域间要素流动

"点-轴系统理论"最初由我国知名学者陆大道于1984年提出。在该理论框架下,"点"的概念涉及各级居民点及中心城市,而"轴"的概念则涵盖了交通、通信主干线,以及能源和水资源传输网络等基础设施的集合体。这些"轴"会对邻近的区域产生巨大的经济吸引力,其沿线的经济社会设施通过商品、信息、技术、劳动力和资本等多种流动途径,对周边地区产生扩散性的影响。这种扩散作用促使物质和非物质要素与区域内的生产力要素相结合,从而催生新的生产力,推动社会经济的发展。点轴开发模式构成对增长极理论的深化与拓展,在经济发展历程中,经济活动往往首先在具备优越条件的少数地点集聚,形成所谓的增长极,这些地点在点轴开发模式中对应于"点"的要素。随着经济范围的扩大,新的经济中心持续出现,这些中心之间的生产要素交流催生了对于交通、能源和水资源等基础设施的需求,逐步导致相互连通的轴线形成。这些轴线起初旨在支撑区域增长极的发展,其一旦建立,便对人口与产业产生吸引,引导人口与产业沿着轴线两侧集中,进而在这些区域催生新的经济增长点。点轴的连通性构成点轴系统,推动区域的整体性发展。

交通经济带(trafic economic belt,TEB)是一种以交通主干线或综合运输走廊为核心的发展轴线,依托于沿线大中型城市,并由发达的第二产业和第三产业构成的经济发达带状区域。该区域是由产业集聚、人口分布、资源配置、信息流动、城镇布局及客货运输流等构成的,沿线区域和经济部门之间建立了紧密的经济联系及生产合作关系。交通经济带构成了一种复杂且具有独特性的带状区域经济结构体系,其组成要素对该经济带的生成、演替及变迁过程有着根本性的影响。该系统的形成和发展主要受到4个关键因素的影响:交通运输基础设施;以工业、金融商贸、信息产业为主导的第三产业;沿线分布的经济中心和大中型城市及区域本身的地理区位。其中,交通运输基础设施是交通经济带形成和发展的基础;第三产业,尤其是工业、金融商贸和信息产业,是其主要组成部分;大中型城市提供了交通经济带发展的支撑,而地理区位则是交通经济带及其经济中心形成的关键因素。

基于对"点-轴"理论和"交通经济带理论"的理解,高铁驱动区域间要素流动便有了一定的理论基础。在市场经济条件下,要素总是由边际收益低的地区向边际收益高的地区流动,流动的主要方式有对流、传导、辐射3种。对流现象主要以人类和物资的移动为标志,如各种产品和材料在空间中的流转;传导涉及区域间的多样化交易活动,如财政收支等;辐射通常描述信息流动或新观念、新技术的传播过程。

交通基础设施的优化对区域经济的增长表现出显著的集聚作用,通过引导外围区域的生产要素向中心区域转移,从而在中心区域引发集中经济活动,形成极化效应。生产要素的流动展现出一种趋向最优配置的特性,其本质上可被视为一种基于市场机制实施的帕累托效率改进过程。在市场信号的引导下,如价格指标、供需关系及竞争态势等,这些要素倾向于从边际产出效率较低的区域转向边际产出效率较高的区域,以追求更优的经济回报。因此,在市场机制的作用下,生产要素从边际效益较低且经济增长条件较差的边缘区域向边际效益较高且经济增长条件更优越的核心区域迁移[95]。

从世界经济发展的历史经验来看,完善交通基础设施已成为推动外围区域经济增长的关键手段。这种完善不仅直接提高了外围地区的基础设施建设水平,降低了区域内部的经济交易成本,还加强了中心区域与外围区域之间的联系和可达性。交通基础设施通过促进关键生产要素在都市核心与边缘区域间的交互流动,使边缘区域吸收并利用核心区域经济增长所带来正向影响,进而催化其经济增长速率,并逐步缩减与核心区域间的经济差异[95]。高铁的建设将增强区域间的互联互通,促进要素资源的空间重新配置。高铁的开通建立起了快速交通通道,一方面,由于交通成本下降而引起可达性变化,从而使要素资源在空间上的配置效率得到提高;另一方面,对要素集聚租金的追求促使了要素在区域之间的流动,优化了要素的配置。高铁开通后所建立的快速交通通道是一种重要的经济联系纽带,通过这种联系纽带将各城市连接起来,形成一条具有较高经济价值的经济发展轴线。而区域间高铁经济网络形成后会使各城市之间形成良好的外部性,从而使地区之间实现协调发展。根据这一理论,高铁驱动区域间要素流动可归纳为人口、劳动力、厂商、资本、技术等其他物质要素在区域之间的流动。

因此,本书提出假设:

**H1:高铁对生产要素流动具有显著正向促进作用。**

### 3.1.2.2 要素流动影响区域产业结构

产业结构的阐述涵盖了产业内部生产要素之间,以及不同产业之间的相互关系,同时也涉及时间、空间、层次3个维度构成的五维空间关系。这一术语最初在发展经济学领域中被引入,也被称为产业体系,它是社会经济结构的关键组成部分。该概念表征了农业、工业和服务业在国内经济中所占的比例。经济增长的诸多决定性因素在不同程度上直接或间接地对产业结构的变动产生影响。

产业结构的优化涵盖了合理化和高度化两个维度。从要素视角来看,产业结构的合理化意味着在当前技术条件下,通过要素的流动与再配置,实现不同产业之间以及中间产品与最终产品之间的比例结构达到一种投入与产出的均衡状态,这对于社会再生产的顺畅运行至关重要。而产业结构的高度化则涉及高级生产要素,如技术、制度、管理等的创新或引入,以促进要素在不同产业间的流动,实现资源的整体优化配置和生产效率的提高,同时在这个过程中推动产业优势地位的演变。因此,产业结构优化的本质是对生产要素进行再配置的过程,在这一过程中,需要保证各产业与社会的实际需求相匹配,既不应过度领先,也不应落后于社会发展。基于产业技术与经济之间的客观比例关系,按照再生产过程的比例性需求,推动国民经济中各个产业的和谐发展,确保各产业的进步与整体国民经济的增长保持一致。该方法遵从产业结构的发展规律,通过技术的不断进步,推动产业结构的整体质量和效率不断向更高水平发展。同时,政府通过调整产业政策,干预供应与需求结构的变化,以促进资源的优化配置,进而推动产业结构的合理化和高级化发展。产业结构合理化的进程主要受要素流动通过产业转移效应的影响,而产业结构高度化的进程则主要受要素流动通过逆向技术溢出效应、产业关联效应和产业竞争效应的影响[96]。

宛群超等[97]发现,尽管不同地区之间存在一定的差异性,但增加创新要素的投入显著推动了产业结构的升级。蔡玉蓉等[98]研究了研发投入对产业结构优化的影响机制,发现研发要素可以引起技术进步,从而有效地推动产业结构的升级。张军[99]从要素成本的视角出发,探讨了研发投资对产业结构的转型与升级所产生的影响。研究结果指出,成本因素会对研发要素的投入产生制约作用,而要素成本的优化则能促进地区产业结构的升级。程锦[100]、董嘉昌等[101]对创新投入与高质量经济发展之间的关系进行了检验,研究揭示了研发要素的空间集聚对于产业结构的优化具有促进作用。孔曙光等[102]提出,技术创新是产业升级的微观动因,通过改进生产工艺、提升劳动力素质以及加速产品更新三个方面促进产业的升级转型。张杰[103]通过考察技术外溢与创新活动,揭示了技术进步和企业创新在产业升级中的关键作用;孙巍[104]的研究则表明,劳动力流动对产业结构产生显著影响,其通过实证分析展示了劳动力回流、要素重配置与产业结构调整之间的互动机制。

陶长琪[105]指出,要素在空间上的流动与产业的转移不仅促进了区域间资源的整合与优化配置,而且还加强了产业间的联系与技术外溢,这对技术创新大有裨益,从而有助于产业结构的升级。此外,产业结构的升级反过来将激发对生产要素的全新需求,进而促进区域间生产要素的流动,这一过程有助于减轻资源错配的状况[92]。高铁的运行加速了要素的流动,提升了要素的利用效率,并扩展了其应用范围,促进了要素资源更广泛地投入到社会分工之中,催生了众多新型业态、模式和产业。传统产业通过高铁这一平台,与高铁关联产业的互动,持续地向现代服务业转型,这种优势互补与合作发展从整体上促进了产业结构的合理化和高级化。

因此,本书提出假设:

**H2:要素流动对产业结构具有显著正向促进作用。**

#### 3.1.2.3 要素流动影响区域经济

区域经济,也称地区经济,指的是在各个行政区域内分布的经济活动总和。其形成源于劳动力在地理空间上的分工与合作。历史、地理、政治、经济和宗教等多种因素在长期的社会经济互动中发挥作用,导致一些经济活动频繁的地区性居民点逐步发展成具有独特特征的经济区域。区域经济学是国民经济的微观层面,展现了其综合性和地域性的特征。在区域经济的增长与发展过程中,核心目标在于优化区域空间结构,而实现这一目标的关键手段之一是促进要素的自由流动,这也是执行区域协调发展战略和达成空间结构优化的重要策略。赵君丽[106]认为,产业需求变动驱动下的要素跨区域流动是重塑地区产业结构空间分布的关键途径,并视其为经济增长的基石。我国区域非一体化现象在生产要素领域尤为显著,相比之下,商品市场已趋于一体化,因此,为了推进区域经济一体化进程、助力区域经济均衡发展、缩小区域发展差异,促进生产要素的自由流动已成为核心议题[107]。

根据新经济地理学的理论,在竞争不完全的市场环境中,区域经济活动的集聚与扩散过程,无论是从边缘区域向核心区域的集中,还是从核心区域向边缘区域的扩散,其主要受市场边界、区域间劳动力的流动性以及运输成本的影响[108]。交通基础设施的完善被视为降低运输成本的关键,进而影响区域经济活动的空间分布模式[109]。高铁开通后,显著提高了边缘区域与核心区域之间的连通性,使得两者之间有了更为直接和紧密的联系,这会促进生产要素在核心区域与边缘区域之间的自由流动,并可能导致优质生产要素从边缘区域向核心区域进一步集中。因此,随着生产要素的不断集聚,区域的经济增长环境得到持续改善,进而促使区域进入"集聚—优化—再集聚"的正向循环[95]。

要素的自由流动促进了区域产业分工的深化,并在此过程中加强了区域经济在产业结构层面上的紧密相互依赖。这种现象的根本原因在于,区域经济的分工不仅能够充分挖掘和利用各地的优势资源,从而提升区域的发展水平和福利,而且,这种分工的深化还能够孕育规模经济和集聚效应,进而促进范围经济的形成。在总体上,要素流动对区域经济增长及其波动的影响主要体现在两个方面。首先,区域间贸易和要素流动规模的扩大加深了国内区域经济一体化进程,从而减轻了区域性供需波动对整体经济发展的冲击,进一步巩固了区域经济波动周期的延长和波动强度的降低趋势。其次,要素流动性的提升不仅扩展了区域经济波动传递的渠道,同时也加强了区域经济增长及其波动之间的相互解释力度,加固了它们之间的因果关联,降低了同步性。在具体分析不同要素跨区域流动的情况下,劳动力和技术要素的积极流动普遍增强了各区域经济体的增长潜力,从而提升了自改革开放以来各区域经济波动的重要性[110]。

要素流动最终的目的是利用要素跨地区转移实现在空间资源的合理配置,提高地区生产效率,获取更大程度的收益,促进区域经济的统筹与协调发展。根据高铁的"时空压缩"效应,以高铁为代表的高速运输工具具有速度快、载重量大、运行成本低等优点,这就要求铁路运输企业通过技术创新和制度创新,不断提高运输效率和服务质量,来满足人们日益增长的运输需求。因此,高铁的"时空压缩"效应必然会使区域间要素流动速度进一步加快,流动规模也会进一步加大,从而使区域生产率不断提高。资本要素跨区域流动能够优化经济系统的内部结构,从而产生放大效应而有助于区域经济的增长。

在高铁网络初步投入运营的阶段,运输成本的显著下降会立即增强生产要素资源流动的倾向性,增加流动的频次。这种现象可能会导致生产要素向核心区域的流动规模和速度迅速增加,同时加剧外围区域生产要素的外流,进而加剧区域经济增长的差异。然而,随着生产要素在核心区域的持续集中,边际产出和边际报酬可能呈现递减态势,这必然会降低生产要素向核心区域流动的能动性。与此同时,外围区域基础设施的不断完善加强了其与核心区域之间的联系,促进了生产要素流动规模的进一步扩大,这将加快知识从核心区域向外围区域的溢出,推动外围区域的经济增长,并缩小与核心区域的经济差距,最终促进整个区域的经济发展[95]。

因此,本书提出假设:

**H3:生产要素流动对区域经济具有显著正向促进作用。**

#### 3.1.2.4 产业结构影响区域经济

产业结构本质上表征的是国民经济中各产业之间的关联性和数量比例性,而随着社会经济的不断发展,结构内部的这些性质也会发生动态变化。学者们在研究中捕捉到产业结构的调整和变动在经济发展中产生了重要的影响作用,但如何让这种调整和变动服务于经济的增长、技术的进步及效率的提升成为需要深入研究的问题,产业结构优化这一概念也伴随着相应的研究而产生。从定义上来看,产业结构优化包含产业结构高级化和产业结构合理化两个维度。产业结构高级化是指地区产业朝着能源消耗量低、资源利用效率高、技术和资本要素含量高、产品附加值高的发展方向转变。一方面是区域内资源条件不断优化,地区比较优势得到提升;另一方面是在产业结构中附加值更高,技术水平更高的产业所占比例不断提高。地区初始发展阶段可能以劳动密集型产业为主,随后会逐步朝着以技术密集型产业和资本密集型产业为主的方向调整。在三次产业划分体系中主要表现为产业结构重心由第一产业朝着第二、第三产业不断演进,即由低层次产业向高层次产业的逐步迁移过程,是产业结构优化的外在表现。产业结构合理化,可以理解为产业结构朝着更合理的方向发展,主要表现为通过生产要素的合理配置,各产业的比例协调性不断增强,关联性不断提高,最终达到产业协同的状态,是产业结构优化的内在特征[111]。合理化着重于通过参考产业关联技术的客观比例关系来提升产业发展的协调性,强调各部门间生产要素的合理配置;高度化则着重于三次产业的比例升级,强调新兴产业的发展,鼓励新兴产业取代落后产业从而推动产业结构变迁[112]。

产业结构合理化是实现产业结构高级化的前提条件,长期失衡的产业结难以实现高级化;同时,产业结构高级化在某种程度上也是产业结构合理化的基础,即产业结构合理化是在一定高级化层次上实现产业结构的协调。两者之间相互联系、相互依赖,是典型的辩证统一关系,不能将其割裂开来看。无论是产业结构高级化还是合理化,都对城镇经济发展产生重要作用。首先,产业结构高级化可以有效扩大就业总量,增强就业的稳定性,缓解城乡居民收入差距;其次,产业结构高级化更多侧重于产业结构的跃迁,而不是指产业结构的全面优化;最后,产业结构作为区域经发展的内生变量,是联系区域经济活动与生态环境之间的重要纽带。在高质量发展时代下,产业结构变化对环境有显著影响。

从提升产业经济效益的角度来看,优化产业结构的合理性可以更好地实现生产资源与生产产品之间的耦合,以最优的生产方式实现生产资源向经济效益的转换,也是衡量投产比的重要因素之一。在推动产业结构布局合理性的过程中,需要结合区域经济的发展现状对其中主导产业和辅助产业的比例进行调整和优化,充分明确二者的主次关系和结构地位,通过输入更多的生产资源来提升主导产业的效益比例,不断引导其向技术密集型的方向发展。在许多地区产业结构调整的过程中,会通过技术性投资和政策优惠等方式来吸引技术和人才,更多依靠第一、第二产业来实现经济增长与增值。在辅助产业的转型与优化过程中,需要能够与主导产业之间形成发展合力,可通过协调第一、第二、第三产业发展比例和速度的方式来进行结构优化布局,以更加和谐的产业结构模式提升区域经济水平[96]。第一、第二、第三产业之间的知识投入比例存在一定区别,为更好地提升在产业结构升级与转型过程中的发展上限,需要遵从产业结构由低向高的方向,不断进行优化,将区域经济发展占比较大的第一产业逐渐向第二、第三产业的方向引导和转化,同时,充分考虑到市场消费需求导向,将劳动密集型和能源依赖型的生产要素逐渐转化为具有更强科技含量的生产要素,并进一步提升这些生产要素所带来的经济效益和附加价值[113]。

因此,本书提出假设:

**H4:产业结构对区域经济具有显著正向促进作用。**

#### 3.1.2.5 基于高铁"流空间"下产业经济的政府调控

产业结构的合理化主要关注不同产业之间的协同作用和联系程度,特别是要素资源在各个部门的重新分配;产业结构的高度化反映了产业结构从劳动密集型向资本和技术密集型的转变,以及从低附加值生产模式向高附加值生产模式的演进和转化。产业结构的合理化意味着在特定的时间段内,各个产业能够达到一个和谐、相互匹配的发展模式,其关键在于如何在各个部门中重新分配不同产业间的资源。根据当前的实际状况,一个合适的产业布局应当与某一时间段内各个产业对国家经济和社会进步的贡献程度相匹配。从深层次的需求出发,一个合理的产业布局应当是要素资源在各个产业间达到最佳分配和和谐发展的产物。产业结构的高度化是为了构建和达到高效的产业结构。这一流程是在已设定的产业生产力环境中,通过调整产业结构来最大限度地合理组织现有的生产要素,从而在更高层面上提升经济效益。产业结构的高度化是建立在产业结构合理化的基础之上的,如果脱离了合理化的高度化,那么它只能被视为一种"表面上的高度化"。通过产业结构的合理化进程,我们可以不断地提升结构的效益,并进一步促进产业结构向更高层次的方向发展。

在高铁基础设施提高产业经济集聚密度的过程中,要素资源在更大范围内进行了重组与配置,因此通过加快要素资源流动的途径来促进产业发展和经济增长,可实现优化产业空间布局的目标。新经济地理学将政府投资建设对于产业空间布局的影响称为"分布效应",主要是指财政投资会导致经济要素在空间的转移,产生扩散效应和虹吸效应,影响了要素资源的流动情况,进而影响了企业区位选择,使得空间层面产业集聚效应和布局情况发生变化。高铁投入运营后显著增强了城市间的连通性和可达性,同时降低了生产资料的物流成本和通勤时间,进而有了缩小地区经济发展差异的趋势[114]。

在产业空间布局过程中,各地由于自身资源禀赋、产业发展水平存在较大差异,所以单靠市场机制来重新配置资源以优化地区间产业布局不均衡问题的效果可能微乎其微。因此,必须依靠政府投资来解决产业发展与布局过程中问题。政府可依托其自身强大的财力来投资具有强大外部效应、与国计民生息息相关的项目,这不仅可以实现其政府职能目标,而且可以以直接或间接调控的方式来增强国家的经济效益[114]。虽然当前我国财政政策对重点产业优化升级支持方面,还存在着投入不足、政策不完善等许多缺陷,但公共财政在区域产业结构优化与升级中,具有示范、辐射和带动作用。

财政产生的根源是满足公共需求,且随着国家的产生也发挥着满足统治阶级治理需求和治理愿望的功能,由此财政也称为公共财政或国家财政。从"财政"内涵上分析,一方面,财政属于国家或政府用于统筹收支活动的经费资金管理方式,以支撑国家统治者的治理需求;另一方面,财政属于国家或政府满足公众选择偏好和需求的经济分配行为,从而实现优化资源配置、收入分配公平、保障经济稳定发展的国家治理目标。财政政策是国家经济政策的重要组成部分,是国家根据政治与经济发展任务需求来指导或规定各种财政分配关系的原则。财政政策具体通过财政支出政策与税收政策来影响社会总需求,进而影响就业与国民收入,并且会根据不同时期的经济或政治需求进行调整,从而调控干预宏观经济发展的趋向走势。其中,财政支出政策侧重通过政府对商品劳务的购买性支出或转移性支出的方式来调整社会资源,税收政策侧重政府调整税收制度或税率结构的方式来改善企业生产经营环境、优化市场环境。基于此,财政政策会根据经济发展状况差异来制定不同调节程度或调节方向的政策,以此发挥"自动稳定器"功能或相机抉择功能,实现宏观调控的政策目标[114]。

因此,本书提出假设:

H5:产业经济正向反馈于地方政府调控。

## 3.2 高铁"流空间"产业结构 PLS 模型分析

### 3.2.1 结构方程模型——PLS 模型

结构方程模型是一种基于变量协方差矩阵的统计技术,用以分析变量间的相互关系,在多元数据分析方面至关重要。此方法能够同时考虑并处理多个结果变量,并实现对因子结构和因子关系的联合估计。结构方程模型的构建与分析呈现出动态的特点,其中模型的合理性是通过不断地根据计算结果进行评估和修订来校正的。在这一过程中,研究者依据经验及前一个模型的拟合效果对模型结构进行调整,旨在最终建立一个合理并符合实际的数据模型。相对于传统的统计手段,结构方程模型在处理潜在变量及其观测指标方面展现出其优势,这与传统线性回归分析的假设有所区别,后者虽允许因变量出现测量误差,却假定自变量是无误差的。

本书采用的偏最小二乘回归(partial least-squares regression,PLS)模型是一种结构方程模型,也是一种新型先进的多元统计数据分析手段,可以用于处理多变量统计分析中的难题,PLS 模型由伍德(S. Wold)和阿巴诺(C. Al-bano)等人于 1983 年先后提出,迄今为止,它已经在理论架构、研究方法及实践应用等多个层面得到显著的发展,并在化学工程、生物医药、商业市场分析、金融学等多个学科领域得到了广泛的应用。PLS 模型的基本原理是通过最小二乘的方式找到解释观测变量与被解释变量之间关系的线性模型。偏最小二乘回归(PLS)集中了主成分分析、相关分析和多元线性回归分析方法的特点[98]。相比其他模型,PLS 模型更适用于处理小样本、多变量之间存在强相关及非线性关系等问题,且分析的数据无须服从正态分布,适用于探索性、解释性变量,是因果分析的有力工具。

众多学者在研究中运用偏最小二乘结构方程模型进行分析,孙耀[115]对 1990—2007 年间的江苏省经济统计数据进行了分析,采用经济增长理论框架与偏最小二乘回归模型,对江苏省经济增长的实证研究进行了探讨,研究综合评估了推动江苏省经济增长的十大关键影响因素的相对贡献,揭示了居民消费、固定资产投资、劳动力投入等因子在经济增长中的突出作用,基于研究发现的结论,提出了相应的政策建议。刘炳胜等[116]对产业竞争力研究领域当前状况进行简要评述的基础上,首先提出了一个创新的产业竞争力分析架构,再在此基础上构建了一个关于中国建筑产业竞争力生成机制的概念模型,并利用偏最小二乘结构方程模型对 2006 年和 2007 年中国各省份建筑产业的基础数据进行了实证检验。研究结果揭示了区域环境、生产要素、产业组织 3 个潜在变量对各地方建筑产业竞争力的直接影响。李柏桐[117]综合国内外学者的研究成果,提出了新的竞争力研究框架,并基于该框架构建了一个评价我国节能服务产业竞争力的指标体系,并采用 PLS-SEM 对产业竞争力进行了量化评估,研究结果揭示了生产要素和产业组织结构对我国节能服务产业竞争力的直接影响。郑得坤[118]在对我国应急产业竞争力影响因素进行理论探讨的基础上,提出了一种偏离传统范式的产业竞争力分析架构,通过运用偏最小二乘结构方程模型对我国应急产业竞争力形成机制进行了实证分析。研究结果表明,生产要素的投入对应急产业竞争力具有显著的直接影响,产业环境则通过间接途径发挥作用,而辅助产业和市场需求则展现出正向的促进效果,产业结构组织亦对竞争力有所促进。

PLS 模型分为两个阶段:内部模型(inner model)和测量模型(measurement model)。内部模型用于建立因果关系的结构方程模型;测量模型则用于衡量变量之间的潜变量和显变量之间的关系。首先确定研究的目的和需要分析的变量。在 PLS 模型中,需要考虑内生变量和外生变量;收集相关数据并进行数据清洗和预处理,包括数据缺失值处理、异常值处理、数据标准化等;通过描述性统计方法,构建测量模型并验证潜变量之间的关系,可以使用因子分析、验证性因子分析等方法;再根据研究目的和理论依据,构建内部模型并进行估计。通过最小二乘回归方法,找到解释观测变量与被解释变量之间关系的线性模型,可以使用内生变量之间的路径图进行展示。最后对构建好的 PLS 模型进行检验和解释,可以使用结构方程模型的拟合度指标、路径系数等进行模型检验。同时,对模型结果进行解释和解读。

然而，PLS 模型也存在一些限制。PLS 模型在参数估计上较为保守，有时可能会出现系数估计过低的情况，并且 PLS 模型在解释变量的方差时可能会存在一定的过度解释问题，即所解释的方差比实际上可能存在的方差要大。

一般结构方程由 3 个矩阵方程表达：

$$\eta = B\eta + \Gamma\xi + \zeta \tag{3.1}$$

式中 $\xi$——潜在外生变数；

$\eta$——潜在内生变数；

$\Gamma$——潜在外生变数对潜在内生变数之影响效果的系数矩阵；

$B$——潜在内生变数对潜在内生变数之影响效果的系数矩阵；

$\zeta$——残余误差向量。

$\eta = B\eta + \Gamma\xi + \zeta$ 为结构模式。

$$y = \Lambda y\eta + \varepsilon \tag{3.2}$$

$$x = \Lambda x\xi + \delta \tag{3.3}$$

$y = \Lambda y\eta + \varepsilon$ 和 $x = \Lambda x\xi + \delta$ 为衡量模式，分别定义了内生的潜在变数 $\eta$ 和内生的观察变数 $y$ 之间，以及外生的潜在变数 $\varepsilon$ 和外生的观察变数 $x$ 之间的相关性。其中，$y$ 是观察内生变数；$\Lambda y$ 是用于描述 $y$ 与 $\eta$ 之关系的系数矩阵；$\varepsilon$ 是 $y$ 的衡量误差；$x$ 是观察外生变数；$\Lambda x$ 是用于描述 $x$ 与 $\xi$ 之关系的系数矩阵；$\delta$ 是 $x$ 的衡量误差。$\Lambda y$ 和 $\Lambda x$ 相当于回归分析时的回归系数。

本书基于 DPSIR 模型，以产业结构指标体系为研究对象，构建了研究高铁对区域产业结构影响机理的研究框架。为了保证指标体系的科学合理，采用了 PLS 结构模型对指标体系进行了验证分析。通过路径系数分析，探讨了各指标间的相互关系，并依据这些分析结果，深入揭示了高铁对区域产业结构的具体影响路径及其作用机理。

首先，本书基于 DPSIR 模型，具体分析了高铁建设对区域产业结构的驱动作用。DPSIR 模型包括驱动力、压力、状态、影响和响应 5 个要素。在这个框架下，分析高铁建设作为驱动力对区域产业结构的影响机理。其次，构建了反映区域产业结构的指标体系，通过 PLS 结构模型，对指标体系进行了合理性检验。这个分析过程可以帮助我们了解各个指标之间的关联程度，验证指标体系的科学性和合理性。最后，根据路径系数分析的结果，我们可以解析高铁对区域产业结构的具体作用路径和机理。这些路径和机理可以帮助我们理解高铁建设对不同产业部门的影响以及要素资源在空间上的重新配置过程。

### 3.2.2 DPSIR-PLS 模型产业结构指标体系

孙才志等[119]针对目前水贫困评估方法中系统关联性不足及指标体系未经验证的问题，结合 DPSIR 框架与 PLS 结构方程模型，构建了一个针对中国情境的水贫困评估指标体系与框架模型，并对其进行了验证；朱新华等[120]基于"流空间"概念，将 DPSIR 概念模型与 PLS-SEM 结构方程模型结合，建立了一个用于解释高铁对城市土地利用影响的分析框架，并深入剖析了高铁建设对城市土地利用的影响机制及其作用路径；宋雪婷等[121]

从土地利用转移矩阵、动态度及利用程度综合指数等多个方面,对武威市2009—2018年土地利用变化的特征进行分析,并运用DPSIR-PLS模型探讨了驱动武威市土地利用变化的因素及其响应过程[121]。

本书根据DPSIR模型,提出研究假设,构建指标体系。考虑数据的可获得性、连续性,本书以除台湾、香港、澳门、西藏和新疆外的29个省(自治区、直辖市)数据来进行研究。高铁站点和线路数据主要从中国铁路网络以及各级政府官方网站所公布的政策文件中获取,产业结构高级化和产业结构合理化是根据公式运用年鉴数据进行计算得出的。其他数据均来自于《中国统计年鉴2019》和各省2019年统计年鉴(其中河北和黑龙江数据使用2018年年鉴数据),DPSIR模型产业结构指标体系见表3.1。

表3.1 DPSIR模型产业结构指标体系

| 潜变量 | 变量 | | 测量指标 | 文献来源 |
|---|---|---|---|---|
| 驱动力 | 高铁 | QD1 | 高铁站数量/个 | 朱新华等 |
| | | QD2 | 高铁线路数量/条 | 朱新华等 |
| | | QD3 | 区域内高铁线路总里程/km | 朱新华等 |
| 压力 | 人 | YL1 | 城镇人口比例/% | 涂正革 |
| | 物 | YL2 | 邮政总量/亿元 | 李林汉 |
| | 资金 | YL3 | 公共预算收入/亿元 | 龚晏等 |
| | 技术 | YL4 | 技术市场成交额/亿元 | 施生旭等 |
| | 信息 | YL4 | 电信通信服务水平/(部·百人$^{-1}$) | 李瑾等 |
| 状态 | 产业结构 | ZT1 | 产业结构高级化 | 干春晖等 |
| | | ZT2 | 产业结构合理化(泰尔指数) | 干春晖等 |
| 影响 | 区域经济 | YX1 | 人均消费支出/元 | 施生旭等 |
| | | YX2 | 货物进出口总额/亿 | 袁佳等 |
| | | YX3 | 电力消耗量/(亿 kW·h) | 潘为华 |
| 响应 | 应对措施 | XY1 | 科技支出/亿元 | 贾敬全等 |
| | | XY2 | 交通运输支出/亿元 | 贾敬全等 |
| | | XY3 | 节能环保支出/亿元 | 贾敬全等 |

干春晖等[122]在对我国产业结构变迁对经济增长及波动的影响研究中,指出泰尔指数是一种适宜用于评估产业结构合理化的量化工具。泰尔指数通常被用于衡量个体之间或地区之间的收入差异。

$$TL = \sum_{i=1}^{n}\left(\frac{Y_i}{Y}\right)\ln\left(\frac{Y_i/L_i}{Y/L}\right) \qquad (3.4)$$

式中 TL——产业结构合理化指数;

$Y$——产值;

$L$——就业;

$i$——产业;

$n$——产业部门数。

TL 越小,意味着产业结构合理化程度越高;TL 越大,则意味着产业结构合理化程度越低。TL 为负向指标,取倒数做正向化处理。

### 3.2.3 PLS 模型拟合与结果分析

Smart PLS 软件是所有 PLS 结构方程模型分析的主力。Smart PLS 可用于验证信息系统研究中提出的模型的可靠性和有效性。通过结构方程建模和路径分析,Smart PLS 可以对因果关系进行建模和测试,还可用于探索信息系统研究中变量之间的关系,并且可以提供可视化的结果,其可视化结果包括路径图和结构方程图。

运用 Smart-PLS3.0 对结构方程模型拟合,运行结果如图 3.3 所示。

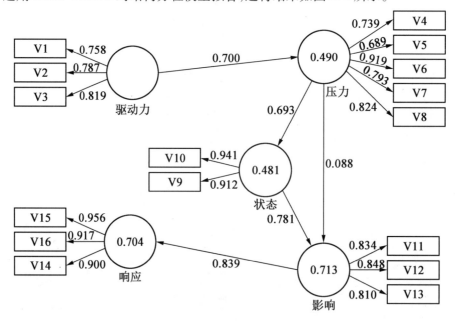

图 3.3 结构方程模型运行结果

根据 PLS 算法以及 Bootstrap 算法得出的结果见表 3.2~3.4。

表 3.2 测量模型信度检验指标及结果

| 潜变量 | 显变量 | 荷载 | Cronbach'a | CR | AVE | $R^2$ |
|---|---|---|---|---|---|---|
| 驱动力 | QD1 | 0.758 | 0.857 | 0.896 | 0.635 | |
| | QD2 | 0.787 | | | | |
| | QD3 | 0.819 | | | | |

续表 3.2

| 潜变量 | 显变量 | 荷载 | Cronbach'a | CR | AVE | $R^2$ |
|---|---|---|---|---|---|---|
| 压力 | YL1 | 0.739 | 0.915 | 0.947 | 0.855 | 0.490 |
|  | YL2 | 0.689 |  |  |  |  |
|  | YL3 | 0.919 |  |  |  |  |
|  | YL4 | 0.793 |  |  |  |  |
|  | YL5 | 0.824 |  |  |  |  |
| 状态 | ZT1 | 0.912 | 0.776 | 0.870 | 0.690 | 0.704 |
|  | ZT2 | 0.941 |  |  |  |  |
| 影响 | YX1 | 0.834 | 0.837 | 0.924 | 0.859 | 0.713 |
|  | YX2 | 0.848 |  |  |  |  |
|  | YX3 | 0.810 |  |  |  |  |
| 响应 | XY1 | 0.900 | 0.696 | 0.703 | 0.633 | 0.481 |
|  | XY2 | 0.956 |  |  |  |  |
|  | XY3 | 0.917 |  |  |  |  |

表3.2中压力、状态、影响、响应系统对应的$R^2$说明显变量对潜变量的解释力度符合要求。

根据表3.2和表3.3的数据可知,模型通过了信度与效度检验,通过观察各测量指标的载荷系数,可以确认所有指标均具有有效性和可靠性,可允许进一步的深入分析。

表 3.3  测量模型区分效度检验结果

|  | 压力 | 响应 | 影响 | 状态 | 驱动力 |
|---|---|---|---|---|---|
| 压力 | 0.797 |  |  |  |  |
| 响应 | 0.613 | 0.925 |  |  |  |
| 影响 | 0.629 | 0.839 | 0.831 |  |  |
| 状态 | 0.693 | 0.802 | 0.842 | 0.927 |  |
| 驱动力 | 0.700 | 0.607 | 0.627 | 0.689 | 0.788 |

模型路径验证通过情况,即研究假设检验结果,见表3.4。

表 3.4  研究假设检验结果

| 研究假设 | 路径系数 | $t$值 | 假设检验结果 |
|---|---|---|---|
| H1 驱动力→压力 | 0.700 | 10.894 | 接受 |

续表 3.4

| 研究假设 | 路径系数 | $t$ 值 | 假设检验结果 |
| --- | --- | --- | --- |
| H2 压力→状态 | 0.693 | 8.774 | 接受 |
| H3 压力→影响 | 0.088 | 0.632 | 拒绝 |
| H4 状态→影响 | 0.781 | 5.563 | 接受 |
| H5 影响→响应 | 0.839 | 20.651 | 接受 |

## 3.3 高铁"流空间"产业结构影响机理分析与讨论

产业结构是遵循社会生产活动的历史演进逻辑进行划分的,它包括第一产业、第二产业和第三产业。第一产业是指直接从自然环境中获取生产生活资料的经济活动,包括农业、林业、牧业、渔业等直接利用自然资源的产业部门。第二产业是指对生产生活资料进行加工的经济活动,主要包括采矿业、建筑业、制造业、能源生产与供应业等。第三产业即服务业,是指为生产生活提供服务的经济活动,包括除第一产业、第二产业以外的其他所有行业。第三产业可以分为流通部门和服务部门两大部分,涵盖交通运输、仓储、邮政、金融、保险、教育、文化艺术及政府机关等多个领域。

### 3.3.1 对产业结构变化的影响

从广义的产业结构变迁角度来看,三大产业部门间的主导地位会发生相对变化,低端产业转向高端产业,最终形成"三二一"的格局。近年来,中国的产业结构格局由"二三一"模式转变为"三二一"模式,这也与配第一克拉克定理所阐述的产业结构演变趋势相一致[114]。

产业空间布局最直接的指标是各地产业的产业占比情况,该指标的基本思路源于产业经济学中的产业结构划分。三次产业份额可直接反映当前产业布局下三次产业各自的发展水平以及其在产业间的变动趋势,属于基础指标,可用于不同产业的相对比较。指标主要由各产业产值与三次产业总产值的比例来表示。该指标越大,则说明该产业份额在三次产业中比例越高,地区产业布局中该产业的比例越高。

由图 3.4 可以看出,在 2010—2012 年,中国的产业结构处于"二三一"阶段,主导产业是第二产业。在这段时间里,中国经济发展进入到后工业化时代,随着第三产业规模的持续扩大,到 2012 年,第三产业以及开始隐约呈现出超过第二产业的发展趋势。在 2012—2022 年,中国的产业结构处于"三二一"阶段,其主导产业是第三产业。第三产业占比从 2010 年的 44.2%上升至 2020 年的 54.5%再降至 2022 年的 52.8%,虽说近两年出现轻微下降趋势,但从整体上呈现为波动上升趋势,在三次产业中占比最大;第二产业的占比整体呈现下降趋势,从 2010 年的 46.5%下降至 2020 年的 37.8%再上升至 2022 年的

39.9%,近两年有上升的趋势,但从整体上看是波动下降的,第二产业占比在三次产业中排第二;第一产业占比从 2010 年的 9.3%下降至 2018 年的 7.0%再上升至 2022 年的 7.3%,从近几年的数据来看,第一产业占比保持在 7%左右。通过对三次产业在国民经济中的占比进行分析,结合产业结构调整的变化规律,可以发现近年来中国产业结构转型升级的步伐在不断加快。

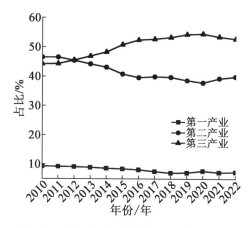

图 3.4　2010—2022 年中国产业结构变动趋势

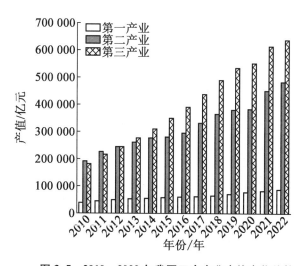

图 3.5　2010—2022 年我国三次产业产值变化趋势

从三次产业的产值上看,我国第一产业、第二产业、第三产业的产值在 2010—2022 年期间呈逐年上升的趋势,具体来看,第一产业的产值从 2010 年的 38 430.8 亿元增长到 2022 年的 88 345.1 亿元,第二产业的产值从 2010 年的 191626.5 亿元增长到 2022 年的 483 164.5 亿元,第三产业的产值从 2010 年的 182 061.9 亿元到 2022 年的 638 697.6 亿元。在这 3 个产业中,第三产业的增长速度最为显著,从这些数据可以看出,我国各产业的发展状况良好,特别是第三产业的发展成效尤为突出。

交通基础设施的投资建设与使用不仅集聚了更多资源来促进当地产业发展,而且在全国层面上带动了要素资源流动的大范围重组与配置,借助新要素资源流入优化原本产业布局,从而发挥规模效应、扩散效应使得区域经济效益呈几何级数或高密度增长,以促进区域的产业发展和集聚。以高铁为例,高铁基础设施会产生投资增长效应,促进地区产业经济集聚密度的提高。我国产业发展和经济增长对于投资驱动的依赖性十分显著。政府通过对交通基础设施领域进行投资建设不仅会在设施期内拉动工程建设的相关行业发展,而且在建成后促进设施服务对象的相关行业发展。但是由于不同地区或产业的可达性需求与地理区位存在差异,因此高铁建设会对不同产业均产生作用效果。

一方面,由于设施建设会显著增加对于原材料和工业品等方面的需求,所以会影响该领域企业或行业扩大生产规模以满足市场需求,甚至吸引更多企业或资本进入投资领域。它属于在短期内提高社会总需求,并且在乘数效应下会进一步促进社会相关行业投资的增长,特别是在政府所投资地区相关产业上表现出规模效应扩大,由此高铁设施投资时在投资增长效应上会表现出对拉动当地相关行业的发展、吸引企业流入。例如,会直接影响当地必备的原材料如钢铁、水泥等传统行业,甚至带动机械工程等科学技术或工业发展。并且会在建设期间短暂而迅速地激励当地工业发展与经济集聚,提高了当地第二产业的经济集聚密度水平。

另一方面,政府对高铁基础设施投资建设后,由于消除了地理距离的限制,交通可达性的优势会直接改善区域之间的交流与联系便利程度,所产生的时空收缩效应可降低运输成本和通勤时间,提高了城市间的联系度和可达性,提升了各地的市场潜力,促进了相关产业的发展和转型,从而吸纳更多企业流入。例如,高铁设施会带动旅游业、金融服务业的发展。所以高铁以客运为主的特征会进一步拉动第三产业发展,提升沿线城市第三产业经济集聚密度[114]。

由图3.6可以看出,在2012—2022年,高铁的营业里程从2012年的0.9万km增加至2022年的4.2万km,整体呈现上升趋势,铁路建设投资保持高位运行,对国民经济回升向好有着明显的拉动作用。

高铁基础设施会产生要素配置效应,在优化地区产业结构与促进经济发展的过程中,同时也将带动经济资源等生产要素在地理空间上的移动。交通基础设施的便利会降低运输成本、信息传递成本,强化了技术、知识、资金、劳动力的流动性,带动城市的区位优势发展。

要素流动主要为劳动力流动和资本流动。劳动力的流动性受第三产业经济增长、人口迁移以及伴随人口流动的信息与知识传递的影响。高铁的运营显著减少了知识型劳动者的交流成本,促进了信息的交流与知识的创新,进而推动了经济增长和产业集聚。在高铁建设过程中,资本流动会沿现有产业链的升级与转型,并且吸引其他城市的中高端产业及生产资料向该区域转移,进而增强产业集聚。所以,它以发挥其正外部性作用来促进相关产业的发展和转型,即带动原有弱势行业的转型发展,甚至激发新行业的诞生,从而该地区借助政府所投资的基础设施促进相关行业或产业的转型和发展,以形成新的增长点来吸引更多企业选择,从而改善当地的产业空间布局情况[97]。

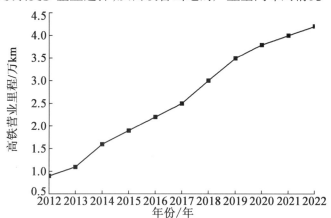

图 3.6　2021—2022 年高铁营业里程

目前,中国国家铁路集团有限公司致力于积极回应国家重大战略需求,加速推进现代化铁路网络体系的构建,增强路网的综合功能与效益,确保铁路规划和建设的质量,最大限度地发挥铁路建设投资对经济增长的推动作用,为经济社会的高质量发展提供新的动力。

### 3.3.2　高铁对区域经济发展影响机理分析

通过构建结构方程模型(SEM)对高铁建设与区域经济发展关系进行分析发现,高铁建设通过作用于各项流动要素改变产业结构状态,从而影响经济发展。高铁建设通过影响地方政府投资行为,推动地方政府采取相应响应措施,但要素流动对区域经济的直接作用不显著。

#### 3.3.2.1　高铁对要素流动有显著正向影响

在区域经济学的框架内,生产要素的流动性对区域发展扮演着至关重要的角色。首先,要素流动能够激发组合效应,从而促进经济和社会结构的有序化;其次,通过要素流动,那些拥有比较优势的资源得以突破地方市场的限制,向更广阔的区际市场扩张其生产活动;再次,生产要素的自由流动可以使得区域利用自身优势与其他地区进行交换,从而优化资源配置;最后,从理论层面来看,要素流动不仅加强了各区域的比较优势,还揭示了区域相对优势的动态性和可塑性。

随着我国高铁的快速发展,到 2023 年年底,全国的铁路营业里程已经达到 15.9 万 km,其中高铁营业里程达 4.5 万 km。地方政府和社会资本的投入使铁路行业蓬勃发展,地方铁路营业里程达到 2.4 万 km。运输服务品质全面跃升,建成世界规模最大的铁路互联网售票系统,复兴号的运行实现了 31 个省(自治区、直辖市)全覆盖[123]。这样一个庞大而便捷的高铁网络,不仅在物理层面扩大了居民的生活和工作范围,也让人们的出行方式发生了巨大的变化。城市群间的日常通勤,乃至跨城市生活成为可能,大大推动了区域经济的协同发展和居民生活方式的创新。

根据铁路网的统计数据,2012—2016 年,京沪高铁上海至长江三角洲地区沿线城市的客流量平均增长了 189%。通过对沪杭线、宁杭线、杭甬线的调查研究,有学者发现,跨城市出行的旅客主要集中在青年、白领和有高等教育背景的人群,并且每月 1~4 次的出行频率占据了较大比例,这表明高铁网络的发达显著加速了区域内人口流动的速度。此外,高铁在缩减旅行时间及相对地理距离方面的效果显著,也极大地改变了沿线城市的位置优势,例如沪宁杭甬沿线,作为长江三角洲地区人流与物流交换最为频繁的区域,正逐步转型为整个区域生产要素流动与配置的核心通道,南京作为京沪、沪宁等高铁线路的交汇节点,其在生产要素集聚与扩散方面的量级位居区域之首,同时促进了包括安徽在内的周边省份的经济增长与发展[120]。

从最初实现区域间的"走得了"到今日的"走得好",高铁的服务质量和出行体验有了巨大的提升。更重要的是,高铁打破了传统上对于"一城一生"的居住模式,使得"双城"甚至"三城生活"逐渐流行起来,人们可以在不同城市间灵活分布工作与居住,享受多元城市的综合福利与机遇,这一现象在很大程度上提升了个人生活质量与工作效率。

特别是自高铁网联合快递企业开通"高铁快递"服务以来,高铁对我国物流业的震撼效应日益显著。高铁的高速性和时效性让原本横贯东西、纵跨南北的快递包裹能够在短时间内快速送达,极大地缩短了物流时间,优化了物流效率,大量日常快件得以高效、迅速地配送到全国各地。这一突破不仅极大地促进了电子商务的发展,也为推动高铁沿线的产业链优化和区域经济一体化提供了重要支撑。

与此同时,高铁时代的到来也催生了智能化发展的需求。现代化的高铁已不仅仅是一个简单的运输工具,它还是信息流动的高速通道。信息技术与高铁的融合,可以促使信息的快速流转和更广泛的传播,实现信息流随着人流、物流一并"跑起来",从而提高整个社会运行效率,对于满足人民群众对美好生活的向往发挥着重要作用。

总之,高铁已经成为经济社会发展的重要动力和象征。它加速了人流、物流、资金流、技术流和信息流的速度,强化了这些流动性产生的辐射效应,从而促进了生产要素的快速流动,这些都为我国的经济社会发展注入了强大的新动力。

#### 3.3.2.2 要素流动对产业结构具有显著正向影响

高铁网络作为现代化交通系统的重要组成部分,在不断加密和优化区域交通布局的过程中发挥了重要作用。在长江经济带区域,产业结构的优化升级有着显著的空间依赖特征,一个地区的产业结构升级往往会受到其他地区的影响。随着高铁线路在空间维度上的持续延伸和全面拓展,城市与城市之间的物理距离被有效压缩,在时间感知上更显咫尺之遥。这种对距离的重新定义,不仅极大地加速了区域内人力资源的流通与配置,还在提升物流效率、加快信息交换以及促进资金循环和商务互动等方面发挥了不可或缺的作用。高铁沿线城市由此得以变身为吸引生产性服务业和高新技术产业的发展热土。企业倾向于将其研发中心、办公空间和物流枢纽建设在高铁站点附近或高铁便捷可及之处,从而享受高速交通带来的时间成本降低和交通便利性提升。在这样的趋势之下,一系列的经济活动随之集聚,孕育了以高铁为轴心的城市群经济布局,充分释放了高铁效应和区域联动发展的巨大潜力。

为进一步解析高铁"流空间"创新要素流动产业效应,通过灰色关联分析法来判断各产业影响效应。将高铁"流空间"创新要素流动产业效应指数作为母序列,将各产业区位熵作为特征序列。计算2014年、2017年、2020年各产业区位熵,数据均来源于《中国统计年鉴》《中国工业统计年鉴》和《中国第三产业统计年鉴》,其中物流业的数据主要是参照交通运输、仓储和邮政业的相关数据,旅游业的数据参照住宿餐饮业的相关数据。

将高铁"流空间"创新要素流动产业效应指数——农业区位熵($X1$)、工业区位熵($X2$)、建筑业区位熵($X3$)、房地产业区位熵($X4$)、金融业区位熵($X5$)、旅游业区位熵($X6$)、物流业区位熵($X7$),代入灰色关联分析模型,进行灰色关联计算,分辨系数取0.5,计算结果得到关联系数,见表3.5。

表3.5 高铁"流空间"创新要素流动产业效应关联系数

| | 农业 X1 | 工业 X2 | 建筑业 X3 | 房地产业 X4 | 金融业 X5 | 旅游业 X6 | 物流业 X7 |
| --- | --- | --- | --- | --- | --- | --- | --- |
| 2014年 | 0.570 9 | 0.901 1 | 0.919 1 | 0.984 1 | 0.989 7 | 0.961 3 | 0.938 8 |
| 2017年 | 0.569 1 | 0.887 7 | 0.943 9 | 0.984 9 | 0.992 5 | 0.978 4 | 0.909 8 |
| 2020年 | 0.601 1 | 0.935 8 | 0.963 7 | 0.985 1 | 0.995 7 | 0.972 3 | 0.966 3 |

高铁"流空间"创新要素流动对金融业影响效应最大,其次是房地产业、旅游业和物流业,对农业和工业影响相对较小。高铁对区域金融发展的作用机制既包括"物的流通"带来的市场范围扩大、金融需求创造,也包含"人的流通"带来的"信息集聚"、风险规避和金融供给优化。高铁的开通,配套基础设施逐步完善,城市建设水平提高,吸引人员流入,引起对住房的刚性需求,对房地产业发展有较大的影响。高铁同城化,极大地促进了周末游和短途游。高铁巨大的客流量,聚集在沿线车站附近的饭店、酒店为旅客的饮食和住宿提供了方便,带动了该地区的住宿、餐饮等服务业的发展,增加了旅游散客化的趋势[124]。

高铁的扩散效应不止于此。通过放大城市的服商旅活动空间,高铁进一步塑造了"生产空间"与"生活空间"相结合的新兴服务业集聚区。这些高铁城市不仅成为商务会展、专业市场的高地,也成为旅游休闲、文化体验等活动的磁场。高铁的存在,使得城市既是高效的工作平台,也是舒适的生活家园,同时提升了城市的人文吸引力和经济活力,加快了产业结构的升级换代。

综上所述,高铁网络的拓展既促进了生产要素在更大范围内的自由流动与高效集聚,也为城市带来了更新的生活方式和产业布局。这不仅有力地支撑了区域一体化发展,也为现代化经济体系的构建提供了坚实的交通和产业基础。

#### 3.3.2.3 产业结构对区域经济具有显著正向影响

"区域产业结构升级"的本质是在一定空间范围内的产业结构在生产要素集聚与优

化配置方面的变动。此过程不仅关注于现有产业的优化升级,还包括新兴产业的培育与发展,以及传统产业的转型和淘汰,从而构建出更为复杂、多元化的产业体系。

在产业结构升级与经济增长的领域,一些学者侧重于三次产业结构的升级转型。Timmer[125]提出,经济体从低附加值产业向高附加值产业的升级,有助于提升生产率,从而推动经济的增长。也有其他学者侧重于分析特定产业内部的结构,强调技术密集型和知识密集型产业的关键作用。不论是研究三次产业间的结构变化还是产业内部的结构演变,均揭示了产业结构变迁与经济增长之间的密切联系:随着产业结构的不断优化,经济增长也得以持续,但是这种联系可能会随着经济发展阶段的不同而表现出变化[92]。

在中国特色的社会经济环境中,区域产业结构升级的意义尤为重大。它对我国区域经济的高质量发展起着核心推动力的作用,既是地方经济持续健康发展的内在要求,也是国家全面建设社会主义现代化国家新征程的重要支撑。面对全球化带来的机遇与挑战,我国正在推行的"双循环"新发展格局具有战略意义。这一新格局强调国内市场与国际市场的互联互通,重视全球价值链的深度融合与国内生产、分配、流通、消费的大循环。

在这样的大背景下,区域产业结构的优化与提升变得尤为紧迫。区域产业结构的合理调整,可以显著增强区域经济的韧性,提升对外部风险的抵御能力。经济韧性与区域产业结构升级之间的正相关关系表明,创新驱动发展、促进产业转型升级,对于建立一个更为可靠的经济体系至关重要。在此过程中,适应市场需求、强化科技创新、优化生产组织方式及优化资源配置效率,不仅加强了国内市场的循环,也有利于融入并提升在全球价值链中的地位,进而促进国际国内双循环的质量和效率,实现经济的可持续发展。

#### 3.3.2.4　产业经济正向反馈于政府调控

随着高铁对促进区域经济协调发展的作用日益显著,政府不仅密切关注高铁建设的进展,而且也重视通过高铁带动产业结构的优化及经济的持续健康发展。这种关注体现在一系列发布的政策文件和指导意见中,如2018年国家发展和改革委员会同自然资源部、住房和城乡建设部与中国铁路总公司共同推出的《关于推进高铁站周边区域合理开发建设的指导意见》。该文件旨在引导高铁周边地区发挥高铁网络的辐射带动效应,合理展开开发建设,推动产业聚集与城镇化协调发展。京津冀地区作为我国重要的城市群之一,其《关于加强京津冀产业转移承接重点平台建设的意见》中强调加强京津冀产业转移承接重点平台建设,可以加快推进三地经济协调发展,激发投资活力,激活政府投资和运用投资活动,促京津冀及辐射地区的经济转型升级,实现跨越式发展。

2005年7月,铁道部出台《关于鼓励和引导非公有制经济参与铁路建设经营的实施意见》,其中明确提出了要按照"平等准入、公平待遇"的原则,全面开放运输设备制造、客货运输、铁路建设及多元化经营四大领域。2006年8月,铁道部出台《"十一五"投融资体制改革推进方案》,该方案明确指出要积极吸引各级地方政府和国内外社会各界资金直接投入到铁路建设中,并鼓励引入战略投资者,以显著提升铁路建设项目的直接融资比例[126]。

2013年,《第十二届全国人民代表大会第一次会议关于国务院机构改革和职能转变方案的决定(草案)》被批准通过,铁道部完成了其历史使命,铁路管理体制实现了从"政企合一"向"政企分开"的转变。此次改革决定由交通运输部负责协调铁路、公路、水路及民航的综合性发展,旨在加快构建综合交通运输体系。原铁道部的行政职能,包括铁路发展规划和政策的制定,被整合入交通运输部。该政策方案维持对铁路基础设施建设和发展的资金扶持,推进铁路融资与运价机制的革新,同时构建了规范的公共服务性铁路线路及运输补贴机制,并在遵循现代企业制度的前提下,铁路行业改革持续向更深层次发展[107]。2015年,中国铁路总公司颁布了《中国铁路总公司关于深化铁路企业改革的意见》,确定了开展铁路企业改革的基本原则、思路和任务。意见提出将从6个方面深化铁路企业改革,具体包括:①从加强运行机制建设方面入手,全面激发企业发展活力;②以提升运输服务水平、加强市场竞争力为目标,深入推进铁路运输组织改革;③落实铁路投融资体制改革政策措施,以保障高效率高质量完成铁路建设;④深化合资铁路管理改革,促进合资铁路规范有序运行;⑤提高铁路资源利用效率和效益,加强铁路资产的经营开发;⑥实施铁路"走出去"战略,提高铁路企业国际竞争力[127]。财政部于2019年印发的《关于中国铁路总公司公司制改革有关事项的批复》中宣布将中国铁路总公司从全民所有制企业转型为国有独资企业,完成改制后,其名称为"中国国家铁路集团有限公司"。

政府的这些调控措施,通过优化政策环境和增强产业政策的引导,对产业发展产生了积极且深远的推动作用。政府的财政政策也充分体现了对交通运输,特别是对高铁建设的高度重视。2018年国家财政用于交通运输支出相比2010年增长了一倍,地方财政在交通运输上的支出同样增长了一倍,这种大规模的投资不仅加快了高铁项目的建设,而且极大地推动了产业经济发展。

而从产业经济的增长情况来看,2018年第一、第二、第三产业的增加值分别增加了68.4%、90.4%和169%。产业经济的显著增长,不仅说明了产业结构正在按照政府的调控政策不断优化,也验证了高铁和相关政策对产业发展所起到的正向推动作用。政府调控、产业反馈、再调控、再反馈,构成了一个良性循环的动态系统,有力地推进了国家经济的持续健康发展。

### 3.3.3 结论与讨论

本章解析了高铁对区域产业结构的影响机理与作用路径。本章从"流空间"的视角,利用DPSIR-PLS模型来构建高铁对区域产业结构影响的概念框架,以阐释高铁对区域产业结构的作用机制及影响路径。

研究的主要结论包括:

①高铁的互联互通发展催生了以"半小时城市圈"与"一小时经济圈"为代表的具备显著聚居效应的交通地理圈层。这一进程加速了人口、货物、资本、信息等关键生产要素在城市间以及城市与周边区域之间的快捷流动及协同融合。

②"高铁"这个看似"遥远"的名词,已经成为中国经济发展的"新动力"。随着我国铁路网络快速发展,铁路运输与城市群和都市圈之间形成了高效、快捷、便捷的运输网

络,有效地缩短了要素流动距离,极大地促进了区域间的交流和沟通,推动了区域产业结构升级和经济提升。

③在以高铁为重要驱动力的产业经济大趋势下,在"以人民为中心"的发展理念下,如何进一步增加交通运输支出、如何将交通一体化作为区域经济一体化的重要抓手,这是值得期待的。

总之,从"流空间"的视角,通过DPSIR-PLS模型探讨了高铁对区域产业结构的影响机理与作用路径,可以发现高铁的发展对区域产业结构具有显著的促进作用,为我国区域经济发展提供了新的动力。在未来,高铁发展对区域产业结构的影响应得到关注,充分发挥高铁在推动区域经济发展中的重要作用。

# 第 4 章 高铁"流空间"产业经济环境测度分析

## 4.1 高铁"流空间"产业经济协调发展 DPSIR-SBM 分析

### 4.1.1 高铁"流空间"产业经济效率 SBM 模型

SBM 模型是一种非径向非角度的数据包络分析方法(data envelopment analysis, DEA)。DEA 是结合管理科学、运筹学、数理经济学的一个新领域,主要是运用数学规划等模型,对具备多个输入尤其是多个输出的"部门"或"单位"进行效率评估,这些"部门"或"单位"被称为决策单元,并被标记为 DMU(decision making unit)之间的相对有效性。DEA 在进行效率测量时,无须预设具体的生产函数形式,并且具备处理多输入多输出问题的能力。使用 DEA 模型来计算全要素生产率,主要是通过 Malmquist 指数来表示的。自从 A. Charnes 和 W. W. Cooper 首次提出 DEA 方法及其模型后,该方法和模型已经在多个行业及部门得到了广泛的应用。

丁玉龙[128]通过构建一个基于非期望产出的 SBM 模型,对 2003—2017 年中国 30 个省级行政区的绿色经济效率进行了测算和分析。该研究深入探讨了绿色经济效率的发展趋势、区域间的差异以及其空间分布的特性。研究发现,中国的绿色经济效率整体呈现上升趋势,特别是在 2015 年之后,效率值呈现出连续上升的态势。郑宁雨[129]则采用了一种三阶段超效率 SBM 模型,该模型引入了外部环境变量、随机性因素和松弛变量,有效地克服了传统模型在径向和角度选择上的局限性。同时,该模型也考虑了非期望产出的影响,从而对"一带一路"倡议下的 51 个沿线国家的数字经济效率进行了更为精确的实证测度[129]。廖文琪[130]基于 2004—2020 年我国 282 个地级市的面板数据,首先用地理集中度测算人口、经济和产业的集聚度,然后用超效率 SBM 模型测算绿色经济效率,并对现状进行了分析。

在传统的径向和角度数据包络分析模型中,过于强调用最少的投入追求最大的产出,从而导致若干的局限性。具体来说,当决策单元在某一方向上存在非零松弛时,即实际投入或产出未达到其潜在最优水平,这些模型可能会忽视投入或产出的某些方面,从而引起效率评估的高估;此外,实际生产过程中不仅存在所谓的"好产出",还可能产生"坏产出",即非期望产出。传统 DEA 模型在处理这类非期望产出的问题上显得力不从心。

针对非期望产出的处理方法包括投入产出转置法、倒数转换法、正向属性转换法及方向距离函数法等,部分研究文献中采纳了将非期望产出视为投入或取其倒数作为产出纳入生产率评估模型之中的策略。因此,越来越多的学术研究开始使用非径向和非角度的 SBM 模型,该模型能够有效处理径向模型在效率评估过程中对松弛变量忽视的问题,并且能够充分考虑非期望输出的影响。Tone 提出了一种以松弛变量为基础的非径向、非角度 SBM 模型,该模型通过非角度、非径向的方式处理非期望产出,有效地解决了评估过程中的非期望产出问题和投入产出的松弛性问题[131]。

SBM 模型根据规模报酬是否变化,可以划分为 SBM-CRS(常数规模报酬)模型和 SBM-VRS(可变规模报酬)模型。随着社会的发展和科技的进步,高铁"流空间"产业经济的协调发展将呈现变动性,因此,本书采用 SBM-VRS 模型进行分析。

$$\rho = \min \frac{1 - \frac{1}{m}\sum_{i=1}^{m}\frac{s_i^-}{x_{i0}}}{1 + \frac{s_1}{s_2}\left[\sum_{r=1}^{s_1}\frac{s_r^g}{y_{r0}^g} + \sum_{l=1}^{s_2}\frac{s_l^b}{y_{l0}^b}\right]} \quad (4.1)$$

约束条件:

$$x_0 = X\lambda + s^- \quad y_0^g = Y^g\lambda - s^g \quad y_0^b = Y^b\lambda + s^b$$

$$\sum_{i=1}^{n}\lambda_i = 1 \quad s^- \geq 0, s^g \geq 0, s^b \geq 0, \lambda \geq 0$$

式中 $s$——投入、产出的松弛量;

$\lambda$——权重。

目标函数 $\rho$ 是关于 $s^-$、$s^g$、$s^b$ 严格递减的,且 $0 \leq \rho \leq 1$。对于特定的被评价单元,当且仅当 $\rho = 1$、$s^- = 0$、$s^g = 0$、$s^b = 0$ 时是有效率的。

SBM 模型可能会出现多个决策单元同时有效的情况,因此不便于对这些有效决策单元进行区分和排序。于是 Super-SBM 模型应运而生。Super-SBM 模型是一种结合了超效率 DEA 方法和 SBM 模型的统计生产函数方法。它是在传统的 DEA 基础上进行演化而来的一个更广泛的模型概念。Super-SBM 模型在一般径向 DEA 模型(如径向 BCC 或 CCR)的基础上,引入了松弛因素,从而扩展了其应用范围。计算效率时最大限度地考虑了松弛问题,准许效率值大于或等于1,可以对众多有效的单元效率大小排序。

常建新、姚慧琴[132]采用非期望产出的 SBM 模型对 2000—2009 年我国西部地区的 11 个省市进行了环境-经济效率的综合评估,研究分析了这一时期西部地区环境-经济效率的变化趋势和演进特征。研究结果表明,在将环境污染因素纳入考量后,环境-经济效率值较经济效率值有了显著的下降,提高了环境-经济效率评价的可信度;周泽炯、胡建辉[133]以 2008—2011 年中原经济区 15 地市的面板数据为样本,运用了带有非期望产出的 Super-SBM 模型对低碳经济的进展进行了实证性分析。该研究不仅评估了生产前沿面的投影效率,还探讨了低碳经济发展效率的动态演变情况。朱荣荣、蔡静[134]运用超效率 SBM 模型,将资源、劳动力及资本作为主要投入要素,对我国参与"一带一路"倡议的节点城市的绿色经济效率进行了测度,通过研究分析各城市的 Malmquist 指数,表明我国"一带一路"节点城市在绿色经济效率整体上呈现出较高的水平,并呈现持续改善的趋势。

Super-SBM-VRS 模型如下所示:

$$\rho^* = \min \frac{\frac{1}{m}\sum_{i=1}^{m}\frac{\bar{x}_i}{x_{i0}}}{\frac{1}{s_1+s_2}\left[\sum_{r=1}^{s_1}\frac{\bar{y}_r^g}{y_{r0}^g} + \sum_{l=1}^{s_2}\frac{\bar{y}_l^b}{y_{l0}^g}\right]} \tag{4.2}$$

约束条件:

$$\bar{x} \geq \sum_{j=1,\neq 0}^{n}\lambda_j x_j, \bar{y}^g \leq \sum_{j=1,\neq 0}^{n}\lambda_j y_j^g, \bar{y}^b \leq \sum_{j=1,\neq 0}^{n}\lambda_j y_j^b$$

$$\bar{x} \geq x_0, \bar{y}^g \leq y_0^g, \bar{y}^b \geq y_0^b$$

$$\sum_{j=1,\neq 0}^{n}\bar{\lambda}^g \geq 0, \lambda \geq 0$$

式中 $\rho^*$——目标效率值。

其他变量的含义与公式(4.1)相同。

### 4.1.2 高铁"流空间"跨期循环 DPSIR-SBM 模型分析

为得到更科学和更准确的效率结果,必须选择更为适合的投入和产出指标,DPSIR-DEA 模型为 DEA 的投入产出提供了依据。为了检验 DPSIR 模型与 DEA 模型相结合的适用性,本书参照 Wang[135]和张建清[136]的研究,将 DPSIR 框架中的环境状态和影响指标定义为 DEA 模型中的输出变量,而将其中的压力、驱动力以及上一年度的响应视为获取结果的关键输入变量。在跨时期 DPSIR 环形框架内,本年度的响应将作为下一年度的输入变量,以此实现 DPSIR 框架在不同年份间的循环。因此,本书将 DPSIR 模型中驱动力、压力和响应作为 DEA 模型的输入,将状态和影响作为输出,其中的产业结构合理化和废水排放总量是非期望产出,共同构成 DEA 模型中的输入输出指标。高铁"流空间"跨期循环 DPSIR-SBM 模型如图 4.1 所示。

高铁作为一种重要的交通基础设施,其在空间分布上与经济社会活动相互关联,对城市可持续发展潜力具有显著影响。高铁与经济社会的协同发展,是实现区域发展目标的关键。高铁网络的构建,促进了沿线地区人流、资本流动和信息交流的加速,推动了生产要素在区域内的集中,从而塑造了一个具有强大集聚效应和扩散能力的"流空间"网络结构。这种网络对于区域产业结构的影响日益显现,而且影响也变得更加复杂和深远。高铁的影响不仅在于提高了区域间的联系便捷度,还在于对产业结构和要素配置方面产生了深远的影响,进一步推动了经济社会的发展与变革。依据 DPSIR-SBM 结果,效率值表示了高铁"流空间"与区域产业经济协调发展程度。

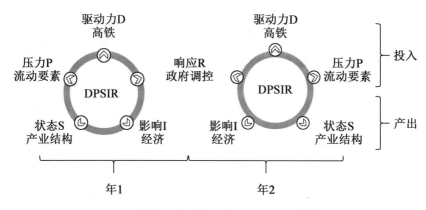

图 4.1 高铁"流空间"跨期循环 DPSIR-SBM 模型

## 4.2 高铁"流空间"产业经济协调发展实证分析

### 4.2.1 高铁"流空间"产业经济影响机制分析

为了进一步深化对 DPSIR 框架在高铁"流空间"区域产业经济协同发展中的应用研究,确保评估结果的全面性与准确性,采用更为系统和科学的方法进行分析。依据之前的效率计算结果,结合收集到的 DPSIR 框架相关的各项指标原始数据,利用先进的统计分析软件 Stata16 来执行研究工作,通过软件对省际面板数据进行专业的回归分析。这种分析方法不仅可以探究高铁对于区域产业经济增长的推动作用,还可以揭示驱动力、压力、状态、影响、响应这 5 个维度指标与区域产业经济协同发展之间的相互关系和作用强度。通过这种定量研究方法,能够明确各指标间的相互依赖性和动态变化规律,这对于政策制定、区域规划及高铁"流空间"优化管理都具有重要的参考价值。分析结果将有助于进一步明晰高铁"流空间"建设与区域经济发展之间的交互作用机理,并为今后的政策调整和资源配置提供更加精确的导向。高铁"流空间"区域产业经济协同发展影响机制分析见表 4.1。

表 4.1 高铁"流空间"区域产业经济协同发展影响机制分析

| DPSIR | 变量 | $t$ 检验 |
| --- | --- | --- |
| 驱动力(D) | 高铁站个数(D1) | 0.080 356 2***(3.91) |
| | 高铁线路条数(D2) | 0.058 391 7***(0.54) |
| 压力(P) | 城镇人口比例(P1) | 0.000 229 9*(1.13) |
| | 邮政总量(P2) | 0.000 229 6*(0.39) |
| | 固定资产投资(P3) | 0.000 110 6***(6.52) |
| | 技术市场成交额(P4) | 0.001 672***(4.95) |
| | 电信通信服务水平(P5) | 0.001 076 5(0.48) |

续表 4.1

| DPSIR | 变量 | $t$ 检验 |
|---|---|---|
| 状态(S) | 产业结构高级化(S1) | 0.135 211(0.48)*** |
|  | 产业结构合理化(S2) | −0.071 517 4***(−4.86) |
| 影响(I) | 人均 GDP(I1) | 2.15e−06(0.28) |
|  | 废水排放总量(I2) | −0.000 012 7***(−7.76) |
| 响应(R) | 政府科技支出(R1) | 0.073 332 3***(11.26) |
|  | 节能环保支出(R2) | 0.012 099 7***(5.27) |

在高铁"流空间"区域产业经济协同发展的研究中，影响力因素通常可以被细分为不同的指标来具体化。驱动力(D)指标是其中一个关键维度，它包括一系列能够直接或间接促进协同发展的元素。在这些指标中，高铁站个数(D1)和高铁线路条数(D2)受到特别关注，因为它们直接关联到高铁网络的范围和密度，决定了高铁对区域连接性的影响力。

具体来说，高铁站的数量(D1)决定了区域内外可达性的方便程度。更多的高铁站可以带来更广泛的覆盖，为人员及资源流动提供了更多的节点和便捷的交通接口，这无疑对区域间的经济活动产生了积极的推动作用。同时，高铁线路的条数(D2)则反映了区域间联通性的强度和网络的复杂程度。线路的增多意味着区域间交通连接的多样化和便捷度的提升，进而促进要素流动的加速。

这样的加速流动带来了要素利用效率的显著提升。资源和要素如人力、资本、信息等在高铁"流空间"的迅捷流动与高效利用为地区之间及内部的要素市场打通了通道，增强要素使用空间的灵活性，促进了资源的优化配置。随着要素资源广泛地参与到社会分工中，区域之间得以互补差异，形成了协同发展的态势。从整体上看，这种合作的发展环境刺激了经济结构的合理化发展和产业向高级化的迈进。

在压力(P)指标方面，城镇人口比例(P1)和邮政总量(P2)起到辅助性的促进作用，但其影响力可能没有高铁站个数和线路条数那么直接、显著。城镇人口比例(P1)可以体现区域的经济活力和集聚效应，城镇化的提升有助于产业资本的集中和人力资源的集聚，为区域产业经济的发展提供了底层支撑。邮政总量(P2)代表的是区域之间通信联络和物流运输的程度，它在一定程度上反映了区域经济交流和商务活动的频繁程度，这也是区域产业经济发展的重要指标。尽管城镇人口比例和邮政总量所起的作用可能较为间接，但它们对于高铁"流空间"区域产业经济协同发展也不容忽视。

固定资产投资(P3)是衡量一个区域基础设施建设和产业发展水平的重要指标。它通常包括投向公共设施、交通网络、大型工业项目等方面的资本。固定资产投资的增加意味着基础设施得到加强，生产力得到提升，因此对高铁"流空间"区域产业经济协同发展也会有明显的影响。技术市场成交额(P4)则反映区域内技术创新成果的转化与应用程度,显著的成交额表明该区域有较强的技术发展和应用能力,这对于推动产业升级和结构优化是非常有利的。技术创新和成果转化对于维持产业的竞争力及促进经济增长至关重要,因此对高铁"流空间"区域产业经济协同发展也有明显的影响。与此同时,电信通信服务水平(P5)虽然对增进信息交流和经济活动具有基础性影响,但它在这一框架中的影响可能不如固定资产投资和技术市场成交额那么明显。可能是因为电信服务水平已在很多发展成熟区域达到了一个饱和水准,它对协同发展的边际影响可能有所降低。

在状态(S)指标的范畴内,产业结构高级化(S1)对高铁"流空间"内的产业经济协同增长产生了显著的促进作用。作为区域经济增长的内生决定因素,产业结构扮演着连接区域经济运作与生态环境互动的关键角色,产业结构高级化反映产业结构的演进和软化,由劳动密集型向资本、技术密集型产业演进,由低附加值生产向高附加值生产演进等。本书采用泰尔指数来衡量产业结构的合理化(S2),该指数作为一个逆向指标,其数值的增加意味着产业结构合理化水平的下降。因此,可以推断产业结构合理化(S2)对高铁"流空间"内的产业经济协同增长具有正向的促进作用。具体来说,通过产业结构的优化调整,推动产业结构的升级转型,从而实现不同产业之间的协调发展,并有效应对社会不断增长的需求。

在影响(I)指标中,人均 GDP(I1)并不明显,这可能是因为当地产业结构和经济发展水平上的差异,导致人均 GDP 并不能直接反映出高铁带动的地区协同发展情况。废水排放总量(I2)作为一个环境指标,其负向影响表明产业发展对环境的压力增大,可持续性和协同发展能力受限。这强调了在追求经济增长的同时,也需要考虑产业发展的环境代价,并采取相应的减排措施。响应(R)指标反映了政府如何通过科技支出(R1)和节能环保支出(R2)来响应经济发展的需求,这些政府支出对于激发创新、推进产业结构转型及保护环境具有重要作用。虽然可能存在财政政策的投入不足和政策不完善的问题,但是可以预见公共财政对于地区产业结构的优化与升级持续起着示范、辐射和带动作用。随着政策改进和投资增加,这些响应指标对高铁"流空间"区域产业经济协同发展的作用将更加明显。

### 4.2.2 高铁"流空间"产业经济协调发展分析

为了确保数据的可获得性和连续性,本书选择了 2008 年至 2018 年期间,中国 31 个省(自治区、直辖市,不含港澳台地区)的数据来进行研究。高铁站点和路线等相关数据主要来源于中国铁路网和各级政府官方发布的政策文件,以此确保数据的准确性和可靠性。在研究中,通过运用年鉴数据并应用相应的公式进行计算得出产业结构的高级化和合理化。其他数据来源包括《中国统计年鉴》和各省统计年鉴,以确保数据的全面性和权威性。通过以上数据的选择和来源,本书能够基于可获取的数据进行准确的分析和研究。同时,选择连续的时间段和大样本的数据能够提供更全面、可靠的研究结果,为对高铁"流空间"和产业结构的变化趋势进行深入研究提供了坚实的基础。

本书从可持续发展的角度出发,结合 DPSIR 模型(即驱动力-压力-状态-影响-响应模型)和 Super-SBM 模型(即超效率 SBM 模型),并考虑到数据的可获取性,设计了一个全面评估高铁"流空间"与区域产业经济协调发展的指标体系。该指标体系涵盖了 5 个二级指标,即驱动力、压力、状态、影响和响应,以及 13 个三级指标,用于分析和评价高铁发展对区域产业经济的影响与协调程度。

驱动力指标能够帮助我们了解高铁建设的推动力量,揭示投资、政策支持和技术创新等方面对高铁发展的促进作用。压力指标则可以揭示高铁建设对产业结构和要素配置的影响压力,包括资源利用、环境影响和社会效益等方面的考量。同时,状态指标能够反映高铁建设所带来的产业结构和要素配置的现状,包括高铁网络的覆盖范围、运营质量和服务水平等方面的表现。而影响指标则从宏观角度分析了高铁建设对区域经济和社会的影响效果,可以评估高铁对相关产业的促进作用,如对商务服务业、旅游业和地产及基建业等产业的影响。最后,响应指标可以反映政策制定者对高铁建设的反应和应对措施,包括政策支持、技术升级和社会参与等方面的表现。

通过这个综合的指标体系,我们能够全面了解高铁"流空间"与区域产业经济的协调发展情况,并为相关政策的制定提供科学依据。同时,该指标体系还可以帮助我们识别出高铁发展中存在的问题和挑战,并提出相应的解决方案,推动高铁与区域产业经济的持续、协调发展。可持续发展的视角和综合分析的方法,将进一步促进高铁与区域产业经济之间的良性互动和共同发展。

本书使用 Excel 对相关变量进行汇总整理,并根据公式(4.1)、公式(4.2)计算出以 D、P、R 作为投入,S1、I1 作为期望产出,S2 和 I2 作为非期望产出的指标数据。随后,利用 DEA-SOLVER Pro 软件对 31 个省(自治区、直辖市,不含港澳台地区)的数据进行计算,并得到高铁发展效率结果。在 Super-SBM 模型中,当计算结果大于等于 1 时,则说明高铁发展达到了 DEA 的有效性,而当计算结果小于 1 时,则表明 DEA 无效。数值越接近 1,则代表效率越高;反之则效率越低。这一分析方法的运用能够帮助我们深入了解高铁发展的效率水平,以及评估各地区在利用资源和产出方面的表现。通过对 31 个省(自治区、直辖市,不含港澳台地区)的数据进行 DEA 效率计算,可以为高铁发展的管理和决策提供具体数据支持,有助于发现各地区的发展优势和劣势,并为改进和优化高铁发展提供重要参考依据。

高铁"流空间"与区域产业经济协调发展有效情况见表 4.2。

表 4.2 高铁"流空间"与区域产业经济协调发展有效情况

| 年份/年 | 2008 | 2009 | 2010 | 2011 | 2012 | 2013 | 2014 | 2015 | 2016 | 2017 | 2018 |
|---|---|---|---|---|---|---|---|---|---|---|---|
| DEA 有效数 | 10 | 11 | 10 | 8 | 8 | 8 | 8 | 8 | 7 | 8 | 8 |
| 效率值 | 0.687 | 0.777 | 0.764 | 0.676 | 0.697 | 0.613 | 0.623 | 0.610 | 0.580 | 0.670 | 0.684 |

综合整体情况来看,高铁"流空间"和区域产业经济协同发展程度相对较低,其效率值呈现出稳定在 0.580~0.777 之间的状态。每年能够达到有效承担的地区只有 7~10 个,而接近 2/3~3/4 的地区没有达到有效状态。

从时间的角度分析,2008—2018 年,高铁"流空间"与区域产业经济的协同增长呈现出一种波动性走势,包括上升、下降及再次缓慢上升的阶段。具体讲,2008—2010 年,高铁"流空间"与区域产业经济的协同增长维持在一种平稳且缓慢的增长状态。但从 2011 年起,这一协同发展出现了显著的下滑趋势,2013—2016 年达到最低点,之后在 2017 年和 2018 年又呈现明显的上升态势。这一时间序列的波动变化反映出高铁"流空间"与区域产业经济协同发展在不同阶段的表现,有助于深入分析和理解各时期的发展状况。

为了探讨 2008—2018 年各区域高铁"流空间"与产业经济协同增长效率的演变轨迹及其差异,本书选取了 2008 年、2013 年和 2018 年 3 个时间点的数据进行分析。通过比较这 3 个时间节点的数据,我们可以深入了解不同阶段高铁发展对区域产业经济的影响,揭示出其中的变化和发展趋势,发现高铁"流空间"与区域产业经济协同发展在不同时间段的优势和不足,并为未来的发展提供有力的建议和指导。研究这些变化趋势和差异可以帮助我们了解高铁发展对于不同区域的效果,找到其发展的优势和短板,进而制定相应的政策和措施来促进高铁与区域产业经济更好协同发展。这样做可以为不同地区提供有针对性的支持,推动高铁的可持续发展和提升其对区域产业经济的贡献。

在对中国不同地区的高铁"流空间"与区域产业经济协同发展水平进行深入分析时,显而易见的是,这种协同效率呈现出明显的地理分布差异。高铁"流空间"与区域产业经济协调发展情况见图 4.2。部分区域因地理位置优越、经济发展水平较高或高铁建设投入得当,体现出强劲的协同发展能力。如北京、天津、内蒙古、上海、海南和宁夏 6 个地区,这些区域的效率值始终维持在 1 及 1 以上,这一表现超越了基准水平,充分体现了它们在高铁网络建设中取得的显著成效,以及高铁"流空间"对于当地区域产业经济增长的正面促进作用。相比之下,江苏、浙江、福建、广东、广西和重庆虽然未能达到最佳的协同发展水平,但仍然展现出较高的效率,其效率值每年稳定在 0.6 左右。这说明尽管这些地区的高铁"流空间"与产业经济协同发展尚有进步空间,但已经具备了相对扎实的基础和潜力,其经济发展和高铁建设仍旧处于良性互动状态。在这之后则是河北、山西、辽宁、吉林和黑龙江等地区,它们展现出同一水平的协同发展效率,每年为 0.4 左右。这一数值虽低于前述地区,但同样显示出一定的协同增长能力,这表明尽管这些地区在高铁建设和区域产业经济增长中存在一些局限,但仍然有望通过策略调整和资源整合来提升协同发展水平。安徽、江西、山东、河南、湖南和湖北则同样处于一个水平,整体而言,这些地区的高铁"流空间"与区域产业经济的协同发展效率可能存在较大的提升空间。另外,安徽、贵州、云南、四川和甘肃等地,它们的效率值变化较大,反映了这些区域的高铁"流空间"与区域产业经济协同发展的不确定性和波动性显著。这意味着它们的经济结构、产业布局与新兴的高铁网络还未形成有效的对接,或者在这些地区高铁建设与当地产业政策之间尚未找到一个理想的平衡点,因而需要政策上的关注和调整,以稳定发展节奏,并提升经济效益。

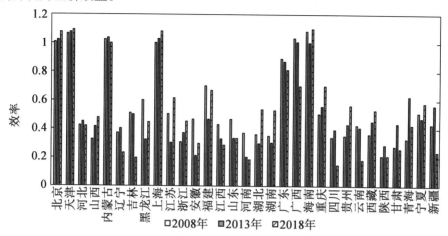

图 4.2 高铁"流空间"与区域产业经济协调发展情况

通过这些数据可以看到,不同地区在高铁发展的过程中取得的效果有所不同。一些地区在高铁"流空间"与区域产业经济协同发展方面表现出较高的效率,说明高铁对这些地区的经济发展起到了积极的推动作用。相反,一些地区的效率值较低,需要进一步优化高铁"流空间"与区域产业经济的协同发展模式,以提高经济效益和发展潜力。这些数据为我们深入研究不同区域之间的差异提供了依据,有助于制定针对性的政策和措施,推动高铁"流空间"与区域产业经济的更加协同和可持续发展。地方政府可以根据这些数据分析,精准投资高铁项目,并调整产业布局策略,以确保高铁能够成为推动区域经济发展的强力引擎,带动相关产业链的提升和创新,实现协同发展与可持续增长的战略目标。

在经济相对发达的地区,例如北京、天津、上海、浙江、广东、广西和海南,由于高铁建设较早启动并投入运营,为这些区域提供了强有力的基础设施支撑。高铁的高速连接不但大大缩短了城市间的时间距离,而且促进了信息的快速交换和资源的高效配置。因此,这些地区的产业在高铁的带动下,显著向高端化、现代化方向转型,保持了较高水平的产业高级化和合理化。随着高铁网络的深入发展和完善,人流、物流和资金流快速增长,这些流动性的增加,为高新技术产业和现代服务业的扩张提供了有力的动力。于是,这些产业在产值比例和就业人数上越来越明显,对经济发展的贡献愈发重要,进而促进了与高铁"流空间"的协同发展。对于安徽、内蒙古、贵州、云南、四川和甘肃等地而言,它们的地理位置一直以来较为边缘,高铁的进入被视为一次区域发展的重大机遇。这些地区通常具有鲜明的地域特色,例如独特的自然风光、悠久的历史文化及地方特色产业等。高铁建设的推进和开通运营,强化了这些区域与外界的联系,为其带来了交通便利性的革新。交通网络的优化和完善,不仅使得人们能够更加便捷地进出这些地区,推动了其旅游资源的开发利用,还激发了当地旅游行业的活力。大量游客被这些地区丰富多彩的文化和旖旎风光所吸引,对各类旅游项目产生了巨大需求,进而推动了旅游业的繁荣,相关餐饮、住宿、交通、文化娱乐等服务产业也随之兴盛起来。随着旅游业的发展,这些地区也逐渐实现了产业结构的优化和经济水平的提升,例如,一些传统手工艺品得以远销其他地区,当地的农产品通过高铁的快速运输,迅速抵达消费市场,以及地方特色旅游项目能够吸引全国乃至世界各地的游客。经济发展带来的红利逐渐浸润到更广泛的领域,改善了当地居民的生活标准和就业状况,提升了整个区域的经济活力。综上所述,高铁不仅增进了物流的畅通、资金的快速流动和人才的广泛交流,更为各行各业的持续繁荣和区域协同发展提供了坚实的基础。

### 4.2.3 高铁"流空间"对产业经济的拉动效应

(1)高铁建设带动产业发展

高铁的建设对经济和相关行业的发展有着深远的影响。首先,高铁的建设带动了与高铁相关的行业和产品产出的增长,包括土木工程、钢铁制造、车辆制造、信息技术等多个领域。同时,高铁的建设也促进了这些行业在技术和服务质量上的提升。以土木工程为例,高铁对路基的稳定性、道床的平整度和钢轨的质量有极高的要求。为了满足这些要求,我们需要开发新的土壤处理技术,以及相应的土木工程施工方法。此外,高铁建设还需要专门的大型施工设备,这就要求我们设计和制造出能够满足高铁建设需求的大型设备。在高铁车辆制造领域,高铁车厢的设计需要考虑到乘客在高速行驶时的舒适体验。因此,减震降噪技术、精确的门窗密封技术、高效的空调和气压调节技术、卫生系统和废物处理技术及先进的旅客信息与通信技术都是必不可少的。随着高铁的建设和发展,对中间产品的需求将持续增长,从而推动相关生产部门的扩张。这种增长将进一步提高对中间产品的需求,进而促进其他生产领域的扩大。以我国为例,大规模的高铁建设为整个产业链的整合和提升提供了一个广阔的基础。高铁的建设不仅带动了相关行业的发展,还提升了我国在国际舞台上的竞争力。未来,随着高铁网络的进一步扩张,我们有理由相信,高铁建设将为我国的经济发展和产业升级带来更多的机遇。

(2)促进物流业发展

高铁的运行对物流行业的发展起到推动作用,体现在多个方面。首先,高铁的开通带动了区域经济的增长,从而提高了物流服务的需求。高铁的运行不仅推动了城市产业的进一步提升,还增加了城市的吸引力和便利性,加强了城市间的经济联系,进一步推动了区域经济的增长。随着区域经济的增长,商品和中间产品的流通需求也显著增加。另外,4G、5G等新一代信息技术的广泛应用,使得高铁的运行减少了城市及其周边地区的时间和空间距离,扩大了消费市场。高铁带来的商品流通和消费增长效应,已经成为推动物流行业发展的关键动力。其次,高铁客运专线的启用,显著减少了传统客货混运模式下的货物运输时间,为提高货物运输效率打下了基础。高铁的剩余运输能力也为小件物流的进一步发展提供了条件。最后,高铁的开通促进了仓储转运中心网络化布局的形成,并吸引了更多物流行业人才。高铁站点的建设推动了城市交通网络的优化和重塑。由于高铁建设的拆迁成本和线路的直行性等因素,高铁站点通常位于城市的外围或边缘区域。政府在这些区域进行投资开发,并修建了公路网络与铁路相连,为城市交通网络的重塑提供了物流支持。

在2022年的双十一促销活动中,长江三角洲区域因其核心的物流地位而经历了货运量的激增。该区域的铁路机构充分利用其高铁网络的完整性,通过整合多元化的运输能力,向市场提供了可靠、便捷且高效的铁路快递服务。面对双十一期间网上商城的发货峰值,铁路机构与电子商务、快递公司展开了紧密合作,通过合理调配运输力量,不仅动用了高铁动车组,还整合了普速列车的行李车和专门的货物快班,推出了涵盖"即日送、次日送、三日送"等多种时效性产品和"批量送、特殊需求送、高铁跨城即日送"等定制服务。长江三角洲地区铁路机构日均部署了220列高铁动车组列车和24列带有预留车厢的列车来处理双十一期间的快递运输,其服务范围遍布全国,包括华东、华南、华中、西南、华北、东北等大部分地区。至此,已有17个高铁站开始了"高铁极速送"服务,运行线路增至253条,可直达超过120个城市[137]。

(3)高铁投资建设带来就业机会

在《"十四五"现代综合交通运输体系发展规划》(以下简称"规划")中[138],中国政府强调了高铁建设对就业机会的重要性。规划中提到,要加快构建现代化铁路网,坚持客货并重、新建改建并举、高速普速协调发展,加快普速铁路建设和既有铁路扩能改造,着力消除干线瓶颈,推进高速铁路主通道建设,提升沿江、沿海、呼南、京昆等重要通道以及京沪高铁辅助通道运输能力,有序建设区域连接线。此外,"十四五"就业促进规划中也提到了促进就业的措施,包括全面增强就业吸纳能力、培育接续有力的就业新动能、提高区域就业承载力等,这些措施都与高铁建设相关,因为高铁建设能够带动沿线地区的经济发展,创造就业机会,促进人才流动和区域间的平衡发展。

规划中还强调了对重点群体的就业支持,如高校毕业生、城镇青年、退役军人等,这些群体都有可能在高铁建设和相关服务业中找到就业机会。同时,规划提出了优化创业环境、鼓励创业带动就业的措施,这也可能为高铁建设及其上下游产业链的创业者提供支持。"十四五"规划通过推动高铁网络的建设和发展,旨在促进就业、提升区域经济和支持重点群体就业,从而实现更加充分和更高质量的就业目标。

2014—2022年铁路投资分别完成8 088亿元、8 238亿元、8 015亿元、8 010亿元、8 028亿、8 029亿元、7 819亿元7 489亿元和7 109亿元。2023年全国铁路完成固定资产投资7 645亿元,同比增长7.5%。2023年12月铁路投资高达1 238亿元,同比增长8.12%,环比增长81.79%。2023年,全国铁路营业里程达到15.9万km,其中高铁4.5万km,全国铁路投产新线3 637 km,其中高铁2 776 km,同比增加33.33%[139]。从这个角度看,积极推进高铁的发展不仅能促进高新技术的飞速进步,还能显著提高劳动力的就业机会。高铁建设带来了庞大的物资需求,并对相关行业产生了显著的推动作用。国家对铁路的投资不仅可以直接增加总产出,还可以通过乘数效应来扩大资本的积累,从而带动社会总需求的几倍于投资额,提高国民的收入,加速社会经济活动的频繁程度,拉动相关产业的经济。

## 4.3 高铁"流空间"产业经济协调发展测度分析结论与启示

### 4.3.1 结论

本章在探索高铁对区域产业结构和经济协同发展影响的研究中,借助了 DPSIR 模型作为分析的主干,该模型是环境管理领域里常用的一种分析手段。其核心思想在于将环境问题分解为驱动力、压力、状态、影响和响应 5 个要素,从而构建起一个系统性的分析框架。本章将该模型与流空间理论相结合,通过对流空间的分析揭示高铁如何影响区域之间的经济联系和协同发展。

本章结合 DPSIR 模型,利用 DEA 方法中的 SBM 模型来进行效率分析,通过 DPSIR-SBM 结果评估高铁"流空间"对区域产业经济协调发展的影响程度。更具体地,本章选取了 Super-SBM-VRS 模型作为工具,通过投入产出测算,评估区域内部各种资源的使用效率与经济增长的关系,以及这种关系如何受到高铁"流空间"所带来的变化的影响。这样的方法论和模型应用,不仅可以揭示高铁"流空间"与区域经济协同发展之间的内在联系,还能帮助政府及相关管理部门制定更加精准和有效的政策。

研究发现,高铁"流空间"与区域产业经济协同发展的水平相对较低。从时间上看,2008—2018 年,高铁"流空间"与区域产业经济的协同增长呈现出波浪形的走势,先是经历了一段时间的上升,随后出现了下降,最终又趋向于缓慢上升。从空间维度上看,各地的效率存在严重的分化问题,各地区间存在较大差距。在影响高铁"流空间"与区域产业经济协同发展的因素中,高铁站的数量(D1)、高铁线路的条数(D2)、产业结构的高级化程度(S1)、产业结构的合理化程度(S2)、政府科技支出(R1)及节能环保支出(R2)都产生了明显的影响。为了促进高铁"流空间"与区域产业经济的协同发展,有必要提升高铁作为驱动力的作用,并提高政府在响应方面的利用效率。同时,还需要推动产业结构升级,实现产业结构的高级化和合理化。这意味着需要加大在技术创新和转化方面的投入,加强科技和节能环保方面的支出,并通过优化产业结构、促进产业协同发展,提升整体效率。只有在这些方面取得进展,才能实现高铁"流空间"与区域产业经济的协同发展,进一步推动区域经济的发展和提升。

### 4.3.2 启示

各地区的资源禀赋不同、贸易条件不同,只有通过合理地协调来优化要素的需求与利益分配,以促进要素的自由流动,这样的措施能够实质性地提升区域经济的协同增长水平,并逐步缓解发展不平衡的问题。

(1)把握高铁开通红利,全面提升企业创新能力

高铁的广泛开通能够显著促进企业创新效率的提升。高铁为企业创新资源要素的

流动构建了便捷通道,为企业创新提供了各种资源支持。因而非中心城市要借助高铁加强与中心城市大型企业的联系,尽快融入其供应链中。此外,高铁开通对于中小型规模企业及高技术企业的创新投入能够在政策合意方面产生正向影响。政府部门要加大对企业提供财政支持的力度,为企业提供良好的营商环境,切实鼓励中小型及高技术企业通过高铁积极引进国内外先进技术,提升自身的创新能力,充分发挥高铁建设带来的红利,进而推动企业转型升级,最终实现企业与社会经济共同发展。在新形势、新环境下,依托高铁加快区域经济高质量发展,全面提升企业创新能力,把握战略布局促进区域经济协调发展,科学、合理地规划、完善配套基础设施建设,打造特色经济,加快扩充特色产业集群,抓住发展机遇,推动产业结构转型升级,重视人才引进,增强对外来人才的吸引力,进一步改善软环境,增强高铁带动经济高质量发展后劲[140]。

(2)依托高铁提升可达性,促进区域经济协调发展

高铁以其快捷、便利等诸多独特优势,为区域经济协调发展注入新动力。在政策层面,需要进一步加强交通基础设施的建设,尤其是高铁的发展,并探索多元化的资金筹措机制,以充分发挥中央财政、地方财政及社会资本的合力,推动高铁的建设进程。具备先天经济及地域优势的区域可乘势而上,加快发展高铁经济,着力打造区域经济发展"新引擎";对于经济基础相对薄弱的区域,则应谨慎对待高铁可能带来的"虹吸效应",并根据本地实际情况充分利用其"比较优势",这些地区应继续深化高铁营运对经济增值的正向影响,通过持续优化其经济生态环境,从而抑制优质资源与生产要素的流失。在此基础上,通过与经济发达区域或核心地带的互动学习与交流,不断引入尖端技术与知识资本,以促进本地经济的持续增长,并逐步缩小与先进地区的发展差距。同时,非中心城市应当主动通过高铁往来车车次加强与中心城市间的联系。就政府而言,要长期维持区域经济的健康均衡发展,优化沿线城市经济布局,充分发挥各区域间交流协作带来的正向经济"扩散效应",缩小"虹吸效应"。

(3)发挥高铁带动作用,完善配套基础设施建设

高铁是连接各地的枢纽节点,而在区域内部,需要完善的交通基础设施将高铁带来的资源进行传递,以实现以高铁为首的各市现代化交通网络内联互通。加快高铁运输网络的一体化构建,尽管某些区域在短期内可能不具备建设高铁的条件,但可通过优化公路、水路等其他客运系统的网络,实现与高铁网络的快速融合。此举不仅有助于强化这些区域与经济发达地区的联络,而且能够突出高铁在推动区域经济协调增长中所扮演的关键角色。一是优化高铁站公交专线规划布局,高铁站公交专线可方便出站专乘,提高出行效率;二是完普高铁站周边服务业配套设施,以高铁站为中心,着力完善周边服务行业建设,为来往乘客提供安心便利的"一站式"服务;三是提升以高铁为中心的整体区域功能性配套设施建设水平,关注高铁周围的水利、电力、医疗、教育等的基础性设施建设,健全区域功能,提升居民生活幸福感。

(4)打造高铁特色经济,扩充沿线城市产业集群

高铁带来的要素流动和集聚效应能够带动站点城市产业沿高铁网络的辐射发展,进

一步促进了服务业和先进制造业的发展。河北省各地市均有不同的旅游特色,未来要继续根据地区的历史文化底蕴和发展特色,加强旅游业的发展。鼓励企业之间旅游、餐饮、交通一体化协作发展,促进高铁经济和地方特色经济融合发展,提升服务业的整体经济水平,要充分利用高铁运行带来的机遇,发展旅游、物流、金融等一体化产业集群。

(5)紧抓高铁旅游热潮,助力产业结构转型升级

推动产业结构升级换代是实现跨越式发展的关键环节。在高铁旅游热潮下,沿线城市要借此开展跨区域合作,充分利用自身丰富的旅游资源,大力发展高铁相关的服务产业。有效结合其他交通运输方式,加强不同地区、不同产业间的互动交流,促进区域一体化发展;同时,深入挖掘特色产业,助力第二产业向第三产业转型升级,以后发优势实现区域经济跨越式发展,借助高铁开通红利,逐步推动整体产业结构转型升级。

(6)借助高铁创造的就业机遇,激活人才吸引力

受高铁开通运营的影响,河北省第二、第三产业迎来发展新高地,就业机会与就业岗位增加。政府可通过积极制定人才引进战略,通过税收优惠等相关政策提升对高素质人才的吸引力,激发产业创新活力。省内高铁发展水平不均匀,省会城市等战略重点城市高铁建设水平更高,其产业多元化和先进程度更高,吸引了更多高层次人才,使得非核心城市的人才、资本向核心城市流入。所以,各城市尤其是非核心城市要加强对人才的引进,制定相关优惠政策和人才引进策略来留住本地高层次人才,吸引大城市人才,提升本地区经济发展的核心竞争力,促进本地区经济的可持续发展。

# 第5章 高铁"流空间"产业集聚影响分析

## 5.1 高铁交通流对城市群旅游业影响特征分析

随着经济的不断发展和交通技术的进步,高铁已成为现代城市之间联系的重要纽带。在中国,高铁网络的建设与发展推动了城市之间旅游和商业活动的频繁往来,也催生了城市群旅游业的蓬勃发展。本节将就高铁交通流对城市群旅游业的影响特征展开分析,探讨高铁交通流对城市群旅游业的影响和特征,并分析如何利用这些特征促进城市群旅游业的可持续发展。

本节讨论高铁开通对城市群旅游业集聚的影响,以及利用高铁相关优势加强对城市群旅游业集聚的深刻影响。首先通过相关渠道调查我国近几年旅游市场的规模。表5.1所示为2010—2022年我国国内旅游人数及国内旅游收入的增长情况。其中高铁是在2008年8月1日开通的,随着高铁的开通运行,我国旅游市场带来的经济收益逐步扩大,国内旅游人数和国内旅游收入增长迅速,但在2003年和2020—2022年因新冠疫情影响,旅游市场遭到冲击,出现负增长情况,但整体趋势是旅游市场逐步扩大。这说明高铁的开通对我国旅游市场的发展产生积极的正向作用,对我国旅游业集聚产生良好的效应。

表5.1 2010—2022年我国国内旅游人数及国内旅游收入的增长情况

| 年份/年 | 国内旅游人数/亿人次 | 比上年增长的比例/% | 国内旅游收入/万亿元 | 比上年增长的比例/% |
| --- | --- | --- | --- | --- |
| 2000 | 7.44 | 3.4 | 0.318 | 12.1 |
| 2001 | 7.84 | 5.4 | 0.352 | 10.0 |
| 2002 | 8.78 | 12.0 | 0.388 | 10.2 |
| 2003 | 8.70 | -0.9 | 0.344 | -11.3 |
| 2004 | 11.02 | 26.7 | 0.471 | 37.0 |
| 2005 | 12.12 | 10.0 | 0.529 | 12.3 |
| 2006 | 13.94 | 15.0 | 0.622 | 17.6 |
| 2007 | 16.10 | 15.5 | 0.777 | 25.0 |
| 2008 | 17.12 | 6.3 | 0.875 | 12.6 |

续表 5.1

| 年份/年 | 国内旅游人数/亿人次 | 比上年增长的比例/% | 国内旅游收入/万亿元 | 比上年增长的比例/% |
| --- | --- | --- | --- | --- |
| 2009 | 19.02 | 11.1 | 1.018 | 16.3 |
| 2010 | 21.03 | 10.6 | 1.258 | 23.5 |
| 2011 | 26.41 | 25.6 | 1.931 | 53.5 |
| 2012 | 29.57 | 12.0 | 2.271 | 17.6 |
| 2013 | 32.62 | 10.3 | 2.628 | 15.7 |
| 2014 | 36.11 | 10.7 | 3.031 | 15.3 |
| 2015 | 40.00 | 10.8 | 3.412 | 12.6 |
| 2016 | 44.40 | 11.0 | 3.939 | 15.4 |
| 2017 | 50.01 | 12.8 | 4.566 | 15.9 |
| 2018 | 55.39 | 10.7 | 5.128 | 12.3 |
| 2019 | 60.06 | 8.4 | 5.725 | 11.6 |
| 2020 | 28.79 | −52.1 | 2.229 | −61.1 |
| 2021 | 32.46 | 12.7 | 2.919 | 31.0 |
| 2022 | 25.30 | −22.1 | 2.044 | −30.0 |

资料来源：《2000—2022 年中国统计年鉴》。

### 5.1.1 高铁对旅游游客影响分析

高铁作为现代运输革命的标志性成果，近年来在全球范围内迅速普及，成为连接城市、海岸线乃至偏远山区等多元目的地的新型纽带。本节主要探讨高铁对于旅游游客的影响。作为一种交通领域的革命性突破，高铁的普及已经超越了简单的运输功能，成为改变社会行为与经济发展模式的重要力量。对于旅行者而言，高铁的便捷性显著拓宽了他们的目的地选择范围，尤其促使他们更加青睐那些沿海小镇或隐秘景点。高铁在 0~600 km 范围内表现出对周边区域旅游人次增长的促进作用，通过对旅游者交通时间的"有效压缩"，已破除了对旅游者的出游时间限制，旅游者将不满足于单个旅游目的地浏览，未来更多选择跨区域、多旅游目的地游览[141]。高铁对游客的影响是多维度的，它不仅改变了游客的地理选择倾向，还拓宽了旅游者的多元化选择，并且一旦游客到达目的地，当地交通是否便捷也是游客考虑的问题[142]。

高铁的开通对国内旅游模式出现了明显的转变，时间和经济成本是游客旅游重要的考虑因素，短途旅行在游客中占据了主流位置，而长途跨省旅行的比例则有所下降。从 2023 年前 10 个月的数据来看，与 2019 年同期相比，选择近距离省内游的旅客数量显著上升，增幅达到了 24.9%。具体到区域分布上，有 10 个省份即广东、山东、四川、河南、江苏、湖北、湖南、河北、浙江和安徽,它们接待的省内游客量合计占到了全国总量的57.1%[143],几乎撑起了国内旅游市场的半壁江山,充分展现了这些地区作为热门旅游目的地的魅力及对本地游的吸引力。这样的数据反映出,随着人们生活节奏的加快和休闲方式的多样化,越来越多的消费者倾向于利用周末或小长假进行周边游,以达到放松身心的目的,同时也促进了地方经济的发展和文化传承。高铁使得人们旅游的机会增多,相当一部分人群不愿意在各个旅游区域间花费大量的时间,进行低效率的旅游,旅游逐渐朝着高速化的潮流发展。人们在交通运输效率改善的情况下大都希望把时间花在深度体验方面,并且期待能获得某种方式的助力实现这个目标。这种旅游方式不只是简单的游览观光,而是越来越重视精神领域的升华,即所谓的文化体验。

随着高铁的发展,高铁的运营促进了出游方式的散客化,特别是由于家庭旅游有利于在旅游过程中加深家庭成员的交流,共享天伦之乐,因此越来越受人们青睐。高铁的开通在促进旅游需求多元化的同时,也促进了旅游消费的多元化,以及生态旅游、乡村旅游的发展,这与过去观光旅游一枝独秀形成鲜明对比。高铁由于具有"公交化"的运输特征,旅游消费的主体逐步扩大,老年人和学生也将成为旅游的中间力量。旅游者参加活动,需支付一定的钱币来购买吃、游等部分产品。旅游消费作为一种弹性需求,受到交通工具的影响较为明显。高铁的出现,激发了大量游客的出游需求,同时也刺激了游客在旅游目的地的消费[144]。

高铁的问世深刻重塑了乘客对时间和空间的认知,它不仅革新了人们的出行观念和居住决策,还悄然影响着大众的认知模式与日常生活形态。未来,为了更好满足旅客需求,高铁还需要从建设规划、定位精准人群等方面做出更有效的提升[145]。

### 5.1.2 高铁对旅游路线格局影响分析

高铁的开通,对旅游线路格局产生了显著的影响。旅游线路的规划需要经过系统论证,出行时间被压缩,越来越多的人通过时间规划进行短途旅行,利用周末的时间进行周边旅行。

另外,旅游者可有更多空闲时间进行旅游目的地的选择,这就要求旅游目的地能够尽可能延长旅游者在当地停留的时间,规划好当地有效的旅游路线,延长游客停留时间。此时旅游企业层面就需要结合旅游者的消费需求,调整旅游产品战略,适当开发自助游及单项旅游产品。相关旅游企业对于旅游线路的规划欠缺,导致未能充分利用高铁优势。

私人定制旅游产品以及针对旅游目的地的深度体验旅游产品在游客中日益需求旺盛。旅游企业较好利用高铁交通发展红利,自身旅游线路设计以及旅游产品组合与高铁交通结合程度高,在品牌打造和旅游产品组合调整方面创新性较高。例如在江浙一带观察到的游客流动模式在网络上呈现出以南京夫子庙为枢纽,辐射至苏州、扬州和无锡主要景点的特征。夫子庙周边区域内的旅游热度最高,随着距夫子庙越远,访问其他景点的游客数量逐渐递减。这清晰地凸显了作为核心城市与标志性景点的夫子庙,在整个旅游线路网络中的主导地位和吸引力,所以相应旅游企业和政府有关部门可以以高铁开发为契机进行旅游线路的开发和规划。

区域交通的便捷程度,对游客的旅行线路规划具有重要影响。在古代,旅游者的出行由于受到各方面因素的影响,活动范围和区域受到明显的限制,人们旅游的空间主要在周围的区域,并且不会或者很少出行远门,对于旅游线路的开发几乎没有。1825年铁路的问世,催生了旅游业的发展并受到人们的注意。随着高铁在世界各国的通车,对旅游以及旅游路线格局的影响是明显的,这是因为高铁具有优越的运输优势,能够满足不同区域旅游者的需要,使得旅游者节省大量的乘坐交通工具的时间,充分渗入到旅游目的地社区的生活中。以武广高铁为代表的高铁系统促进了沿线区域旅行线路的整合和开发,尤为突出的是,以武汉、长沙及南昌为各自中心的三大区域——武汉城市圈、长株潭城市群及泛鄱阳湖城市圈,在高铁的强劲推动力下,彼此间的经济联系愈发紧密。这些原本独立发展的城市圈,借助于高铁的高效联通,逐渐跨越地域限制,成为更为联系紧密的一个整体,形成了新的旅游格局。在此基础上,一个覆盖更广、融合程度更深的经济圈——长江中游城市群正逐步显现雏形,预示着区域旅游一体化的新阶段[146]。经过十几年的运行,武广高铁不仅加速了人员往来,更催化了珠江三角洲地区至多个沿线城市的旅游热潮。具体而言,前往武汉、岳阳、长沙、衡阳、郴州、韶关及清远等地的游客数量相较于高铁开通前激增了超过40%,充分展现了高铁对旅游业的积极推动力,以及对旅游线路的格局重新规划发展的重要影响力[147]。

旅游线路的设计对目的地的资源优化配置与产业聚集效应有着显著的影响。随着高铁的开通,游客在规划旅行时拥有了更为丰富的景区选择、更灵活的行程安排及更长的游览路线可能性。研究发现,针对不同的旅游线路模式,目的地与过境地在吸引游客和市场定位上扮演着不同的角色。因此,旅游景区应当根据自身的特色、等级及地理位置,适时调整其市场策略,以实现最佳的竞争力与合作效果[148]。

### 5.1.3 高铁对旅游商业模式影响分析

高铁的开通对于商业模式的探索和创新产生了积极影响,促进了高端商业旅游产品的开发。随着现代通信业的迅猛发展,游客在乘坐高铁途中可以享受到使用电子数码产品和网络服务,这对于商务游客来说是很有吸引力的。而乘坐其他交通工具的游客则享受不到电子数码产品和网络的服务。大部分旅游目的地都热衷于青睐商务游客,主要原因是商务游客具有较强的经济实力,同时也具有较高的消费水平。他们对旅游过程中的成本费用关注度较小,容易增强对旅游品牌的忠诚度。随着区域旅游的可达性提升,商务游客的总量明显上升,这部分游客成为旅游目的地所欢迎的群体。随着高铁的通车,远途距离的旅游机会大大增加。高铁的优势逐渐成为商务游客的首要选择,因此高铁沿线区域城市掀起了开发高铁商务型旅游产品的热潮。很多旅游目的地采取多种形式分析商务游客的出游动机,结合自身丰富的旅游资源、优越的地理位置及现有的经济情况,开发出了多种旅游特色产品和服务。高铁的开通促进了旅行社的创新发展,以及对于商业新模式的探索。

高铁开通区域的很多城市,不少旅行社为了取得价格优势,赢得客流,采取了向旅游区、饭店、餐馆、娱乐部门等进行批量采购产品,加大了开展外联业务的力度。旅行社在高铁的背景下,根据旅游客源地游客的需求来进行线路的规划,实施旅游产品的营销与推广,以满足不同经济水平的人群。旅行社针对高铁客源需要掌握消费倾向,认识到旅游者需求的差异程度,总结旅游市场发展形势,来开发出与高铁旅游密切关联的路线。旅行社针对新型的市场需激发其旅游兴趣,促使出游需求较高的人群成为实际的客源[122]。例如在长江三角洲地区,创新的高铁旅游概念以及旅游路线正逐渐成为短途跨省旅行的新风尚。通过精心设计的36条高铁旅游线路,游客得以探索更多样化的出行选择。还有特色鲜明的"熊猫专列"与"江海小城之旅"等主题线路,不仅提升了车厢内的服务品质,更通过定制化的设施满足了不同旅客群体的个性化需求。与此同时,相关企业敏锐地捕捉到了高铁沿线丰富的旅游资源,积极探索"高铁+"模式的无限可能。从融合地方特色的购物体验,到地道美食的品尝之旅,再到直达热门景区的便捷通道,以及提供放松身心的休闲活动,这些多元化的旅游产品极大地丰富了高铁旅游的内涵,为游客创造了更加精彩纷呈的旅行体验。游客对旅游目的地的选择更加注重品牌,因此,很多旅游企业在不断地塑造自身的旅游品牌,通过在火车、汽车、巴士、出租车贴广告牌的形式实现旅游产品推广,扩大了旅游产品的市场。旅游目的地为了抓住机遇,吸引更多的游客,需要及时调整策略,推出各种方式的旅游产品[122]。通过高铁这一现代交通工具的高效连接,原本分散的旅游资源得以串联成线,形成了更具吸引力和竞争力的旅游品牌,为区域经济的多元化发展注入了新的活力。

### 5.1.4 高铁对城市群旅游业集聚总体分析

前面讨论分析了高铁开通对城市群旅游业不同方面的集聚特征,本节以京津冀为例进行高铁对城市群旅游业集聚总体分析。通过调查研究得出的主要结论为:高铁的开通对京津冀地区的旅游产业布局产生了深远的影响,这一影响表现为从集中到分散的转变,促进了区域旅游的均衡发展。在高铁开通前,旅游产业集中在旅游资源丰富且交通便利的城市,形成高度集中的局面。然而,随着高铁网络的完善,区域内可达性显著提升,游客不再受限于传统交通瓶颈,交通问题不再是决定旅游目的地的关键因素。这导致原本因集中而产生的问题,如交通拥堵、景点拥挤、旅游体验下降和成本增加得到有效缓解,促使旅游产业沿着高铁线路向周边区域扩散。高铁的扩散效应超过其集聚效应,使得旅游产业分布更加均匀,有利于区域旅游的一体化发展。高铁的扩散效应随着时间的推移而增强。自2007年中国首列动车组运营起,高铁网络的扩张加速了旅游者在地理空间上的流动性,缩短了客源地与目的地之间的距离,使得高铁效应逐年增强。旅游部门响应高铁的兴起,推出了高铁旅游线路,加强了高铁旅游的宣传,并制定了协同发展战略,进一步放大了高铁对旅游业的积极影响。在高铁发展后期,中心区域和外围区域的旅游产业开始向边缘地区扩散,边缘地区从最初的扩散效应转为集聚效应。高铁提升了边缘地区的交通可达性，降低了游客的出行成本，促进了旅游活动的外溢。同时，中心区域成本的上升和市场环境的变化促使旅游产业逐步向边缘地区转移，边缘地区凭借较低的成本和逐渐显现的区位优势，吸引了旅游产业的重新布局。高铁的这一系列变化有助于京津冀区域旅游产业的均衡发展，减少了区域内旅游发展的差异，实现了更加一体化的区域旅游格局[149]。

## 5.2 高铁交通流对城市群物流业影响特征分析

随着经济的快速发展和城市化进程的加速推进，物流业已成为支撑现代城市运转和经济发展的重要组成部分。随着高铁交通网络的不断完善和扩展，高铁交通流对城市群物流业的影响也日益显现。我国现已构建起全球首屈一指的高铁网络，其总里程与系统规模均傲视全球。展望未来，持续优化与拓展高铁基础设施，对于推动国家经济的繁荣进步至关重要。鉴于此背景，探究高铁对城市群中物流行业所产生影响的研究显得尤为关键。高铁通过增强货物周转速率，优化供应链管理，以及促进物流节点城市的兴起，对物流行业产生了深远影响，进而对城市群的整体经济效能起到了积极的推动作用。此外，高铁网络的完善还有助于均衡区域发展，缩小城乡差距，为物流企业提供更广阔的市场空间，同时也为消费者带来更为快捷、多样化的物流服务选择。因此，深入分析高铁对城市群物流业的多维度影响，对于未来城市高铁的建设具有一定的意义。

### 5.2.1 高铁对物流业运输配送模式影响分析

高铁的开通不仅可以运输旅客，还可以运输货物，为我国利用高铁进行货运运输和物流配送提供了可行性和较为丰富的模式，为物流企业和铁路运输企业联合开展高铁货运业务并实现多式联运运输提供了可行性，深刻影响物流业运输网络的发展。

#### 5.2.1.1 高铁的开通丰富物流运输模式

中国国家铁路集团和社会物流企业，都需要实现自身的利润最大化。对于中国国家铁路集团来说，大规模的高铁建设使其负债率居高不下，并且目前大部分高速线路的上座率偏低，盈利能力不强，铁路部门需要寻找新的利润增长点，尤其需要通过大规模建设的高铁运营来改变高负债和亏损的状况，使用高铁富裕的运能进行货物运输可以增加铁路部门的收益。对于社会物流企业来说，传统的物流配送方式已经难以满足目前电商发展背景下包括冷链、电子产品、医药等高附加值货物的运输，越来越多的货物对运输的时效性有要求，并且要求货物送达的时间窗，比如冷链生鲜产品。物流服务企业还需要考虑提高运输时间的稳定性，其中航空运输容易受到天气影响，公路运输又容易受到交通拥堵的影响，因此高铁运输成为更优的选择，所以利用高铁进行货物配送为中国国永铁集团和社会物流企业的合作提供了动机，并且丰富了物流业的运输方式。

目前随着更多的物流企业开始与中国国家铁路集团进行联合运营，使用高铁进行货物运输对物流企业的快速运输网络节点覆盖范围方面的提升作用十分明显，其中表现在运输网络节点覆盖城市和站点数量的增加,每条高铁线路可修建的站点数较多。在电商黄金周期间,每日有超过 220 列高铁动车组被用于客运的同时,额外预留了 24 列高铁动车组的部分车厢专门服务于快件配送。这一举措使得货物能够快速到达全国大部分地区,包括华东、华南、华中、西南、华北及东北等区域,极大地拓宽了物流覆盖范围。目前,提供高铁运输服务的高铁车站数量已增加至 17 个,运营线路也扩展到了 253 条,连接了全国 120 多个主要城市。在高铁参与的物流运输联运配送模式下,一方面,航空运输没有覆盖的地区更容易得到接近快速货运市场的机会;另一方面,高铁在中长距离运输中相对于公路运输速度快、安全,相对于航空运输班次多,受天气影响小、运输时间稳定,在 500~2 000 km 的运距范围内具有优势。

因此,物流企业与高铁联合运营的新模式,丰富了网络运输线路资源,同时改变了物流企业原有物流网络线路的运输能力。影响物流企业运输方式选择的因素包括运输成本、运输时间、准时性、安全性、碳排放等,其中运输成本是物流运输企业最主要的成本。企业毫无疑问会选择成本较低的运输方式,使用普通货运铁路运输进行长距离的干线运输可以有效降低成本,但是在降低成本的同时,企业也需要保证自身的服务质量。货物运输时间同样重要,运输时间是评价物流企业服务质量的关键指标,包括运输时间的长短和准时性。普通铁路虽然成本较低,但是速度较慢,航空运输速度最快,但是成本较高,并且运输容易受到天气状况影响,难以保障准时性,而速度快、稳定性高、成本低于航空的高铁货运的出现则为企业提供了一个折中方案。在长距离、小批量、高附加值货物的干线运输方式的选择上,高铁货运的出现或许会改变企业以往的决策方案。当然,使用高铁进行中转会产生运输方式转换的衔接时间,在短距离运输中,公路或许仍然是实现"门到门"运输最好的方式,但是受限于车辆车型,不利于运输对运输质量要求较高的物品,并且公路运输的单位运量能耗较高,若考虑低碳排放的要求,高铁这一环保的运输方式可以为企业的运输线路的组合带来新的方案,从而改变物流企业的物流网络规划[150]。高铁的出现拓宽了物流运输的渠道,丰富了物流的运输模式,为物流企业更好地进行物流运输提供了更为便利的条件,满足了人们的生活需求。

#### 5.2.1.2 高铁的开通优化物流配送模式

随着我国城镇化的发展,我国城镇人口不断上升,对应的快递需求业越来越多。高铁的开通促进了物流业的快速发展,优化了物流业的运输配送方式,对解决城市物流速度问题具有重大促进作用,高铁的特点及优势必将在未来的物流行业发展中发挥极其重要的作用[151]。

中国的物流业运输配送模式有很多种,其中铁路货运系统在过去面临的一个显著问题是供需不平衡,货运满足率长期停留在 35% 左右,这意味着大量的货物运输需求无法通过铁路满足,转而依赖成本高昂的公路运输,其成本大约是铁路运输的 4 倍。这种结构的不合理性导致中国物流成本占 GDP 的比例高达 20%,远超发达国家水平。例如美国和德国这一比例约为 10%,日本则更低,仅为 6.5%,其中运输成本占据了物流成本的一半以上。高铁的引入为缓解这一状况提供了关键助力,优化了我国物流业配送模式。

以武广高铁为例,其对既有铁路货运能力的直接影响显著,年货物输送能力提升了8 760万t之多。武广铁路造成的增量不仅体现了高铁对既有线路货运效率的提升,而且凸显了其对社会物流成本的优化潜力。具体而言,每当铁路运输比例上升一个百分点,社会整体可节省高达212亿元的物流成本,这彰显了铁路运输在经济效益上的巨大优势。

根据资料可知,在物流快递行业,当前公路运输占据着压倒性的主导地位,占据了80%的市场份额,航空运输紧随其后,占有15%的份额,但铁路与其他运输方式的总和只占剩余的5%。这表明虽然铁路运输在成本效益上具有明显优势,但在快递行业的市场占有率上仍有较大提升空间,尤其是与公路运输相比[152]。

高铁的出现不仅加速了客运速度,还开创了铁路快递货运配送的新模式,极大地促进了物流业的效率。在传统铁路系统中,货运列车常常不得不为客运列车让行,这一安排显著降低了货运的运行效率。然而,随着高铁的建设和运营,部分高速客运服务从原有的普速线路上剥离出来,这直接缓解了原有线路的客运压力。特别是那些高速级别的客运班次,它们的转移有效减少了货运列车的等待时间,进而显著提升了货物配送的整体效率。展望未来,科技进步有望带来运输方式的革新,比如实现平面化运输,即在没有交叉干扰的情况下,各类交通工具可以在同一平面高效移动,这将进一步优化物流配送体系,提高运输效率。高铁建设不仅改善了铁路的客货运输平衡,还促使整个区域铁路网络变得更加灵活和高效,更好地满足了多样化运输需求,能更好地支持区域内产业经济发展。在高铁开通前,既有线路的运力已接近饱和,限制了货运发展。高铁的出现释放了运力,使得既有线路可以增设定班集装箱专列,有效提升了运输效率和能力。随着高速路网的完善,集装箱专列的运行将更加顺畅,货物可以通过铁水、铁空、铁公等多种联运方式,更加经济高效地运送到全国各个角落,极大地促进了物流行业的繁荣与发展[152]。

### 5.2.2 高铁对区域物流业集聚影响分析

#### 5.2.2.1 高铁对城市群物流业集聚的影响

探究高铁对城市群物流业集聚的影响,有助于促进城市群的协调发展。本节主要以京津冀城市群为例,分析高铁对区域物流业的集聚特征。关于高铁对沿线区域经济活动集中度的作用,目前研究通常聚焦于高铁对延伸产业与衍生产业的影响。一方面,高铁网络的完善加速了延伸产业的集群化发展,即那些直接依赖于高铁服务或与之紧密相关的行业,如交通运输、物流、旅游和商务服务等。这些行业因高铁的便捷而受益,进而吸引更多的企业加入,形成产业聚集。另一方面,衍生产业是指那些因高铁带来的区位优势和人流物流信息流的增加而间接获益的行业,比如房地产、餐饮、零售和娱乐业。这些行业随着高铁站点周边经济活动的增加而蓬勃发展,最终形成以高铁为核心的新经济圈。高铁的这种集聚效应是双向的,既包括高铁本身对产业集聚的推动,也涵盖产业集聚反过来对高铁服务需求的增强,两者相辅相成,共同塑造了高铁沿线地区的经济地理面貌。纪玉俊[153]运用新经济地理学原理,结合高铁的实际建设状况,构建了一个全面分

## 第5章 高铁"流空间"产业集聚影响分析

析框架,以阐释高铁如何通过影响劳动力的迁移模式,进而塑造制造业的地理分布。王硕[154]以京张高铁为例,采用微观尺度分析,揭示了高铁对区域可达性的优化效果。以往的研究往往局限于单一高铁线路对特定区域或产业的影响分析,而本书采取了不同的研究路径。

本节以京津冀地区 13 个城市的全局视角出发,运用灰色预测模型和有无对比分析方法,深入剖析高铁对区域物流产业集聚效应的具体影响。这种方法论上的转变,旨在提供一个更为宏观且细致入微的视角,来理解高铁对物流业空间布局与经济活动集中的作用机制[1]。

对收集的数据进行深入分析,运用区位熵方法来评估京津冀区域物流业的专业化和集中度状况。区位熵作为一种重要的分析工具,能够精准地描绘特定区域内某一产业的相对专业化水平,揭示其在地区经济结构中的独特地位。区位熵的计算公式为

$$\mathrm{LQ} = \frac{e_{xy} / e_x}{E_y / E} \tag{5.1}$$

式中 $e_{xy}$——x 产业在 y 城市的产值;

$e_x$——整个城市群内 x 产业的总产值;

$E_y$——y 城市所有产业的总产值;

$E$——整个城市群内所有产业的总产值。

LQ 值越大,说明城市的物流业的专业化程度越高,当 LQ<1 时,说明该城市的物流产业的专业化程度低、竞争力较弱;当 LQ>1 时,说明该城市的物流产业的专业化程度高、竞争力较强;当 LQ=1 时,说明该城市的物流产业的专业化程度居于整个城市群的平均水准。现选取 2017 年度的统计数据,涵盖北京市、天津市以及河北省的主要城市,特别关注交通运输与邮政业务的产值信息,旨在通过计算区位熵来探究物流行业的区域集中度。所引用的原始数据均来源于北京市、天津市及河北省统计局的官方发布。在 2017 年时,北京市、天津市及河北省内的石家庄市、唐山市、邢台市和邯郸市的物流产业区位熵分别达到了 1.791、1.506、1.63、1.101、1.509,这些数值均高于基准值 1,这表明上述城市的物流行业具有较高的专业化水平,且展现出显著的产业集聚效应。在对比之下,承德市、张家口市及衡水市的物流产业区位熵分别为 0.506、0.723、0.428,明显低于 1,这意味着这些地区的物流业尚未形成类似的专业化集群,产业集聚程度相对较弱。这种差异可能归因于这些城市在交通基础设施方面的滞后,比如,张家口市直至 2019 年末才迎来了高铁时代的开启。上述交通发展的迟缓无疑对当地物流行业的壮大构成了一定的制约,影响了物流效率的提升和成本的优化。因此,对于政策的制定者而言,加快交通网络的现代化升级,特别是高铁等高效运输方式的普及,将对增强物流产业集聚效应、推动区域经济一体化具有至关重要的作用。

要探究高铁的启用对京津冀地区城市物流产业的具体影响,我们需选定高铁开通前后的时间段来进行对比分析。鉴于京津城际铁路作为该区域首条高铁于 2008 年正式投入运营,这一年份自然成为高铁时代开始的标志,从而构成了高铁开通与否的时间分界

线。考虑到各城市接入高铁网络的时机并不一致,为了准确反映高铁对城市可达性的显著变化,本书将2017年设定为高铁开通后的代表性年份。这是因为,到2017年,多数城市已经经历了高铁带来的交通格局变革,这为观察高铁对物流产业的长期影响提供了有利条件。在实证分析中,本书使用城市加权平均旅行时间作为核心解释变量,旨在衡量高铁对缩短城市间距离、提升物流效率的直接影响。同时,物流产业集聚程度作为关键的被解释变量,反映高铁对物流行业集中度的潜在作用。此外,为了确保模型的稳健性并排除其他经济因素的干扰,本书还将地区生产总值和社会消费品零售额纳入控制变量,用以考量宏观经济环境和社会消费能力对物流产业的间接影响。通过这样的设置,本书能够更全面地评估高铁对京津冀地区物流产业发展模式的具体作用机制。

为了检验高铁的启动是否对京津冀地区物流产业的集中度造成了实质性影响,我们采取了一系列分析步骤。首先,通过实施线性回归分析,我们能够量化高铁开通与物流产业集聚之间的关系,揭示二者之间是否存在统计学意义上的关联性。之后我们运用灰色预测模型,分别预测在有无高铁情况下京津冀城市物流产业集聚的趋势变化,从而对比两种情景下的差异。考虑到区域物流产业的成长受到多重因素的交织影响,高铁只是诸多变量之一,但因其对交通效率的显著提升,对物流产业的潜在影响不容忽视。灰度模型是一种适用于处理系统中部分信息已知、部分信息未知的情景下的预测方法,尤其适用于当数据量有限或系统内部机理复杂的情况。灰色预测模型的优势在于它能够有效地处理此类复杂系统的预测问题,尤其是在数据稀缺或系统行为不易精确建模的情形下。通过对比预测结果与实际观测数据,我们能够从定量角度评估高铁对京津冀区域物流产业集聚的实际效果,进而深入了解高铁对物流产业布局和发展的具体贡献。这种方法不仅提供了直观的数据支持,还能够帮助我们更深刻地理解高铁对区域经济结构重塑的作用机制。

区域可达性的量化可以通过多种指标实现,其中两个关键指标为加权平均旅行时间和日常可达性。在本分析中,我们重点关注加权平均旅行时间这一指标,因为它直接反映了从一个地点到达另一个地点所需的平均时间,并考虑了不同路径的权重。加权平均旅行时间是一种有效的衡量标准,它综合了交通网络的效率和连通性,较低的数值表示从某地点出发能够更快地到达目的地,表明该区域的可达性较好。反之,如果加权平均旅行时间较高,则意味着到达同一目的地所需的时间较长,可达性相对较差。具体区域可达性公式为

$$A_i = \sum_{j=1}^{n}(T_{ij} \times M_j) \Big/ \sum_{j=1}^{n} M_j \tag{5.2}$$

式中 $A_i$——交通节点 $i$ 的加权平均旅行时间,$A_i$ 的值越小,说明该交通节点的可达性水平越高,反之则相反;

$i$——本节选择的京津冀13个城市的数量;

$T_{ij}$——修建高铁前后从 $i$ 出发到 $j$ 的最短时间;

$M_j$——当 $i$ 城市作为经济核心城市时,对临近地区的辐射力和吸引力,本节用区域

GDP 总量来进行计算;

$n$——将 $i$ 城市排除在外的其他交通节点的数量。

分析显示,高铁启用后,多数城市经历了显著的加权平均旅行时间缩短,进而提升了它们的区域可达性。大多数城市的时间缩短比例在 10%~40%,而北京和天津这两座核心城市的变化率更是超过了 65%,表明它们的可达性得到了显著增强。值得注意的是,承德由于尚未接入高铁网络,其变化率为-18.16%,可达性变化并不显著。观察到的加权平均旅行时间变化揭示了高铁对城市间连通性的重大影响,变化范围广泛,且大多呈现下降趋势。统计数据显示,变化前后的标准差从 9.41 减少至 2.71,意味着城市间旅行时间的差异性显著降低,体现了高铁在均衡城市交通发展上的积极作用。城市可达性的提升预示着区域物流行业的增长潜力,因为交通便捷度的提高间接促进了城市间的互动,降低了运输的时间成本,进而削弱了地理距离对经济活动的约束。高铁的引入不仅丰富了城市间的交通选择,增强了沿线城市的可达性,还促进了这些城市从孤立单元向互联网络的转变。这一网络效应加强了区域内的经济联系,推动了整体的经济增长和发展。因此,高铁对京津冀区域的影响体现在两个层面:一是作为现代交通方式的革新,它显著提升了沿线城市的可达性;二是它打破了城市间的物理隔阂,构建了一个相互依存的交通网络,促进了区域一体化进程。这一双管齐下的效果对于优化区域经济布局和推动可持续发展具有深远意义。

为了深入探究高铁与物流产业发展之间的关联,本节采用了一种综合分析方法,结合回归分析、灰色预测模型及有无对比法,旨在量化高铁开通对区域物流产业集聚效应的具体影响。在此分析框架中,本节选定物流产业集聚的区位熵作为核心的被解释变量,以此衡量物流行业在特定区域的集中程度。与此同时,加权平均旅行时间被设定为关键的解释变量,以反映高铁对物流效率的潜在影响。此外,为了更全面地理解这种关系,本书还纳入了两个重要的控制变量:地区生产总值和社会消费品零售总额。这两个指标分别代表地区的经济规模和消费活力,能够帮助我们校正其他可能影响物流产业集聚的因素,确保分析结果的准确性和可靠性,建立回归方程:

$$lc = c + ax_1 + bx_2 + cx_3 + \varepsilon \tag{5.3}$$

式中　$lc$——地区物流产业区位熵;

　　　$x_1$——加权平均旅行时间(h);

　　　$x_2$——地区生产总值(亿元);

　　　$x_3$——社会消费品零售总额(亿元);

　　　$c$——常数;

　　　$\varepsilon$——残差项。

为实证分析高铁启动后带来的效应,本节选取了京津冀区域内的 13 个代表性城市,并聚焦于 2007 年、2010 年、2013 年及 2016 年这 4 个时间节点,收集并分析了这些城市在相应年度的真实数据指标。通过采用线性回归模型,我们旨在量化并解析高铁开通前后,各城市在经济、社会或特定领域指标上的变化趋势,得到的结果见表 5.2。

表 5.2 线性回归结果

| 参数 | 系数 | 标准误差 | 统计量 T | P |
|---|---|---|---|---|
| 截距 | 0.843 681 0 | 0.118 798 | 7.101 792 | 5.13E-09 |
| 自变量 1 | -0.015 015 0 | 0.016 143 | -0.930 127 | 0.003 569 60 |
| 自变量 2 | 0.008 395 2 | 0.001 593 | 1.027 633 | 0.002 079 81 |
| 自变量 3 | 0.000 173 0 | 0.000 152 | 1.135 655 | 0.002 617 40 |

根据表 5.2 可知,通过对各变量系数对应的 T 值进行检验,我们发现所有 $t$ 值均低于 0.05,这证实了我们的回归模型的有效性。由此得出,物流产业集聚与地区生产总值及社会消费品零售总额之间存在着明显的正相关关系,即这些经济指标的提升有助于促进物流产业集聚的增强。加权平均旅行时间这一变量的系数呈现出负值,城市可达性的增强,即旅行时间的缩短与物流产业的集聚程度呈正比例关系。更快捷的交通连接能够吸引更多的物流活动聚集,这对于提升区域的物流效率和竞争力具有积极影响。2000—2017 年在有无高铁情况下物流产业集聚变化率见表 5.3。

表 5.3 2000—2017 年在有无高铁情况下物流产业集聚变化率

| 年份/年 | 2008 | 2009 | 2010 | 2011 | 2012 | 2013 | 2014 | 2015 | 2016 | 2017 | 平均值 |
|---|---|---|---|---|---|---|---|---|---|---|---|
| 北京 | 0.059 | 0.062 | 0.126 | 1.209 | 1.168 | 0.981 | 0.863 | 1.208 | 1.075 | 1.225 | 0.798 |
| 天津 | 0.030 | 0.015 | 0.019 | 1.747 | 1.934 | 2.046 | 1.657 | 1.179 | 1.866 | 0.976 | 1.147 |
| 石家庄 | 0.654 | 0.137 | 0.004 | 0.932 | 0.183 | 0.712 | 0.824 | 0.800 | 0.892 | 0.803 | 0.594 |
| 承德 | 0.072 | 0.316 | -0.438 | 0.300 | -0.319 | -0.554 | -0.536 | -0.592 | -0.325 | 0.030 | 0.205 |
| 张家口 | 0.881 | 2.823 | -0.154 | -0.098 | 0.252 | -0.008 | 0.269 | 0.495 | 0.292 | 0.191 | 0.294 |
| 秦皇岛 | 0.800 | 0.153 | 0.319 | 0.261 | 0.463 | 0.595 | 0.720 | 0.520 | 0.583 | 0.353 | 0.477 |
| 唐山 | -0.424 | 0.398 | 0.571 | 0.165 | 0.289 | 0.448 | 0.414 | 0.468 | 0.466 | 0.163 | 0.296 |
| 廊坊 | -0.808 | -0.880 | 0.317 | 1.242 | 2.322 | 0.022 | 0.229 | 0.010 | 0.015 | 0.049 | 0.252 |
| 保定 | 0.741 | 0.309 | 1.978 | 2.110 | 1.533 | 2.337 | 1.778 | 1.749 | 1.798 | 0.622 | 1.496 |
| 沧州 | 0.616 | -0.104 | 1.662 | 0.724 | 0.732 | 0.760 | 1.573 | 1.261 | 0.965 | 0.601 | 0.879 |
| 衡水 | -0.265 | 0.002 | 0.187 | -0.235 | -0.080 | -0.022 | -0.096 | -0.051 | -0.010 | 5.127 | -0.044 |
| 邢台 | 0.033 | 0.263 | 0.028 | 0.020 | 0.036 | 0.086 | 0.264 | 0.104 | 0.389 | 0.472 | 0.170 |
| 邯郸 | 0.066 | 0.044 | 0.167 | 0.026 | 0.014 | 0.016 | 0.634 | 0.362 | 0.609 | 0.701 | 0.264 |

高铁的建设对天津和保定的物流产业带来了显著的催化作用,这一点从两地物流产业集聚的平均变化率分别高达 1.147 和 1.496,可见一斑。值得注意的是,高铁对不同城市物流产业的影响并非一刀切。例如,衡水的物流产业集聚平均变化率仅为-0.044,表明该市的物流产业并未因高铁的开通而获得同等程度的增长刺激,集聚效应变化不大。

进一步的分析显示,部分城市在特定年份的物流产业集聚变化率呈现负值,这意味着实际的产业集聚程度低于预期。承德在2010年及2012年至2016年间,张家口在2010年至2011年和2013年,唐山在2008年,廊坊在2008年至2009年,以及沧州在2009年,衡水在2008年和2011至2016年,均出现了物流产业集聚变化率的负增长。这一现象与先前关于高铁促进物流产业集聚的普遍假设相悖,提示我们在评估高速铁路对区域经济影响时需更加细致入微,考虑多方面因素的综合作用。分析有以下原因:高铁开通时序与城市通达性,部分城市由于高铁线路的开通相对较晚,导致其在早期的通达性低于预期。多元因素影响物流产业,物流产业的集聚并非仅受高铁单一因素驱动,它还受到包括市场需求、基础设施完善度、政策环境、经济基础等多种因素的影响。当这些外部因素出现不利变动时,即使高铁已开通,城市物流业的集聚也可能遭受负面影响。研究也显示,高铁的开通对多数城市的物流产业集聚起到了积极的推动作用。例如,北京在2011年至2012年及2015年至2017年期间,天津在2011年至2016年,廊坊在2011年至2012年,保定在2010年至2016年,以及沧州在2010年、2014年和2015年,均见证了物流产业集聚显著提升。这些城市物流集聚程度的增强,强有力地印证了高铁对城市物流产业发展的正面影响,尤其是在提升物流效率、促进区域经济整合方面的作用不容小觑。

#### 5.2.2.2 高铁对物流网络格局演化影响分析

高铁的产生对我国物流网络格局演化产生影响,本节重点讨论高铁对物流网络格局演化的影响。在探究区域物流网络格局的演变时,首要任务是对物流业的空间差异进行深入剖析,而这必然涉及对其发展水平的精准衡量。学术界对此议题的研究视角已从早期单纯依赖货运量、货物周转量或物流业增加值等单一指标,逐步过渡到构建更为全面的综合评价体系,以期更准确地反映物流业的真实发展状况。马光霞[155]提出了一个涵盖产业规模、经济活力及基础设施完善度3个维度的框架,用以评估物流业的发展水平。与此相呼应,宋爱华[156]则着眼于物流投入与产出的平衡,通过分析二者的关系来揭示区域物流发展与经济成长之间的协调性。宋二行和周晓唯[157]设计了一套包含物流基础设施完备度、运输效能、经济效益以及发展潜力在内的多层次指标系统,以此来量化物流业的竞争力与区域协同发展的程度。同样,穆晓央等[158]构建的物流业协调发展指数体系,从区域经济实力、物流支撑要素及需求驱动3个方面出发,提供了另一种视角来审视物流业的综合表现。孟勐琎等[159]的研究则从动力转型、环境升级、网络优化布局、成果共享机制及结构优化5个角度,全面解析了物流业迈向高质量发展阶段的关键驱动力与策略方向。学者们正不断拓展物流业发展水平的评价边界,力求构建更为立体、多元的分析框架,以适应物流行业复杂多变的内在逻辑和外部环境。基于对现有文献的综合考量,我们构建了一个全面的评估体系,旨在精细化分析河北省11座城市在特定年份(2010年、2013年、2016年和2019年)物流发展水平的空间动态变化。该体系由4个一级指标:城市的经济根基、物流供需状况、物流基础设施的体量及物流信息化的程度。每个指标下又细分为17个具体的次级指标,以确保评估的全面性和精确度。数据采集主要源自权威的年度统计资料,包括《中国城市统计年鉴》与《河北统计年鉴》,这些资料为我们的研究提供了坚实的数据基础。通过这一精细设计的指标体系,我们得以深入剖析各城市物流发展水平的时空演变,识别出物流行业的增长点与潜在瓶颈,为后续的政策制定和行业发展提供有力的实证依据。这种方法论不仅能够捕捉物流领域的微观动态,还能揭示宏观经济背景下的物流业发展趋势,有助于形成更加科学、合理的物流发展战略。运输/仓储/邮政企业个数来源于天眼查网站。将原始数据归一化,用熵权法做加权处理,确定每项二级指标所占权重,见表5.4。

表5.4 物流发展水平指标权重

| 一级指标 | 二级指标 | 2010年 权重 | 2010年 排名 | 2013年 权重 | 2013年 排名 | 2016年 权重 | 2016年 排名 | 2019年 权重 | 2019年 排名 |
| --- | --- | --- | --- | --- | --- | --- | --- | --- | --- |
| 城市发展经济基础 | 城市生产总值(GDP)/亿元 | 0.069 | 3 | 0.074 | 1 | 0.068 | 5 | 0.080 | 3 |
| | 第三产业总值/亿元 | 0.066 | 5 | 0.072 | 2 | 0.054 | 9 | 0.064 | 8 |
| | 工业总产值/亿元 | 0.069 | 2 | 0.070 | 3 | 0.106 | 2 | 0.068 | 5 |
| | 各类卫生机构个数 | 0.043 | 16 | 0.036 | 17 | 0.034 | 16 | 0.031 | 17 |
| | 建筑总产值/亿元 | 0.048 | 12 | 0.069 | 6 | 0.075 | 4 | 0.082 | 1 |
| 城市物流供需情况 | 社会消费品零售总额/亿元 | 0.064 | 6 | 0.070 | 4 | 0.059 | 6 | 0.067 | 6 |
| | 城镇居民可支配收入/元 | 0.069 | 4 | 0.051 | 14 | 0.050 | 11 | 0.068 | 4 |
| | 农林牧渔业总产值/亿元 | 0.058 | 10 | 0.048 | 15 | 0.053 | 10 | 0.044 | 16 |
| | 城市年末人口/万人 | 0.045 | 15 | 0.047 | 16 | 0.043 | 13 | 0.048 | 14 |
| | 运输/仓储/邮政企业个数 | 0.045 | 14 | 0.051 | 12 | 0.111 | 1 | 0.082 | 2 |
| | 货物周转量/万t | 0.062 | 7 | 0.069 | 5 | 0.056 | 7 | 0.065 | 7 |
| 物流基础设施规模 | 固定资产投资总额指数 | 0.056 | 11 | 0.057 | 10 | 0.041 | 14 | 0.050 | 11 |
| | 民用汽车辆数/万辆 | 0.042 | 17 | 0.051 | 13 | 0.037 | 15 | 0.049 | 13 |
| | 城市从业人数/万人 | 0.062 | 9 | 0.057 | 9 | 0.055 | 8 | 0.054 | 9 |
| 物流信息化水平 | 邮电业务总量/万元 | 0.062 | 8 | 0.061 | 8 | 0.033 | 17 | 0.052 | 10 |
| | 互联网宽带用户/万户 | 0.048 | 13 | 0.052 | 11 | 0.045 | 12 | 0.050 | 12 |
| | 城市在校生生/万人 | 0.094 | 1 | 0.066 | 7 | 0.082 | 3 | 0.046 | 5 |

从表5.4中可以看出,2010—2019年,尽管各项指标的权重排名整体保持稳定,但仍出现了细微的波动。值得关注的是,每年排名前三的指标权重总和占据一个相对较大的比例,具体来说,在2010年、2013年、2016年和2019年,这些指标的权重总和分别为0.2321、0.2159、0.2988和0.2431。这些权重占比表明,在物流发展水平的评估中,20%~30%的关键指标对整体评价结果有着显著的影响力。鉴于此,在后续的分析过程中,我们将对这些高权重指标给予额外的关注和细致的考虑,因为它们能够更准确地反映物流行业发展的核心驱动力和瓶颈所在。

运用TOPSIS模型计算2010年、2013年、2016年和2019年河北省各市物流发展水平，结果见表5.5。石家庄与唐山在物流发展水平上显著领先于河北省内的其他城市。石家庄作为河北省省会城市，凭借其独特的地理位置和综合交通枢纽地位，自然拥有推动物流业繁荣的先天条件。唐山的物流业则受益于其强大的港口功能和深厚的工业基础，尤其是钢铁和能源产业，这两大优势共同促进了物流效率和容量的提升。保定和邯郸的物流业发展则主要依靠其汽车产业及钢铁产业的支撑，加之便捷的陆路交通网络，使得这两座城市在物流领域中分别占据了第三和第四的位置。相比之下，张家口、承德和衡水的物流水平则相对较低，尤其在北方地区，交通不便成为制约物流业发展的关键因素。从横向对比的角度观察，各城市在物流发展上的地位虽有波动，但总体格局稳定。石家庄、唐山、保定和邯郸多年来稳居前列，展现了持续的物流业竞争力。承德的排名有所下滑，而衡水则略微提升了其位置。廊坊和沧州则一直稳定在第五和第六的位置，显示出这两座城市在物流发展上的持久稳定性。

表5.5 物流发展水平评价结果

| 城市 | 2010年 | | 2013年 | | 2016年 | | 2019年 | |
| --- | --- | --- | --- | --- | --- | --- | --- | --- |
| | 相对近似度 | 排名 | 相对近似度 | 排名 | 相对近似度 | 排名 | 相对近似度 | 排名 |
| 石家庄 | 81 | 1 | 81.6 | 1 | 83.2 | 1 | 86.5 | 1 |
| 承德 | 11.4 | 10 | 14.5 | 9 | 15.3 | 11 | 16.2 | 11 |
| 张家口 | 15.4 | 9 | 10.7 | 10 | 16.7 | 9 | 17.5 | 10 |
| 秦皇岛 | 19 | 8 | 21.4 | 7 | 20.6 | 8 | 18.1 | 9 |
| 唐山 | 68.7 | 2 | 69.1 | 2 | 68.1 | 2 | 71.3 | 2 |
| 廊坊 | 31.9 | 5 | 29.2 | 6 | 28.1 | 6 | 36.8 | 5 |
| 保定 | 48.4 | 3 | 52.8 | 3 | 48.7 | 3 | 49.5 | 3 |
| 沧州 | 29.5 | 6 | 37 | 5 | 31.5 | 5 | 32.7 | 6 |
| 衡水 | 6.8 | 11 | 10.4 | 11 | 15.6 | 10 | 19.3 | 8 |
| 邢台 | 20.2 | 7 | 20.2 | 8 | 22.9 | 7 | 24.7 | 7 |
| 邯郸 | 44.4 | 4 | 41.8 | 4 | 41.6 | 4 | 43.3 | 4 |

注：表中相对接近度放大100倍；仅反映物流水平高低，计算结果保留一位小数。

在2010年，石家庄与唐山展现出了较高的物流发展水平，相比之下，衡水的物流发展水平则较为落后。到了2013年，除了石家庄和唐山继续保持领先地位之外，保定也加入了物流发展水平较高的城市行列。而在物流发展水平较低的城市中，张家口、承德和衡水仍然榜上有名。从2010年到2013年的演变来看，几个城市经历了显著的变化。保定、衡水、秦皇岛、廊坊和沧州的物流发展状况都有明显的变动。具体而言，保定、衡水、秦皇岛和沧州在这段时间内实现了物流水平的提升，表明这些城市在物流基础设施、服务质量和效率方面取得了进步。相反,廊坊的物流发展水平则出现了轻微的下滑。其余城市的物流发展水平变化不大,保持着相对稳定的态势。

在2016年,石家庄与唐山继续保持着领先的物流发展水平,彰显了其在物流行业中的稳固地位。然而,张家口、承德和衡水的物流发展水平依然相对较低。相较于2013年,保定、廊坊和沧州的物流发展情况经历了一些变动。这表明随着时间的推移,这些城市在物流行业的表现和策略调整上显现出了不同的趋势。在2019年,物流发展水平的格局出现了新的亮点:衡水、邢台、唐山和廊坊的物流发展呈现了显著的增长势头。这一变化不仅反映了这些城市在物流领域采取的有效措施和取得的成效,也体现了物流行业在这些地区的新一轮发展活力。与此同时,其他城市的物流发展水平变化较小,保持了相对的稳定性。

通过分析物流发展水平及其空间分布的变化,我们发现河北省的物流业集聚状态展现出一种较为均衡的特性。尽管如此,要推动整个省域物流业的全面提升,关键在于有效利用那些物流发展水平较高的城市作为增长极,激发其辐射和带动作用。

物流业的发展水平及其地理分布状况是塑造区域物流网络结构的关键因素。通过深入考察物流发展水平,结合引力模型的应用,可以更精确地描绘出物流引力的空间分布特点及其随时间的动态变化。这种分析方法不仅能够揭示区域物流处于何种发展阶段,还能帮助我们洞察物流格局演化的潜在规律。

(1)改进引力模型

采用引力模型分析物流产业联系的空间相互作用。引力模型为

$$Y_{AB} = Q \frac{Z_A Z_B}{P_{AB}^{\alpha}} \tag{5.4}$$

式中　$Y_{AB}$——A和B两个城市之间的引力;

　　　$Z_A$、$Z_B$——城市A和城市B的质量;

　　　$P_{AB}$——城市A和城市B的距离;

　　　$\alpha$——距离减弱系数,取值越大,减弱效果越强,常取值为2;

　　　$Q$——引力系数。

在本书中,引力模型中的"质量",结合物流的经济特征,"物流质量"在本书中体现的是物流规模、实力、竞争力的综合含义,即本书中的物流发展水平。

为此,应用熵权-TOPSIS法采用指标关联方式作为引力系数,对引力模型进行改进。

$$Y_{AB} = \frac{Q_A}{Q_A + Q_B} \cdot \frac{Z_A Z_B}{P_{AB}^{\alpha}} \tag{5.5}$$

式中　$Q_A$——A城市在本年度前3项权重指标乘积开三次方,依据该城市每年前3项权重指标,不同年份各城市的引力值可能不同。

城市人民政府之间的距离为城市间距离$P$,数据在百度地图上获得,存在多项路径时采用最短路径。

(2) 分析结果

运用改进的引力模型计算出各城市之间 2010 年、2013 年、2016 年和 2019 年的物流引力值，利用 Highcharts 软件，制作各市引力和弦图，直观表达引力流向。物流引力矩阵代入 Arc-GIS 软件中，配以不同颜色和粗细线，分别绘制出每年河北省物流引力图和弦图，如图 5.1 和图 5.2 所示。

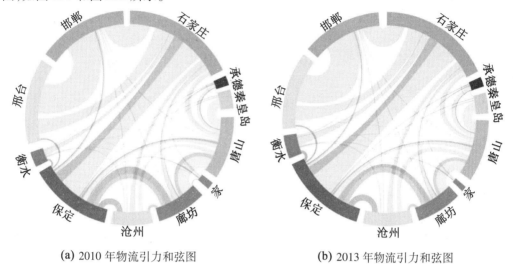

(a) 2010 年物流引力和弦图　　(b) 2013 年物流引力和弦图

图 5.1　2010 年和 2013 年物流引力和弦图

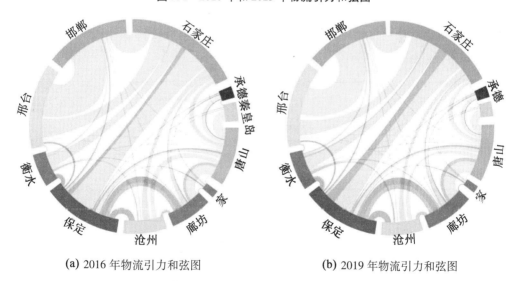

(a) 2016 年物流引力和弦图　　(b) 2019 年物流引力和弦图

图 5.2　2016 年和 2019 年物流引力和弦图

在 2010 年，记录的物流吸引力指标总和为 1 620.97，平均指标值为 13.06。其中表现最强物流吸引力的路径是连接邯郸与邢台的线路，其指标达到了显著的 195.65；相反，衡水至承德的线路显示出了最弱的物流吸引力，仅录得 0.15 的指标值。到了 2013 年，物流吸引力指标的总和上升至 1 738.01，平均值也相应增长至 14.36。尽管邯郸到邢台的线路仍旧保持着最高的物流吸引力,其值微增至198.54,但衡水到张家口的线路却成为新的最低点,仅有0.25的指标值。在城市间的物流吸引力变化中,石家庄至保定的线路增幅最为明显,增加了23.7;而沧州至衡水线路的增长比例是最高的,飙升了114%。值得注意的是,邢台至邯郸的线路出现了显著的下降,减少了20.7,与此同时,张家口至廊坊线路的物流吸引力下降比例最大,缩减了41%。

在2010年,在物流引力矩阵中,属于50~200这一高强度范围的线路共有8条,具体包括石家庄与保定、邢台、邯郸之间的连接,唐山与秦皇岛、廊坊之间的线路,以及保定、邢台和邯郸三城之间的往返线路。在40~50的较强引力范围内,仅见保定与廊坊、邯郸与石家庄之间的线路。石家庄至沧州、衡水,唐山至沧州,以及保定至沧州的线路则被归类为一般引力水平,介于10~30的较弱引力范围内,共统计到了18条线路。到了2013年,物流引力矩阵呈现出新的格局。50~200的强引力线路数量有所变化,除了原有的石家庄—保定、石家庄—邢台、石家庄—邯郸、唐山—秦皇岛、唐山—廊坊、保定—石家庄、邢台—邯郸、邯郸—邢台线路外,石家庄—衡水线路新晋加入。在40~50的较强引力层级,石家庄—沧州、保定—沧州、沧州—保定、邯郸—石家庄4条线路被囊括其中。而在30~40的一般引力层级,新增了唐山—保定、唐山—沧州、廊坊—保定、保定—廊坊4条线路。至于在10~30的较弱引力范围内,线路总数为17条。

在2016年,物流引力矩阵的整体数值达到了1 793.2,平均指标值为14.82。这一年内,邯郸至邢台的线路展现出最强的物流引力,其指标值高达236.5,而承德与邯郸之间的线路则记录了最低的引力值,仅为0.25。与2010年相比,邯郸至邢台的线路引力值增幅最大,增加了37.96;张家口至衡水线路的引力值增长百分比最高,跃升了137%。另外,保定至石家庄线路的引力值下降最多,减少了30.67;沧州至石家庄线路的引力值下降幅度最大,缩减了68%。到了2019年,物流引力矩阵的总值显著提升至2 016.69,平均值也随之增长至16.91。相较于2016年,邢台至邯郸线路的引力值增长最为突出,增加了50.85;衡水至石家庄线路的引力值增幅比例最高,飙升了267%。值得注意的是,石家庄至保定线路的引力值下降最多,减少了33.49单位;沧州至秦皇岛、邯郸至唐山线路的引力值下降比例并列第一,均为20%。

在2016年,在物流引力矩阵中,强度位于50~200区间内的强引力线路共有8条,涉及石家庄与保定、衡水、邢台、邯郸的连接,以及唐山与廊坊、秦皇岛的线路,还有邢台与邯郸、邯郸与邢台之间的往来线路。在40~50的较强引力级别,石家庄至沧州、保定至沧州的线路被记录在案。在30~40的一般引力水平下,唐山至沧州、保定至廊坊的线路被纳入统计。至于10~30的较弱引力范围内,共记录了19条线路。2019年物流引力矩阵展现出新的特征。此时,50~200的强引力线路数量增加至11条,除了2016年的原有线路外,保定至石家庄、保定至廊坊、保定至沧州的线路新加入此强度等级。在40~50的较强引力级别下,石家庄至沧州、唐山至沧州、邯郸至石家庄的线路被确认。在30~40的一般引力层级中,唐山至保定、廊坊至保定、廊坊至沧州、保定至衡水、邢台至石家庄的线路共计6条。在10~30的较弱引力范围内,线路数量仍为19条。

通过对这些物流数据的深入解析,我们能洞悉物流网络中城市间联结的演变趋势,以及物流行业在特定地理区域内的动态成长。这些趋势包括物流需求的扩张、城市间物流纽带的增强和物流操作效能的优化。细致的分析结果为优化区域物流架构、改善物流服务品质提供了宝贵的决策依据。石家庄、唐山与邯郸为吸引力城市,扮演着物流吸引中心的角色。石家庄对周边城市展现出显著的物流吸引力,正逐渐趋于平衡其吸引与排斥力。唐山同样处于物流吸引期,而邯郸则在平衡物流吸引与反向物流力量的过程中,迈向物流平衡期。承德、张家口、秦皇岛、廊坊、沧州、衡水以及邢台则被归类为物流输出型城市,体现出物流扩散和输出的特性;2013—2016 年,保定这座城市在物流格局中的角色转换表现为物流扩散输出型,但到了 2019 年,已成功过渡至物流平衡状态,标志着其在物流网络中的地位更加成熟与稳定。这些发现不仅映射出物流行业在河北省内的复杂互动,还为政策的制定者、企业战略家和城市规划者提供了关键视角,帮助他们在物流体系的优化与升级中做出更为精准的判断与决策。

研究物流网络结构整体特征的指标是网络密度,表示网络结构中节点之间的紧密度,测算公式为

$$M = \sum_{\substack{i=1 \\ j=1}}^{k} \frac{d(i,j)}{n(n-1)} \tag{5.6}$$

式中 $M$——网络密度;

$n$——城市数量的总数;

$d(i,j)$——城市 $i$ 与城市 $j$ 之间的联系值。

$M$ 的取值范围为[0,1],该值越趋近 1,表示城市之间的关系越紧密;反之,则表示城市之间的关系越松散。

采用社会网络分析法对河北省物流空间网络进行分析,将各年物流引力值矩阵做二值化处理,采用每年引力值的平均值为区分 1 和 0 的标准。运用 Ucint6.0 软件对物流网络的网络密度进行分析,结果见表 5.6。2010—2019 年,河北省的物流空间网络展示了一种渐进式的密集化趋势,尽管年度整体网络密度未曾突破 0.5 的阈值,表明城市间联系虽非高度密集,却呈现出稳步增强的迹象。在这一时期,多数城市扮演着物流汇聚中心的角色,吸纳来自少数物流扩散源城市的流量,且这种模式的影响力呈上升态势。物流网络的架构保持稳定,每个城市节点的物流联系能力均显现出增长的倾向,表明城市在物流网络中的角色定位逐渐明晰,城市间物流扩散与汇聚的模式趋于固化。由此,河北省的物流空间网络正向着更加紧凑的方向演进,预示着网络内部各城市节点之间的物流交互潜力仍有待充分挖掘。

这一趋势不仅揭示了物流网络内部结构的优化与升级,同时也为未来物流系统的设计与管理提供了重要启示:通过强化城市间物流联系,优化物流路径,提升物流效率,可以进一步增强物流网络的整体效能,推动区域经济的协同与发展。同时,这也意味着物流行业在河北省内的发展空间广阔,通过精准施策与创新实践,有望实现物流网络的全面升级与物流服务的品质飞跃。

表 5.6 物流整体网络密度

| 年份/年 | 2010 | 2013 | 2016 | 2019 |
| --- | --- | --- | --- | --- |
| 整体网络密度 | 0.245 5 | 0.272 7 | 0.281 8 | 0.300 0 |

在河北省物流空间网络的核心-边缘结构变迁中,石家庄与保定稳固占据核心地位,而承德、张家口及衡水则长期位于边缘地带,这种格局虽历经时移世易,核心与边缘的划分依然清晰可见。河北省物流网络核心-边缘关系见表 5.7。尤为引人注目的是,核心区的网络密度显著攀升,从初始的 60.824 跃升至 78.083,边缘区的网络密度也从 6.767 提升至 10.871,直观地反映了核心区与边缘区之间物流联系的日益紧密。核心区的网络密度始终远超边缘区,这一现象凸显了河北省物流空间网络结构的鲜明分层特征。核心区域凭借其优越的地理位置、完善的物流基础设施以及强大的物流需求,形成了物流活动的密集交汇点,而边缘区域则更多地扮演着物流输入与输出的门户角色。这一结构分层不仅反映了物流资源在空间上的不均衡分配,也揭示了物流网络内部动力机制的复杂性。对于政策的制定者与物流行业从业者而言,理解并适应这种核心-边缘结构,通过强化核心区域的物流枢纽功能,提升边缘区域的物流连通性,以及优化区域间物流资源的合理配置,是推动物流网络整体效能提升的关键所在。同时,这也为构建更加均衡、高效的物流体系提供了方向指引,有助于促进区域经济的协调发展。

表 5.7 河北省物流网络核心-边缘关系

| 年份/年 | 区域 | 密度 | 区域 |
| --- | --- | --- | --- |
| 2010 | 核心区 | 60.824 | 石家庄、保定、邯郸 |
| | 边缘区 | 6.767 | 唐山、承德、张家口、廊坊、沧州、衡水、秦皇岛、邢台 |
| 2013 | 核心区 | 62.931 | 石家庄、保定、唐山、邢台、廊坊 |
| | 边缘区 | 7.594 | 秦皇岛、承德、张家口、衡水、沧州、邯郸 |
| 2016 | 核心区 | 71.149 | 石家庄、保定、邢台、邯郸 |
| | 边缘区 | 9.194 | 唐山、廊坊、承德、张家口、秦皇岛、沧州、衡水 |
| 2019 | 核心区 | 78.083 | 石家庄、保定、邢台、邯郸 |
| | 边缘区 | 10.871 | 唐山、廊坊、承德、张家口、秦皇岛、沧州、衡水 |

在回顾河北省物流网络的历史发展中,我们可以观察到一个以石家庄为中枢的辐射式扩散模式。这一核心区域通常由 3~5 个城市构成,显示出较高的物流发展水平和紧密的物流联系。这些城市主要集中在河北省的西南部,构成了物流网络中的强劲节点,彰显了该区域在物流活动中的重要地位。在分析 2010 年、2013 年、2016 年和 2019 年的数据后,凝聚子群的树形图呈现出一致的形态,这表明河北省物流空间网络的子群结构具

备高度的组织性和稳定性。这一稳定性体现在子群间的联系持续且牢固,网络结构在数年间保持不变,显示出物流网络内在的固有韧性。河北省的物流空间网络可以细分为4个明确的子群。子群1由石家庄、邯郸和邢台组成,这是网络中密度最高的部分,意味着这3个城市间的物流活动频繁,联系紧密。子群2则由保定和衡水构成,随着时间的推移,这两座城市之间的物流联系不断增强,反映出物流活动的深化和扩展。承德、唐山和秦皇岛组成了子群3,而张家口、沧州和廊坊则被归类于子群4。值得一提的是,子群2与子群1之间的物流联系密度出现了显著的上升,这可能意味着保定和衡水与石家庄、邯郸和邢台之间物流互动的增强,促进了物流效率的提升和区域经济的融合。从空间分布的角度看,这4个子群在地图上形成了"四线"的格局,即河北省被自然地划分为4个物流活动较为集中的区域。这一分布不仅反映了物流网络的地理特征,也为理解河北省内物流资源的配置和优化提供了直观的视角,有助于政策的制定者和行业参与者在规划物流基础设施、设计物流路线及提升物流服务效率方面做出更加精准的决策。

在河北省的物流空间网络框架下,各个城市群体展现出了稳定的结构,其内部的物流联系随着时间的推移呈现稳步增长的态势。尤为突出的是,石家庄、唐山和保定3座城市一直保持着较高的中间中心性,这意味着它们在全省物流网络的关键路径中扮演着至关重要的角色,对其他城市节点的影响力显著,能够发挥出核心引领作用。未来,为了进一步提升河北省的整体物流效能,应当充分利用这些城市内部强大物流网络的优势,以此为支点,激发并带动周边城市群体的物流发展。通过增强城市间的物流协同与连接,可以促使河北省省内各城市之间的物流网络更加紧密,形成更为高效、流畅的物流体系。这一策略的实施不仅能够促进物流资源的优化配置,提高物流服务的响应速度和质量,还能够推动区域经济一体化进程,增强河北省在全球贸易网络中的竞争力。同时,加强城市间物流联系还有助于缩小区域发展差距,促进经济均衡发展,为实现河北省乃至更大区域范围内的物流与经济协同增效奠定坚实的基础。

高铁的开通对物流业网络格局的影响主要体现在以下几个方面:

(1)高铁开通释放的交通资源

高铁的开通实现了客货分线运输,减少了普通客运列车数量,降低了不同种类列车的速度差,从而释放了铁路的运输能力。这种释放可能会改善运输通道的货运结构,使得各种运输方式能够发挥各自的优势,形成一个综合协调的运输体系,提升运输效率,降低物流成本。"八横八纵"的高铁网络布局,使得高铁物流能够覆盖更广泛的区域,增强了物流网络的覆盖密度和连通性,促进了全国范围内货物的快速流动。

(2)经济增长与消费需求

高铁运行对地区经济产生的溢出效应可以促进经济增长,而地区经济增长将直接拉动地区的消费水平。随着消费的增多,商品物流量必然增加,从而对物流产生更大的需求。高铁物流不仅限于普通货物运输,还包括冷链运输、贵重物品运输、紧急物资运输等,服务种类的多样化满足了不同客户的需求。高铁物流也着眼于国际物流市场,通过中欧班列等项目,加强了与欧洲及其他地区的物流联系,推动了跨境贸易的发展。

(3) 物流枢纽的空间结构变化

高铁带来的时空压缩效应将改变原有物流节点的连接关系。物流节点可能会向两个方向融合：一是相同类型的物流节点整合形成一个更高级的物流节点；其次，原本服务于一个城市的物流节点，随着辐射范围的扩大，与其他城市物流节点的联系更紧密，从而推动物流业集聚发展。

高铁的开通对物流业网络格局的影响是多方面的，包括改善运输结构、提升效率、促进经济增长和消费需求以及物流枢纽空间结构的变化。这些影响共同作用于物流业，促进了其集聚和发展。

### 5.2.3 高铁对沿线城市物流业集聚影响分析

高铁不只对有关区域物流业集聚具有影响，在对高铁沿线城市物流业的集聚中也发挥着重要作用。本节搜集2005—2017年京广高铁沿线城市的相关数据，结合区位熵计算城市的物流业集聚指数，利用物流业就业密度分析城市物流业发展现状，对比京广高铁开通前后，沿线城市的物流业集聚情况，分析京广高铁沿线城市物流业集聚的空间布局特征，在此基础上运用PSM-DID实证分析高铁对沿线城市物流业集聚的影响。

(1) 京广高铁开通状况

京广高铁于2012年12月26日全线开通，全长2 118 km，设计速度为350 km/h。京广高铁纵贯北京、河北、河南、湖北、湖南、广东6个省市，串起北京和石家庄、郑州、武汉、长沙、广州5个省会城市及众多中等城市。城市物流业的发展情况一般采用产值和就业等指标来衡量，但是物流业的产值在统计指标中归集到服务业产值中进行统计，为了反映沿线城市物流业发展状况，本书将就业密度表示沿线城市物流业发展现状。就业密度的计算公式为

$$\text{emp}_{it} = \frac{L_{it}}{S_{it}} \tag{5.7}$$

式中　$\text{emp}_{it}$——城市$i$在$t$时期的物流业就业密度；

　　　$L_{it}$——地区$i$在$t$时期物流业总就业人数；

　　　$S_{it}$——城市$i$在$t$时期的城市土地面积。

本节采用全市的数据计算就业密度并利用GIS软件分别绘制2005年和2017年的沿线省份所有城市就业密度，如图5.3所示，以反映沿线城市物流业发展情况。

经分析得出，京广高铁沿线区域的物流行业在劳动力分布上展现出了均衡态势。回溯至2005年，物流行业的就业集中度在那些经济活动更为活跃的中心城市尤为显著，而一些非核心城市，在就业密度方面则显得相对平缓，未能与省会城市相媲美。然而，到了2017年，这一格局出现了明显变化。不仅原有的省会城市继续保持着物流就业的高密度，而且一些邻近省会的次级城市也开始崭露头角。这些城市，诸如紧挨着郑州的焦作、长沙附近的湘潭以及广州周边的东莞、佛山和中山，由于地理位置的优势，逐渐成为物流业新的就业热点，其就业密度有了显著的提升，反映出高铁网络带来的区域经济一体化

效应。这样的变化揭示了京广高铁的开通不仅强化了主要城市的物流枢纽地位,同时也促进了周边地区的物流业发展,使得整个区域内的物流就业分布更加多元化和均衡化。

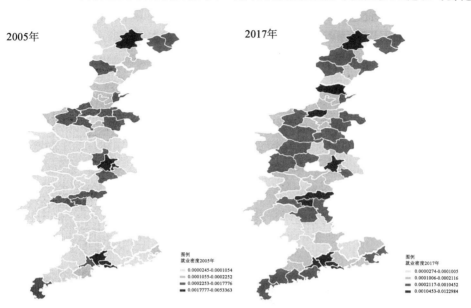

**图 5.3　2005 和 2017 年京广沿线城市物流业就业密度分布**

(2)京广高铁沿线物流业集聚测度

区位熵指数可以测度各个区域的物流业的集聚程度,有助于更准确地了解和把握各个地区的物流业的集聚状况。本书采用区位熵作为物流业集聚指数的测度指标,计算公式为

$$\mathrm{LQ}_{ij} = \frac{x_{ij} \big/ \sum_i x_{ij}}{\sum_j x_{ij} \big/ \sum_i \sum_j x_{ij}} \tag{5.8}$$

式中　$\mathrm{LQ}_{ij}$——城市 $j$ 行业 $i$ 的区位熵,该值越高,表示某地区物流业空间集聚程度越高;

$x_{ij}$——城市 $j$ 行业 $i$ 的就业人数;

$\sum_i x_{ij}$——所有城市行业 $i$ 的就业人数;

$\sum_j x_{ij}$——城市 $j$ 的所有就业人数;

$\sum_i \sum_j x_{ij}$——所有城市的总就业人数。

根据区位熵计算公式,本节计算了京广高铁沿线城市的物流业集聚指数,数据来源于 2006—2018 年《中国城市统计年鉴》。为反映沿线城市物流业集聚整体水平及地市间的差异,图 5.4 统计了 2005—2017 年沿线城市物流业平均集聚指数。

由图 5.4 发现,在京广高铁沿线城市中,北京市展现出了最为突出的物流产业集聚效应,而鹤壁市则位于另一端,表现出较低的集聚程度。有 6 座城市在物流业的集中度上表现优异,其区位熵指数均超过 1,这包括北京市以及一线城市广州市和深圳市,同时还有石家庄、武汉、长沙等重要的省级行政中心。此外,图 5.3 还揭示了大多数其余城市在物流业集聚方面的指数徘徊在 0.5 左右,这一现象表明了沿线城市之间在物流业发展上的显著差距。具体而言,大城市因其更坚实的产业基础和市场容量,能够吸引更多的物流相关企业和资源,从而形成较高的产业集聚水平。相比之下,规模较小的城市在物流业的集聚效应上则显得较为薄弱。

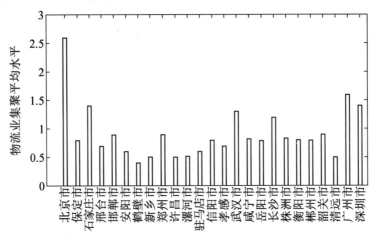

图 5.4　京广高铁沿线城市物流业集聚平均水平

这一分析突显了物流业发展的地域不平衡性,大城市凭借其综合优势在物流业的集群发展中占据主导地位,而小城市则需要寻找差异化的发展路径来增强自身的物流服务能力。

本节将对 2009 年开通的武汉—广东段和 2012 年开通的北京—武汉段进行探讨,考虑到高铁对城市物流业集聚可能存在滞后效应,本节分别对比武汉—广东段、北京—武汉段开通前后沿线城市的平均集聚水平,图 5.5 图 5.6 分别给出了统计结果。

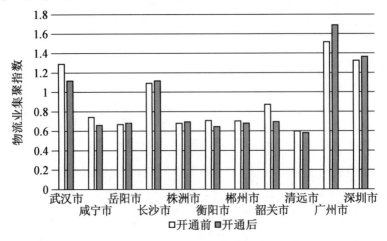

图 5.5　武汉—广东高铁开通前后沿线城市物流业集聚指数对比

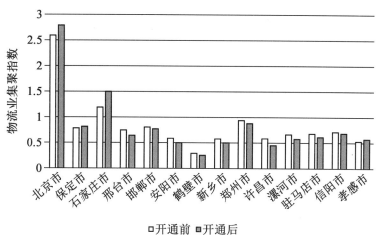

图 5.6 北京—武汉高铁开通前后沿线城市物流业集聚指数对比

由此可知,对于京广高铁及武广高铁沿线的城市群,高铁的运营对物流业的集聚效应产生了显著影响,这种影响体现为两种鲜明的模式。一方面,多数大型城市在高铁开通后显示出物流业集聚水平的增强,尽管武汉和长沙这两个本身已是重要物流节点的城市未遵循此普遍趋势;另一方面,规模较小的城市却经历了物流业集聚程度的下滑,表明高铁对不同规模城市的影响存在差异。这一现象反映了高铁网络可能加剧了物流业资源向大城市的集中,因为这些城市往往拥有更完善的基础设施、更大的市场需求及更高的物流效率。相反,小城市可能由于高铁效应下的竞争劣势,面临物流业务流失的风险,导致集聚水平的相对下降。这提示我们,高铁的开通虽带来整体经济效率的提升,但同时也可能在城市间产生新的不均衡,需要政策的制定者注意并采取相应的措施来平衡区域发展。

物流业集聚是一个动态变化的过程,为考察高铁开通,城市物流业集聚的变化,本节测算了沿线省份非高铁城市的物流业集聚指数以更好地描述物流业集聚的空间布局特征。

从图 5.4 可知,京广高铁所贯穿的区域展现出物流业集聚的不平衡状态,尤其在省际层面,物流业的集中程度存在着显著的差异。北京、河北、湖北、湖南和广东这些省份的物流业显示出较高的集聚水平。进一步细分到各省内,北京、河北和湖南的物流业集聚分布较为均衡,而河南、湖北和广东的内部则存在较明显的不均衡现象。聚焦于城市层面,可以看到围绕北京的卫星城市,以及郑州、武汉和广州等重要城市,物流业的集聚水平相当突出。值得注意的是,自高铁开通以来,中心城市与其周边城市之间在物流业集聚水平上的差异变得更加显著,表现为色彩对比度的增强。这可能意味着高铁的运行加速了物流资源向核心城市的集中,同时促进了这些城市及其周边地区物流业的深度整合,但也可能加剧了区域内部的不平等。

(3)京广高铁对沿线城市物流业集聚的影响

本节选取京广沿线高铁城市作为实验组,将沿线省份中其他非高铁城市作为对照组的"备选库",采用匹配变量计算各城市各年的倾向得分值,通过最近邻匹配方法为实验组匹配对照组,在此基础上为检验高铁开通对站点城市物流业集聚的影响,将以2005—2017年的面板数据为依托,采用双向固定面板模型,运用多时点 DID 方法进行估计。通过文献的阅读与整理,建立双重差分模型:

$$\log_{it} = \partial_0 + \beta_i + \beta_t + \beta \mathrm{hsr}_{it} \times \mathrm{post}_{it} + \delta_1 \mathrm{Manu}_{it} + \delta_2 \mathrm{Inf}_{it} + \delta_3 \mathrm{FDI}_{it} + \delta_4 \mathrm{Gov}_{it} + \delta_5 \mathrm{peo}_{it} + \delta_6 \mathrm{Road}_{it} + \delta_7 \mathrm{Int}_{it} + \varepsilon_{it} \tag{5.9}$$

式中　$\log_{it}$——城市 $i$ 在 $t$ 时期的物流业集聚指数;

　　　$\beta_i$ 和 $\beta_t$——地区固定效应和时间固定效应;

　　　$\mathrm{hsr}_{it} \times \mathrm{post}_{it}$——城市 $i$ 在 $t$ 年是否开通了高铁,若该城市开通高铁,则 $\mathrm{hsr}_{it} * \mathrm{post}_{it}$ 取 1,若未开通取 0,若年份为开通高铁前,则 $\mathrm{post}_{it}$ 取 0,若在开通高铁后则取 1,即城市当年开通或开通后续年份则取 1,否则取 0;

　　　$\mathrm{Manu}_{it}$——城市 $i$ 在 $t$ 年的市场化水平;

　　　$\mathrm{Inf}_{it}$——信息化水平;

　　　$\mathrm{FDI}_{it}$——对外开放水平;

　　　$\mathrm{Gov}_{it}$——制度环境;

　　　$\mathrm{peo}_{it}$——城市规模;

　　　$\mathrm{Road}_{it}$——基础设施水平;

　　　$\mathrm{Int}_{it}$——知识外溢水平。

本研究的样本城市为地级以上城市,模型中控制变量数据主要来源于《中国城市统计年鉴》(2006—2018 年)以及沿线各地市的 2005—2017 年统计年鉴,对于部分缺失的统计数据,本书采用插值法进行填补。同时,运输要求、政府财政收入以及地区 GDP 的数值都取对数,这样是为了排除异方差,将极端值压缩在一个范围内,使数据分析结果更加稳定,回归系数相对统一。为了更好地建立模型,变量都用英文,变量对应关系及数据的描述性统计见表 5.8。

表 5.8　变量对应关系及数据的描述性统计

| 参数 | 变量 | 平均值 | 标准差 | 最小值 | 最大值 |
| --- | --- | --- | --- | --- | --- |
| 物流业区位熵 | y1 | 0.858 743 9 | 0.625 797 1 | 0.018 830 5 | 7.502 056 |
| 就业密度 | y2 | 0.018 892 7 | 0.032 917 4 | 0 | 0.446 67 |
| 高铁开通的虚拟变量 | treat | 0.321 782 2 | 0.467 391 4 | 0 | 1 |
| 人口密度 | x1 | 25.086 34 | 18.117 53 | 1.022 286 | 137.215 7 |
| 运输需求 | lnx2 | 8.959 388 | 0.866 190 2 | 6.683 361 | 11.626 58 |
| 政府财政收入 | lnx3 | 13.316 78 | 1.221 542 | 10.469 99 | 17.743 65 |
| 地区 GDP | lnx4 | 16.239 27 | 0.935 543 1 | 13.615 95 | 19.363 38 |
| 市场化水平 | z1 | 0.971 767 7 | 0.743 118 2 | 0 | 5.672 438 |

续表 5.8

| 参数 | 变量 | 平均值 | 标准差 | 最小值 | 最大值 |
|---|---|---|---|---|---|
| 信息化水平 | z2 | 64.323 84 | 92.586 35 | 0 | 766 |
| 对外开放程度 | z3 | 0.020 536 8 | 0.017 922 5 | 0.000 718 6 | 0.151 840 1 |
| 制度环境 | z4 | 0.131 910 3 | 0.058 697 4 | 0.000 020 5 | 0.804 350 1 |
| 城市规模 | lnz5 | 6.137 953 | 0.573 819 9 | 4.406 963 | 8.720 134 |
| 基础设施水平 | lnz6 | 9.155 577 | 0.745 166 9 | 7.315 884 | 10.585 27 |
| 知识外溢水平 | z7 | 0.529 759 6 | 1.133 999 | 0 | 6.754 9 |

首先进行基准双重差分模型的估计,为了避免处理组和对照组城市控制变量在高铁开通前存在明显差异,本节进一步采用倾向得分匹配与双重差分相结合的方法(PSM-DID)对基准模型进行参数估计。PSM 的有效性检验见表 5.9。从表 5.9 中可知,匹配之后均值更加接近,如 x1 变量匹配后两组的均值为 20.692 与 20.983,在进行最邻近一对一匹配后,各匹配变量标准偏差的绝对值均小于 20,因此可以认为本书所选择的匹配变量和匹配方法较为恰当,倾向评分匹配估计结果可。

表 5.9 PSM 的有效性检验

| 变量 | 不匹配的 U/匹配的 M | 均值 | | 偏差/% | 偏差减少百分比/% | $t$ 检验 | |
|---|---|---|---|---|---|---|---|
| | | 实验组 | 对照组 | | | $t$ | $p>t$ |
| x1 | U | 20.442 | 27.409 | −41.1 | | −5.75 | 0 |
| | M | 20.692 | 20.983 | −1.7 | 95.8 | −0.27 | 0.788 |
| lnx2 | U | 9.3505 | 8.7638 | 70.1 | | 10.52 | 0 |
| | M | 9.3125 | 9.2725 | 4.8 | 93.2 | 0.61 | 0.539 |
| lnx3 | U | 13.777 | 13.087 | 55.4 | | 8.62 | 0 |
| | M | 13.721 | 13.558 | 13.1 | 76.4 | 1.7 | 0.09 |
| lnx4 | U | 16.597 | 16.061 | 56.4 | | 8.75 | 0 |
| | M | 16.554 | 16.445 | 11.5 | 79.6 | 1.48 | 0.14 |

为了直观地考察匹配效果的平衡性,本节还绘制了各变量的标准化偏差图,通过图 5.7 可以看出,未匹配之前各变量的标准差分布较为分散,而匹配后各匹配变量标准偏差比匹配前整体更加趋向于 0,表明整体匹配后的平衡性更优。

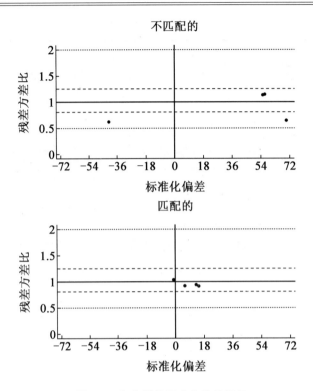

图 5.7 各变量的标准化偏差图示

京广高铁对物流业集聚总体影响分析结果见表 5.10。

表 5.10 京广高铁对物流业集聚总体影响分析结果

|  | m0 | m1 | m2 | m3 |
| --- | --- | --- | --- | --- |
| treat_post | 0.172*** | -0.099** | -0.073*** | -0.086*** |
|  | (0.038) | (0.047) | (0.053) | (0.071) |
| z1 | -0.219*** | -0.160*** | -0.152*** | -0.157*** |
|  | (0.022) | (0.028) | (0.028) | (0.035) |
| z2 | 0.098*** | 0.035 | 0.022 | -0.024** |
|  | (0.032) | (0.062) | (0.066) | (0.099) |
| z3 | -0.945 | 1.360 | 1.614 | 1.519 |
|  | (0.867) | (1.199) | (1.280) | (1.377) |
| z4 | 0.038 | 0.387 | 0.399 | -0.268* |
|  | (0.276) | (0.383) | (0.403) | (0.463) |
| lnz5 | -0.075* | 0.066 | 0.129 | 0.078 |
|  | (0.044) | (0.117) | (0.164) | (0.139) |

续表 5.10

| | m0 | m1 | m2 | m3 |
|---|---|---|---|---|
| lnz6 | 0.083*** | 0.022 | -1.526** | -1.110* |
| | (0.029) | (0.064) | (0.685) | (0.714) |
| z7 | 0.174*** | 0.161*** | 0.119 | 0.093* |
| | (0.027) | (0.056) | (0.077) | (0.073) |
| _cons | 0.657*** | 0.237 | 14.037** | 10.674 |
| | (0.233) | (0.511) | (6.254) | (6.569) |
| N | 966 | 966 | 966 | 966 |
| $R_2$ | 0.213 | 0.1963 | 0.593 | 0.654 |

注：标准误用括号括起来；"*"表示 $P<0.1$，"**"表示 $P<0.05$，"***"表示 $P<0.01$。

通过分析表 5.10 中的数据可知，在高铁开通后，双重差分估计量通过了统计显著性测试，这意味着对于当前所研究的城市样本，高铁的开通对被观测变量确实产生了显著的影响。具体来说，高铁的启动不仅显著地影响了沿线城市的物流业集聚状况，而且这种影响还伴随着物流活动的逐步扩散效应。此外，高铁的开通对一系列城市指标，包括市场化水平、信息化水平、城市环境质量、基础设施建设水平及知识外溢效果，都显示出了显著的作用。值得注意的是，高铁对沿线城市的市场化进程、信息通信技术的应用、制度环境以及基础设施建设的影响呈现出负向关联。这一现象背后的原因在于，随着高铁的开通，城市之间的连通性和可达性得到了极大提升，这促进了产业活动的流动和分散，进而对上述城市特征造成了间接的负面影响。简而言之，高铁的启用不仅重塑了物流行业的空间布局，还对城市的多个维度产生了深远的影响，包括但不限于市场化、信息化、环境质量和基础设施，这些影响既包括正面的促进作用，也包括某些方面的挑战和调整需求。

下面进行异质性分析。由于同一沿线城市受高铁影响的方向与大小会因城市规模不同而存在显著差异。本节对开通高铁的样本城市进行分类，进一步估计高铁对不同规模城市物流业集聚的影响。参照国务院《关于调整城市规模划分标准的通知》，本节对沿线省份 75 个城市依据标准分类，有特大城市 4 个，其中高铁城市 3 个；大城市 31 个，其中高铁城市 12 个；中小城市 40 个，其中高铁城市 11 个。

表 5.11 中列示了 3 种类型城市分类下加入时间固定效应与个体固定效应模型的实证结果。其中 m0 为混合面板回归的结果，m1 为个体随机效应的结果，m2 为加入个体固定效应的结果，m3 为加入个体固定效应和时间固定效应的结果。R2 代表模型拟合优度，一般大于 0.3 时，就说明拟合不错。_cons 为常数项。同样以区位熵作为被解释变量，从表 5.11 可知，高铁的开通对于特大城市以及中小城市具有显著的影响，其中对特大城市的物流业集聚水平显著为正，表明高铁开通对特大城市主要是集聚作用，而对于

大城市,高铁的开通促进了物流业集聚水平,但是影响不显著。对中小城市而言,高铁开通后对物流业集聚是显著降低的,高铁对中小城市更多的是虹吸效应,这是由于中小城市物流业发展薄弱,技术、资本、创新等方面与特大城市还存在一定的差距等。

表 5.11　京广高铁对不同规模城市物流业集聚影响分析结果

| 变量 | 特大城市 m3 | 大城市 m3 | 中小城市 m3 |
| --- | --- | --- | --- |
| treat_post | 0.061 6*** | 0.081 8 | -0.045 1** |
|  | (-2.6) | (-0.90) | (-2.48) |
| z1 | -0.616 1*** | -0.328 1*** | -0.248 9*** |
|  | (-7.24) | (-6.12) | (-4.59) |
| z2 | 0.068 8** | 0.047 6** | 0.008 4* |
|  | (2.45) | (2.56) | (0.76) |
| z3 | 0.018 8 | -0.013 3 | -0.020 4* |
|  | (1.06) | (-1.09) | (-1.99) |
| z4 | -0.266 0 | -0.032 2* | -0.030 2* |
|  | (-1.3) | (-1.68) | (-1.64) |
| lnz5 | -0.044 9** | -0.046 3** | -0.035 5** |
|  | (-2.01) | (-2.33) | (-1.99) |
| lnz6 | 0.041 3* | 0.091 2*** | 0.041 3** |
|  | (1.75) | (5.19) | (2.32) |
| z7 | 0.057 9*** | 0.046 1*** | 0.083 8*** |
|  | (3.22) | (3.36) | (6.54) |
| _cons | 0.170 8 | 0.619 8*** | 0.946 2*** |
|  | (0.65) | (3.18) | (5.4) |
| $N$ | 736 | 826 | 816 |
| $R^2$ | 0.501 5 | 0.606 2 | 0.639 4 |

注:标准误用括号括起来;"*"表示 $P<0.1$,"**"表示 $P<0.05$,"***"表示 $P<0.01$。

下面进行稳健性检验。张克中指出:尽管方程中控制了时间和个体固定效应,但是不能完全排除开通高铁的地级市与未开通高铁的地级市之间存在不可观测的随时间变化的系统性差异。因此,本节借鉴学者的研究方法进行安慰剂检验,以检查结果的可靠性。

由于京广高铁通车的时间均不一致,这里假定整个京广高铁在 2012 年全线通车,设置 $dt=0$ 变量,如年份大于 2012 年则定义为 1,若年份小于 2012 年则定义为 0,以进行安慰剂分析。表 5.12 中的结果表明,对于当前的城市样本,其对被解释变量没有显著的正向影响效应,所以说稳健型检验通过。

表 5.12 京广高铁对不同规模城市物流业集聚影响安慰剂检验

| 变量 | 特大城市 m3 | 大城市 m3 | 中小城市 m3 |
|---|---|---|---|
| treat_post | −0.001 | −0.000 2 | −0.000 11 |
|  | (−0.46) | (−0.946) | (−0.84) |
| z1 | −0.003 7*** | −0.002 5*** | −0.000 2*** |
|  | (−5.46) | (−3.36) | (1.77) |
| z2 | 0.000 4 | 0.000 8 | 0.000 2 |
|  | (3.39) | (3.49) | (3.67) |
| z3 | 0.000 5 | 0.000 4 | 0.000 1 |
|  | (5.13) | (3.36) | (4.71) |
| z4 | −0.000 3 | −0.000 6 | −0.000 06 |
|  | (−3.46) | (−2.68) | (−1.18) |
| lnz5 | −0.000 7 | −0.001 1 | −0.000 5 |
|  | (−5.68) | (−6.6) | (−7.05) |
| lnz6 | −0.000 5** | −0.001 1** | −0.000 07** |
|  | (−4.03) | (3.58) | (−1.25) |
| z7 | 0.000 4** | −0.000 6* | 0.000 2 |
|  | (5.65) | (−2.68) | (7.1) |
| _cons | −0.003 4 | −0.006 8 | 0.002 6 |
|  | (−2.24) | (−2.57) | (5.82) |
| $N$ | 736 | 826 | 816 |
| $R^2$ | 0.652 2 | 0.623 4 | 0.652 5 |

注:标准误用括号括起来;"*"表示 $P<0.1$,"**"表示 $P<0.05$,"***"表示 $P<0.01$。

考虑到被解释变量可能存在测量误差造成估计结果偏误,为验证上述实证结果的稳健性,采用"物流业就业密度"这一变量作为物流业区位熵的替代变量进行实证结果的检验。物流业就业密度的计算与上述计算方法相同。将物流业就业密度作为解释变量,对匹配后的实验组城市和对照组城市进行估计,从表 5.13 中可以发现,高铁开通后对城市物流业的就业密度具有显著的影响效应,这与区位熵进行实证的结果相符。

表 5.13 稳健性检验结果

| Y2 | (1) m0 | (2) m1 | (3) m2 | (4) m3 |
| --- | --- | --- | --- | --- |
| treat_post | 0.173*** | -0.221*** | -0.503*** | -0.068*** |
|  | (0.251) | (0.269) | (0.350) | (0.450) |
| z1 | -0.332*** | -0.332** | -0.313 | -0.365** |
|  | (0.093) | (0.147) | (0.228) | (0.246) |
| z2 | 2.246*** | 2.286* | 2.518 | 3.102* |
|  | (0.794) | (1.202) | (1.799) | (2.207) |
| z3 | -5.595 | -6.043 | -7.784 | -15.190** |
|  | (5.804) | (7.146) | (6.838) | (7.538) |
| z4 | -2.204 | -3.885* | -9.262* | -2.173** |
|  | (1.518) | (2.128) | (5.490) | (3.165) |
| lnz5 | 0.020 | 0.096 | 1.364 | 1.647 |
|  | (0.162) | (0.192) | (0.882) | (1.055) |
| lnz6 | -0.268* | -0.256 | 9.099 | 10.902* |
|  | (0.146) | (0.163) | (8.155) | (8.443) |
| z7 | -0.827* | -0.850 | -0.648 | -0.433** |
|  | (0.449) | (0.678) | (1.229) | (1.055) |
| _cons | 4.019*** | 3.668** | -89.229 | -108.746 |
|  | (1.448) | (1.630) | (77.302) | (81.337) |
| N | 966 | 966 | 966 | 966 |
| $R^2$ | 0.192 | 0.191 | 0.303 | 0.345 |

注:标准误用括号括起来;"*"表示 $P<0.1$,"**"表示 $P<0.05$,"***"表示 $P<0.01$。

在此基础上,与上述相同,对得出的双重差分估计结果进行安慰剂检验,得出 treat_post 在 m0~m4 模型下显著程度分别为-0.084、-0.072、-0.176、0.342,可以发现对于当前的城市样本,其对各城市的物流业就业密度没有显著的正向影响效应,所以稳健型检验通过,这也进一步验证了前面所得的结论。

## 5.3 高铁的开通对工业和服务业集聚变化的影响

高铁的开通对经济发展和城市格局产生了深远影响,特别是对工业和服务业的集聚变化带来了重大影响。

## 5.3.1 高铁的开通对工业集聚变化的影响

### 5.3.1.1 高铁对区域工业集聚影响分析

高铁的开通对区域工业集聚的影响积极效果显著。图5.8所示为2017—2022年全国规模以上工业企业主要指标的数据变化,企业个数、资产总计逐年增加,营业收入、利润总额整体上也在增加。在这个过程中有众多原因,本节主要从高铁开通的视角来进行分析。首先,开通高铁所带来的最直接的变化就是对空间距离在旅行时间上的压缩,时间距离的改变提高了城市的可达性水平。这种可达性的提高主要是分为两个部分,分别是消费者可达性的提高和企业可达性的提高。换言之,城市可达性的提升使得地区所面临的市场需求规模增加,地理位置相近的城市同城化趋势愈发明显。其次,人们在出行行为上也发生了改变,工作地和居住地出现了分离,比如有很多人选择在上海就业而在昆山居住。这些变化改变了城市有效劳动力的供给,影响了城市之间劳动力的流动。总之,高铁的开通对人的影响导致了区域经济不对称的出现,新经济地理学上的中心-外围(C-P)模型认为这种不对称会在循环累计的作用下加剧,从而改变地区的工业集聚水平。通过探究发现:高铁的开通对高铁沿线城市的工业集聚度有显著的正面推动作用,尤其对中部地区的高铁城市,其工业集聚水平得到了明显的增强。对于已拥有高铁的城市,每新增一条高铁线路,其对工业集聚的促进效果相较于第一条高铁更为显著,显示出高铁网络的扩展对工业布局的叠加效应。在市辖区人口少于50万的小城市中,高铁的开通对工业集聚有显著的正面影响。相比之下,在中型和大型城市中,这一效应并不明显,可能与这些城市已有的成熟工业基础和市场饱和度有关。高铁的建设对民营经济比重较高的地区有显著的提振作用,促进了当地工业的集聚。然而,在国有企业占主导的地区,高铁的开通反而可能导致工业集聚效应减弱,这可能与资源分配和市场机制的差异有关。高铁对工业集聚的推动效果在很大程度上是通过促进工业劳动力的自由流动来实现的,即高铁提高了人员的流动性,进而优化了劳动力资源配置,增强了工业集聚效应[160]。

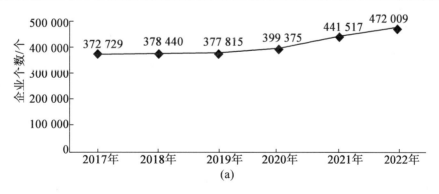

图5.8 2017—2022年全国规模以上工业企业主要指标变化

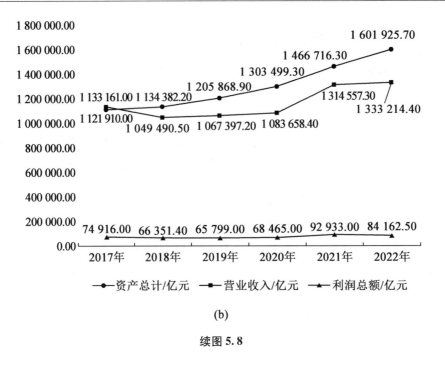

(b)

续图 5.8

#### 5.3.1.2 高铁对工业劳动力市场影响分析

中国的工业化进程在 21 世纪以来显著加速,高铁网络的建设对这一进程中的工业集聚现象产生了深远的影响。工业化本质上是一国或地区从农业经济向工业经济转型的过程。近年来,中国经济的迅猛增长与重工业比重的提升,促使中国探索出一条独特的工业化路径,这条路径更加注重内部动力而非单纯模仿发达国家的模式,同时兼顾资源和环境的可持续性。高铁的开通强化了工业集聚的现象,这是因为高铁促进了劳动力从农业部门向工业部门的大规模迁移,同时也推动了劳动力从经济欠发达地区向发达地区的流动。发达地区因此获得了充足的劳动力资源,支撑了工业的扩张和集聚,进而加速了整个国家的工业化步伐。衡量工业化水平的一个直接指标是第二产业和第三产业在就业结构中的比重,随着工业化深入,农业的比重逐渐下降,工业和服务业的比重则相应上升。高铁不仅改变了劳动力的分布,还促进了产业结构的优化升级。在工业化早期,农业占据主导地位,但随着工业化进程的推进,工业开始占据更重要的经济地位。高铁的便捷性使得劳动力能够更加自由地在不同地区之间流动,劳动力逐步从农业转向工业,再进一步向服务业转移,体现了中国产业结构的逐步优化和现代化。中国高铁的每一亿元投资,对建筑、冶金、制造业等上下游产业链有显著的拉动效应,直接带动的相关产值超过 10 亿元人民币,并能创造 600 多个新的就业机会。值得一提的是,复兴号高速列车,作为高科技集成的典范,其零部件数量超过 10 万件,涉及超过 260 个独立技术系统。在设计与生产过程中,核心参与企业超过 100 家,而与之紧密合作的企业多达 500 余家,这一庞大的供应链网络覆盖全国 20 多个省份和直辖市,展现了高铁产业强大的经济辐射力和就业吸纳能力[161]。高铁网络的完善,不仅便利了人员的流动,也加速了技术和信息的交流,为工业和服务业的集聚提供了物理基础,进一步推动了中国的工业化和现代化进程。

高铁的开通显著加速了区域内的工业化步伐,对东、中、西部地区均产生了积极的推动作用,其中西部地区受益尤为明显,这一现象有助于缩小区域间经济发展不平衡的现状。高铁不仅加速了劳动力从西部向发达地区的流动,同时也促进了资本、技术和信息等生产要素向西部地区的回流,形成了工业化进程中的集聚与扩散双重效应。对于城市规模而言,高铁对中小城市的工业化促进作用更为显著,相比于大中城市,中小城市可能因为高铁的接入而获得更多的发展机遇。随着劳动力流动性的提升,针对2000年至2017年间全国280个城市中工商企业注册情况的分析,揭示了高铁带来的显著影响,研究显示,高铁的运营促使每个城市每万名居民中新注册的企业数量平均增长了1.76个。然而这种增长也会伴随着每万名居民中约有0.32个企业的淘汰。综合计算下来,高铁使得每万名居民中净增加的企业数量达到了1.44个,这一数字占到了同期城市企业净增加总量的6.26%,凸显了高铁对于促进地方经济活力和企业创新的重要作用[162]。高铁网络的扩展重构了生产要素的空间布局,为沿线城市劳动力市场带来了前所未有的发展契机[163]。

### 5.3.2 高铁的开通对服务业集聚变化的影响

#### 5.3.2.1 高铁对服务业集聚效应研究

高铁对服务业集聚效应影响效果显著,本节主要探讨高铁开通对有关服务业集聚的影响分析。图5.9所示为高铁对服务业集聚优化相应效应内容概括。高铁的开通对服务业集聚产生以下两个效应。

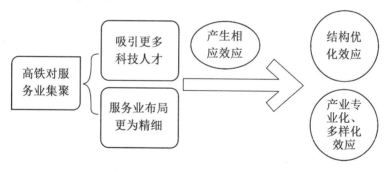

**图5.9 高铁对服务业集聚优化相应效应内容概括**

(1)结构优化效应

高铁的开通吸引了更多以信息技术、高科技含量的服务企业与就业人员,促使城市群服务业不断进阶发展,现代服务业占比不断提升,结构优化效应明显。根据传统产业结构演变理论,产业发展演变规律为第一产业向第二、第三产业转变,对于服务业内部产业的演变而言,是传统服务业向以信息、金融业为代表的更高水平的现代服务业的发展。例如,长江三角洲地区城市群服务业从业人数在第三次产业中人数最多,产业发展向服务业迈进。当前我国高铁为客运专线,基于乘客角度进行分析,乘坐高铁的乘客多分布于商务人员、专业技术人员、国家公务人员等,所在行业多分布于现代服务行业。这表明高铁带来的更多的是现代服务业生产要素流动的加快,为现代服务业发展助力,推动传统服务业向现代服务业的演变。高铁带来的服务产业结构优化效应,首先表现为第三产业从业人员、产值的增加,以信息技术等高新技术服务业为代表的就业人数与产值的增长,高铁引起区域内产业间从业人员的流动,促进要素流入生产效率更高的部门,从而产生更多的经济产出,符合产业发展规律。高铁在实现区域"同城效应"的同时,对居民的住房区位选择等问题将产生较大影响,随着区域之间通行时间的缩短,城市群内对原有住所与工作地通行时间3 h以上的地理空间距离大大缩减为0.5~1 h,通行问题将在很大程度上被打破,使产业从业人员流动更加自由,从区域整体而言实现了地理空间范围内产业类别的重新布局,提升产业布局结构的优化与产业发展结构的提升。

(2) 产业专业化、多样化效应

随着城市群内部人员流动性的大幅提升,各城市间的服务业布局呈现出更为精细化的趋势,促进了城市群内城市之间服务业专业化发展,对于产业内部细分行业则存在着专业化与多样化两种效应。对于信息传输、计算机服务和软件业、教育业、房地产业等细分行业,因为该类产业对外部信息的溢出效应、交通等具有较强的依赖性,高铁的开通在空间中对其可能会有集聚作用,产业发展倾向专业化。而文化、体育和娱乐业、住宿、餐饮业等可能会随着高铁的开通在空间上的集聚需求降低,高铁的开通使得该类行业可以不受地域限制,更多地投资于特色化发展,增强自身竞争力,因而在空间上可能表现为扩散、多样化发展。专业化使得区域内产业的生产效率更高,多样化则是利用高铁的快速、便捷性,打破地域限制发展特色产业[164]。这一过程促使城市群内部,无论是处于不同发展层级的城市,还是地理位置各异的区域,其服务业的分工都趋向于专业化与多元化。这种高度定制化的服务业布局,不仅强化了各城市的服务特色与竞争优势,还促进了整个城市群经济的协调与融合,形成了一个有机互联、互补互利的服务业生态系统。

5.3.2.2 高铁对服务业格局发展影响分析

本节主要探讨高铁对服务业发展格局的影响。高铁的出现对服务业格局发展具有重大影响。本节以东部城市为例剖析高铁对服务业格局发展的影响。高铁网络的编织对东部地区的服务业造成了深刻且多层次的影响,促成了一个多维度、多中心的圈层结构和集群效应。

高铁的联结强化了东部城市间服务业的潜在联系,这些联系呈现出明显的集群倾向,大致与现有的城市群边界吻合,遵循邻近优先和距离递减的地理原则。东部服务业发展的主轴,依托于京沪—沪宁—沪杭高铁以及东南沿海的客运专线,以长江三角洲和海峡西岸为双引擎,驱动着区域服务业的蓬勃发展。不过,这一增长态势并非面面俱到,轴心之外的服务业联系与扩张力度在某些区域显得较为乏力,这反映了高铁对服务业的推动效果在地理空间上的不均衡性与多中心极化现象。

城市在高铁网络中的地理角色与其服务业的体量有着密切的联系,特别是对于那些具有较大服务业规模的城市,它们的对外联通需求和吸引力往往更加强烈。这类大型服务业城市能够吸引高层次的商务人群,进而影响高铁的路线规划、班次设定及客流量,稳固其在区域联通中的地位,同时也催化服务业的持续壮大。这种相互作用机制进一步彰显了高铁网络对服务业格局重塑的决定性作用。在服务业版图中,规模较小的城市可能由于自身吸引力有限,即便高铁网络铺展,也难以有效放大其服务业的外部链接和总体扩张服务业。最大规模的城市,如上海、北京、广州和深圳,并非总是具备最强的发展前景。相反,一些位于服务业巨擘附近,且通过高铁网络显著增强了互联互通能力的次一级城市,如南京和杭州,显示出更为可观的成长潜力。南京和杭州,依托其优越的地理位置和日益紧密的高铁联系,不仅成功吸纳了周边地区的服务业要素,还接过了由上海等一线城市溢出的服务业部分,尤其是在中高端生产型服务和中低端消费型服务领域,展现出了强劲的发展势头。

高铁网络与城市服务业之间存在着动态的互构关系,城市服务业的规模及其对外拓展的诉求,共同形成了高铁网络的架构。与此同时,高铁网络的形态反过来深度塑形城市服务业的布局和未来的可能性。高铁网络的建设不仅改变了城市之间的物理距离,也重新定义了城市服务业的地理边界,促进了资源和服务的再分配,为次级城市提供了崭新的发展机遇,使其能够在服务业的升级和转型中扮演更加活跃的角色[165]。

高等级城市及传统交通枢纽因其在交通规划中的主导地位,往往能够影响高铁的建设和班次安排。为了优化高铁运行速度以及加强远距离中心城市之间的连接,未来的高铁班次可能会减少在沿线中小城市的停靠,这意味着在短期内,这些高等级城市和交通枢纽仍将作为高铁网络的核心节点和主要受益者,东部地区基于高铁的服务业发展潜力也将继续遵循现有城市群的结构和城市等级体系。然而,随着一系列高铁项目的推进,包括沿海铁路的环渤海段、青连段和江苏沿海段的建成,以及徐宿淮盐、连淮扬镇等铁路的通车,东部地区的高铁网络将得到进一步的密集化。这些新增线路将增强青岛、烟台、威海、扬州、泰州、南通、温州、龙岩等城市与外界的联系,有效地完善了服务业联系和发展相对较弱的地区。这些线路的开通不仅会提升城市间的互联互通性,还将促进东部地区服务业轴带的进一步发展,增强该区域的整体服务业实力。通过加强这些城市的对外联系能力,高铁网络的扩展有望激发新的经济增长点,促进服务业的均衡发展,提升整个东部地区的经济活力和竞争力。此外,高铁联系以近中途为优势范围,鉴于我国东部地区南北跨度接近 2 700 km,仅依靠高铁难以建立一个覆盖广泛、联系紧密的网络。因此,对于诸如京津冀和珠三角这样的子群,基于高铁的分析可能未能完全发挥到其服务业的对外联系和发展潜力,尤其是在长距离联系和高铁网络尚未充分发展的区域[165]。随着更多实时和历史班次数据的累积,未来还可以对东部城市基于高铁联系变化的服务业发展潜力格局进行动态演变分析,这将提供更深入的见解,帮助我们理解高铁网络如何随时间演进,以及它如何持续塑造城市服务业的格局和潜力。

高铁"流空间"是城市参与经济活动区域化甚至全球化的重要组成部分,已成长为一种新型经济空间。高铁产业的地理分布呈现出清晰的圈层结构,通常以高铁站为中心,企业密度在距离站点500~2 000 m范围内达到高峰,超过2 000 m后急剧下降。不同行业的空间集聚特征相似,但随着距离的增加,集聚程度递减。其中,交通运输业和房地产业的集聚现象尤为显著,显示出强烈的交通导向性;而批发和零售业在大范围内虽有集聚趋势,但也表现出一定的分散性。高铁的开通对服务业分布,影响高铁产业格局演变的多种因素等涉及高铁建设如何优化资源配置,促进产业升级以及如何适应未来城市发展的需求,是未来研究的重点方向[166]。

## 5.4 高铁"流空间"产业集聚影响分析与讨论

上述内容分析了高铁"流空间"对产业集聚的影响,具体分析了高铁对城市群旅游业影响特征、对城市群物流业影响特征以及对工业服务业集聚变化的影响。本节将就高铁对产业集聚的影响进行总体分析与讨论,探讨高铁所带来的空间流动,所形成的"流空间"如何影响产业的集聚,以及对城市经济和社会发展的影响。

高铁在国际社会中已经是中国装备制造的一张亮丽名片。高铁体系网络的建设和运营,不仅改变了人们的出行方式,更改变了区域的经济格局和城市的空间形态。因此,在我国高铁快速发展的大背景之下,高铁沿线区域和城市的产业布局与空间形态也会受到重大影响。

①相比未开通高铁的城市,高铁的开通提高了城市的产业协同集聚水平。高铁的开通对于一个城市的发展来说,提高了区位的可达性,缩短了时空效应,通过促进企业间交流活动的效率提升,在企业经济活动中有效地获取知识及隐性知识,使得本章所关注的产业协同集聚的水平很高。这种高效的交通连接促进了城市之间的经济联系,吸引了更多的企业在高铁沿线区域进行布局和投资,形成了新的产业集聚区。例如,北京和天津之间的高铁不仅加强了两地的经济联系,还带动了沿线区域的产业发展。高铁提高了物流和人员流动的效率,使得产业链上下游企业能够更加紧密地协同工作。上游原材料供应商、中游制造企业和下游销售服务企业之间的合作更加顺畅,有助于形成完整的产业链集群。例如,珠江三角洲地区依靠高铁网络实现了制造业和服务业的集聚,形成了高度协同的产业链。

②高铁的开通促进了劳动力和资本要素的流动,凸显了城市的区位优势和经济发展优势,从而导致城市的集聚租金产生变化,进一步使得要素在城市之间的自由流动,进而影响城市产业协同集聚之间的关系。高铁通过促进人力、资本等要素流动带动知识外溢,使得企业的学习效率提高,加速知识溢出效应和创新效应。高铁缩短了城市之间的时间距离,使得跨区域的人员和货物流动更加便捷。高铁沿线区域由于交通便利,吸引了大量高新技术企业和研发机构的入驻。这些企业和机构的聚集带来了资金及人才的流入,促进了技术创新和知识的外溢,形成了以高铁为纽带的创新型产业集群。例如,上海和南京之间的高铁沿线吸引了众多科技园区和创新中心的建立,推动了长江三角洲地区高新技术产业的发展。生产性服务业和制造业部门作为上下游企业相互影响,因而市

场潜力会通过需求规模作用于制造业升级,而制造业升级会扩大生产性服务业的市场需求。投入型产业部门包括大部分制造业部门与部分服务业,这些产业部门具有较高的中间投入,它们的增长将会带动其他产业部门及其整个区域经济的发展。现代服务业中间投入的产业结构中,高铁的开通能够有效调节要素流动,加快中间投入并有效获得中间投入,从而加大生产性服务效率。而生产性服务效率的提高有助于制造业效率的提高,由此推动产业协同集聚效应的产生。

③在东部地区高铁开通对城市产业协同集聚水平提升较大,而在中西部地区政策效应不明显;中心城市政策效应不明显,而非中心城市产业协同集聚水平得到了提高。经济主体在空间上的集聚不仅对自身,还对整个经济部门具有显著的溢出效应[167]。高铁的开通在中心城市和非中心城市之间产生了外溢效应,但是中心城市由于其优越的地理位置和资源条件,比非中心城市具有一定的先决条件,故非中心城市的产业协同集聚效应要明显提高;同时东部地区相较于中西部地区,有较多的政策倾斜和沿海资源等先决条件,虹吸效应更早,故东部地区高铁的开通对产业协同集聚的效果更大。在这种背景下,中心城市的经济辐射效应得到加强,周边中小城市也得以共享中心城市的资源和发展机遇,形成了以高铁为轴心的产业集聚带。例如,京津冀城市群的发展在很大程度上得益于高铁网络的完善,形成了一个高度集聚的经济区。

④高铁站点周边往往成为商业和服务业发展的热点区域。这些区域由于人流量大,商业潜力巨大,吸引了大量商场、酒店、餐饮和娱乐设施的建设,形成了新的商业集聚区。这不仅提升了区域的经济活力,还带动了相关服务业的繁荣发展。例如,深圳北站周边的商业区因高铁站的存在而迅速发展,成为该市新的商业中心。高铁的便捷交通使得相对落后的地区能够更好地融入全国甚至全球的经济网络,吸引更多的投资和人才,缩小与发达地区的经济差距。例如,中西部地区通过高铁连接东部发达地区,实现了资源和产业的流动,推动了区域经济的均衡发展。

高铁"空间流"在空间产业集聚方面发挥了显著的促进作用。未来,随着高铁网络的进一步扩展,其空间产业集聚效应将更加显著,助力区域经济的可持续发展。高铁的开通形成高铁"流空间"对相关产业产生集聚效应,最终促进了我国的经济发展,为实现我国高质量发展提供了新质生产力。它不仅加速了经济总量的扩张,还扮演着平衡区域发展差异的关键角色,使得较不发达的城市能够以更快的速度追赶发达城市。然而,高铁并非经济增长的唯一驱动力,例如投资规模、技术革新、教育与人力资本积累以及除高铁之外的其他交通基础设施的完善,都是不可或缺的增长因素。高铁的引入对经济增长产生了多维度的积极影响,覆盖了从发达城市到欠发达地区的广阔范围。因此,高铁产生的经济效应非常显著,高铁"流空间"对促进社会发展的作用不可或缺。

# 第6章 高铁"流空间"产业绿色发展影响分析

## 6.1 高铁交通流对区域环境污染的影响

高铁在世界各地的广泛应用对环境带来了显著影响。本节首先谈论高铁在建设运营中对区域环境产生的负面影响以及高铁的开通运营对区域环境的改善情况,之后探讨高铁开通对区域环境碳排放影响,高铁的开通可以有效降低区域碳排放程度。高铁的建设和运行会带来一定的环境挑战,需要通过科学规划与严格管理来加以控制和减缓。整体而言,高铁对区域污染环境的影响是可以被有效管理的,通过大规模推广高铁,有效地减少了航空和公路交通的碳排放量,其带来的环境收益在长期来看十分显著。

### 6.1.1 高铁的建设运营对区域环境污染分析

#### 6.1.1.1 高铁的建设运营对区域环境污染情况

高铁在建设过程中会产生表层土壤保护不足、土方作业扬尘控制不力、拌和站废水处理不彻底、生活营地废弃物管理不当等问题对环境产生污染。具体来看:

①表层土壤保护不足。在高铁建设过程中,对沿线土地的使用改变了原有的土地性质。在施工初期,施工团队常将宝贵的表层土壤与下层生土混合或不当处置,导致项目后期绿化恢复时缺乏适宜的种植土壤,严重影响了生态恢复的质量。

②土方作业扬尘控制不力。在土方施工期间,不当的土方堆放和路面维护不足,导致施工现场在晴朗天气下尘土飞扬,雨天则变成泥泞不堪。

③拌和站废水处理不彻底。在施工期间,拌和站产生的废水,如混凝土搅拌废水和车辆冲洗废水,应当全部收集、处理并循环再利用,实现废水零排放。但在实际操作中,由于初期管网设计考虑不足、施工过程监管缺失以及操作人员缺乏专业废水处理知识,导致废水处理措施执行不力。

④生活营地废弃物管理不当。在偏远地区新建的生活营地,由于施工人员环保意识不强和管理人员监督不严,经常出现生活垃圾乱扔和生活废水未经处理而直接排放的问题。特别在工程收尾阶段,营地撤离前的环境管理容易出现真空[168]。

高铁在运营过程中同样会对环境产生影响,主要体现在噪声环境、水环境、空气污染、电磁污染和土地污染等方面,这些影响因项目特性而异,具体来看:

①噪声污染。噪声污染主要来自以下方面:列车运行时车轮与轨道相互作用产生的

轮轨噪声；受电弓与接触网导线互动时造成的集电系统噪声；列车高速行驶时与空气接触引起的噪声；列车振动导致沿线建筑物二次辐射的噪声；源自列车动力系统及车载设备运转的机械噪声。

②污水和固体废弃污染物。高铁沿线的污水排放主要源于动车组、高速车站、车辆检修基地、工务维护站点、电力供应设施等运营及维护场所。其中，典型污水类型包括含有油脂的废水、日常生活中产生的污水、车辆清洗废水及浓度较高的粪便污水。沿线的固体废弃物主要来自于列车、车站，以及铁路相关办公和生活区域所产生的生活垃圾，还包括车辆检修作业过程中产生的少量工业固体废料。

③电磁污染。电磁污染是另一个不可忽视的环境问题，电磁污染源于变电站、接触网系统和电力机务段产生的电磁干扰，以及偶发故障引起的地磁干扰。电气化铁路的电磁辐射可能影响沿线居民的电视信号接收，干扰重要无线电设施，并对公众健康造成潜在威胁。

④土地污染。高铁在运营期间对沿线自然保护区、风景名胜区、文物遗址和古树名木等生态敏感区域的影响将持续存在。在自然恢复期内，由于植被的保水能力有限，水土流失问题仍然突出，对水利设施、桥梁涵洞构成威胁，加剧洪水风险，导致局部生态环境恶化[140]。

高铁在建设和运行过程中所产生的污染物及其对周边生态环境的影响范围广泛，确实会在一定程度上对沿线的自然环境造成干扰和破坏。政府以及相关建设施工单位必须深刻认识到这类环境问题，并且采取有效的环保管理。有效的环境保护管理对于高铁建设项目降低环境污染具有正向的积极作用，并且促进经济发展与环境保护的和谐共存[169]。

#### 6.1.1.2 高铁的建设运营对区域环境改善情况

高铁虽然在建设运营期对环境带来某种程度的负面影响，但从整体视角来看，城市高铁的启动对环境保护具有积极意义。具体而言，高铁系统的建设运营有助于显著减轻城市环境污染，据估算，能够促使城市环境质量提升，降低污染水平约23.35%[170]。

高铁运营会产生一些环境影响，但其通过替代高污染的交通方式，促进高效能、低碳足迹的出行选择，从而对减少温室气体排放和改善空气质量产生了正面效应。这一结果表明了高铁作为可持续交通解决方案的潜力，尤其是在人口密集的城市区域。在受二氧化硫和酸雨控制区政策约束的地区，高铁的开通对环境质量的提升效果更为显著，高铁的开通能有效减少污染气体排放量，降低此地区的污染程度。在规模大的城市中，高铁的建设运营对环境污染的作用更显著，即城市越大，高铁带来的环境改善效果越显著[170]。

高铁在运营过程中还会通过吸引创新要素集聚以及知识技术溢出来降低对沿线城市的环境污染。首先，高铁显著提升了沿线城市的可达性，加速了要素资源的流动与优化配置，激发了城市的创新活力。高铁的便捷性大幅降低了风险投资者与目标企业面对面交流的成本，投资者能更有效地获取企业信息，提升异地投资的成功率，为沿线城市的创新项目注入资本活力。同时,高铁的便利性增强了沿线城市对高技能人才的吸引力,为城市创新提供了宝贵的人力资源。在环境政策日益严格及政府绩效考核机制的双重驱动下,沿线城市更倾向于推动绿色技术创新,以减少能源消耗和污染排放,实现经济与环境的双重收益。高铁的连通性还削弱了区域市场之间的分割,促使城市和城市群的边界向外扩展,促进了知识、信息和技术的跨域溢出,为沿线城市的绿色发展开辟了新路径。高铁为不同地区的企业和科研机构提供了跨区域交流与技术合作的机会,有助于清洁生产技术的创新与应用,进而减少企业的能源消耗和污染排放[171]。

高铁还通过分流部分城市和城际交通,缓解交通拥堵,从而减少因交通拥堵导致的额外碳排放,并且提供大运量、高频次的运输服务,分流了公路和航空交通高峰期的部分压力。交通拥堵时,车辆怠速和低速行驶产生的污染气体较高,通过减少公路交通量,高铁同样降低了环境污染。

高铁的建设和运营通过替代高排放交通工具、减少空气污染、降低温室气体排放、缓解交通拥堵、减少噪声污染和推动绿色基础设施建设,对区域环境的改善起到了显著作用。综合交通枢纽的设置,不仅提升了能源利用效率,还促进了可持续交通发展,从而为区域环境质量的全面提升提供了有力支持。

### 6.1.2 高铁的开通运营对碳排放影响分析

本节探讨了高铁开通运营对区域碳排放影响和对沿线城市碳排放影响。交通基础设施的水平和交通方式是影响区域碳排放的重要因素,其中高铁作为近几年我国十分热门的交通设施对区域碳排放产生了深远影响,研究高铁对环境碳排放影响具有重要意义[172]。

#### 6.1.2.1 高铁的开通运营对区域碳排放影响分析

高铁对区域碳排放的影响可以从多个方面进行分析:

①高铁采用电力驱动,能源利用效率高于内燃机驱动的交通工具。电力驱动不仅减少了能源消耗,还可以利用清洁能源(如风能、太阳能等),进一步降低碳排放。并且高铁的出现体现了交通发展的方向,高铁的诞生标志着交通领域的革命性进步,契合了交通生态文明的构建,这是我国迈向交通强国愿景的关键组成部分[173]。

②高铁的开通促进了区域经济一体化和城镇化发展,使得经济活动更加集中和高效,减少了分散经济活动带来的碳排放。高铁提供了便捷、高效、环保的出行方式,提升了居民的生活质量,使更多人愿意选择低碳出行,培养了环保意识。高铁的开通加速了信息、技术和最佳实践的流动,使相邻城市能够学习和采纳低碳技术与管理策略,从而提高整体的能源效率和清洁技术的应用。这种跨地域的影响证明了高铁在推动区域乃至国家层面的绿色转型中扮演的关键角色[174]。

③高铁的开通运营会产生长期减排效应,能够显著降低城市碳排放强度,这一效果通常在高铁建设后的4~5年逐渐显现。随着时间的推移,区域碳排放强度的下降趋势将进一步扩大区域经济聚集与科技创新。

④高铁不仅在其直接运营的城市减少了碳足迹,还能够通过促进技术进步和知识传播,在区域范围内激发节能减排的创新和实践,展现出跨越地理界限的环保潜力。除此之外,城市技术创新水平在高铁降低碳排放强度过程中的调节作用,城市创新水平越高,尤其是绿色创新水平越高,高铁的减碳效应越明显;同时,城市绿色创新水平带来的减碳效应差异会通过对产业结构调整的影响差异实现,即城市绿色创新水平越高,产业链会更高级、更完善,进而碳排放强度更低[175]。

表 6.1 所示为全国万元国内生产总值二氧化碳排放量。由表 6.1 可见,从 2017 年到 2022 年,每年的数据都在降低,说明我国的碳排放在逐年减少,环境因此而变得更好。高铁的开通对于区域碳排放的影响是积极的,对我国政府提出的在 2030 年实现"碳达峰",到 2060 年实现"碳中和"具有重大贡献。区域城市应抓住高铁带来的机遇,加强绿色技术创新,提升环境管理水平,以实现经济繁荣与生态保护的和谐共生。未来在规划高铁建设和运营时,应充分考虑规划,以实现更精准、更高效的减排目标。同时,政策的制定者也应关注高铁建设可能引发的反向作用,要致力于实现真正的碳减排,促进城市绿色低碳发展[176]。

表 6.1 全国万元国内生产总值二氧化碳排放量

| 年份/年 | 全国万元国内生产总值二氧化碳排放 |
| --- | --- |
| 2017 | 下降 5.1% |
| 2018 | 下降 4.0% |
| 2019 | 下降 4.1% |
| 2020 | 下降 1.0% |
| 2021 | 下降 3.8% |
| 2022 | 下降 0.8% |

资料来源:2017—2022 年《国民经济和社会发展统计公报》。

#### 6.1.2.2 高铁的开通运营对沿线城市碳排放影响分析

本节选取了京广高铁沿线 75 个城市数据,采用 PSM-DID 模型研究高铁的开通运营对沿线城市碳排放强度的影响。

(1)京广高铁沿线城市碳排放时空现状

京广高铁以其 350 km/h 的设计时速及 2 295 km 的总长度,彰显了我国在高铁建设上的卓越成就。它不仅是国内客流量最为密集的铁路线路,同时也是"八纵八横"高铁网中南北向最长的骨干线路。京广高铁的建设分阶段实施,武广区段自 2005 年启动至 2009 年年底率先投入运营,随后,从 2009 年至 2012 年年底,京郑段与郑武段相继建成通车,最终实现了整条京广高铁的全线连通。这条高铁贯穿了北京、河北、河南、湖北、湖南及广东 6 个省(市),沿途覆盖了 25 个地级行政区,横跨了我国经济最为活跃的核心区域,是国家经济发展的重要动脉。此外,其所经区域也是我国推行绿色经济理念、实践可持续发展战略的重点地区,对推动沿线地区的生态环境保护与经济高质量发展具有深远意义。京广高铁的开通,极大地缩短了南北之间的时空距离,促进了人员、物资的快速流通,强化了区域间的经济联系,为沿线城市的产业升级、资源优化配置提供了有力支撑,同时也为我国构建现代化综合交通运输体系、提升国际竞争力奠定了坚实基础。通过这条黄金通道,我国得以深化区域合作,加速经济一体化进程,为实现区域经济平衡发展与社会和谐稳定注入了强劲动力。

本节采用二氧化碳($CO_2$)排放总量作为评价高铁沿线城市碳排放水平的量化指标。这种方法参照了张般若与李自杰[177]的研究框架,通过汇总城市消耗的主要能源,如天然气、液化石油气以及社会用电量所对应的碳排放量,来估算城市的总体碳排放水平。值得注意的是,在计算社会用电量相关的碳排放时,研究聚焦于煤电范畴,这是因为中国特有的"富煤、贫油、少气"的资源条件,加之煤炭价格相对低廉,导致了电力生产对煤炭的深度依赖。林伯强与杨梦[178]研究得出,燃煤发电过程中释放的二氧化碳量在各类发电燃料中位居榜首,且当前社会用电量对全国整体碳排放贡献巨大。这表明,以煤炭为主要能源的社会用电结构,显著加剧了我国$CO_2$排放总量,凸显了电力行业在碳排放控制中的核心地位。因此,对于高铁沿线城市而言,评估和监测碳排放总量不仅意味着要关注直接的能源消耗,还必须考虑间接的碳排放来源,尤其是电力消耗所带来的隐含碳排放。这要求城市管理者不仅要优化本地能源结构,减少化石燃料的直接使用,还要致力于推动清洁能源转型,提高能源利用效率,并探索低碳技术的应用,以减轻高铁运营及其周边城市发展对环境的碳足迹影响。通过这些综合措施,可望实现交通与城市发展的绿色转型,促进可持续发展目标的达成。设 C1 和 C2 分别为消耗天然气和液化石油气的碳排放量,C3 为以煤为主的城市因用电而导致的碳排放量,则城市碳排放程度为

$$C = C_1 + C_2 + C_3 = kE_1 + \partial E_2 + \beta(\eta E_3) \tag{6.1}$$

式中  $C$——$CO_2$ 排放总量;

　　　$k$——液化石油气的 $CO_2$ 折算系数;

　　　$E_1$——液化石油气消费量;

　　　$\partial$——煤气的 $CO_2$ 折算系数;

　　　$E_2$——天然气消费量;

　　　$\beta$——煤电燃料链温室气体排放系数;

　　　$\eta$——煤电占总发电量的比例;

　　　$E_3$——煤电消费量。

各类能源排放系数见表 6.2。2005—2015 年煤电发电量占总发电量的比例见表 6.3。

表 6.2 $CO_2$ 排放系数

| 能源种类 | 系数值 | 单位 |
| --- | --- | --- |
| 全社会用电 | 1.320 3 | $kgCO_2/(kW·h)$ |
| 天然气 | 2.162 2 | $kgCO_2/m^3$ |
| 液化石油气 | 3.101 3 | $kgCO_2/kg$ |

资料来源:《中国能源统计年鉴 2020》中的"中国能源平衡表"。

表 6.3 2005—2015 年煤电发电量占总发电量的比例

| 年份/年 | 煤电发电量占比/% | 年份/年 | 煤电发电量占比/% |
| --- | --- | --- | --- |
| 2005 | 82.50 | 2011 | 80.81 |
| 2006 | 83.78 | 2012 | 82.45 |
| 2007 | 83.31 | 2013 | 78.72 |
| 2008 | 83.35 | 2014 | 78.58 |
| 2009 | 81.22 | 2015 | 75.43 |
| 2010 | 81.81 | | |

资料来源:《中国能源统计年鉴 2020》中的"中国能源平衡表"。

高铁的启用显著增强了旅客出行的便捷性,大幅度压缩了旅途耗时。从碳减排的角度考量,高铁带来了多重积极影响。首先,它释放了传统铁路货运线路的运能,促进了货物运输从公路向铁路的大规模转移,即所谓的"公转铁"现象。这一转变有效削减了公路运输领域的碳排放,因为相较于公路,铁路运输在单位货物量下的碳排放通常更低。其次,高铁的高可达性催生了沿线城市经济结构的深刻变革。随着交通效率的提升,第三产业,尤其是服务业和高新技术产业,以及第二产业中的先进制造业,开始在这些城市集中发展,形成集聚效应。这种集聚不仅吸引了人才和资本,还促进了知识创新和技术交流,推动了低能耗技术与节能环保设备的广泛应用,从而在整体上降低了这些城市的碳排放强度。

考虑到高铁对区域经济及碳排放影响的显现往往存在一定的时滞性,本书选取了京广高铁正式运营 3 年后,即 2005 年至 2015 年的时间跨度,来收集并分析沿线 23 个地级及以上城市的碳排放总量数据。这一时间段的选择旨在捕捉高铁投入运营后对区域经济活动和环境影响的真实反馈,确保分析结果的时效性和准确性。为了更精细地考察高铁不同阶段的效应,我们将 2009 年武广高铁开通的城市定义为第一阶段,而 2012 年北京至武汉段高铁开通的城市则被视为第二阶段。这种分期方法能够区分高铁网络扩展的不同阶段对沿线城市碳排放的具体影响,有助于识别和量化高铁建设对碳排放的直接和间接效应。为了保证分析的严谨性和数据的可比性,研究中采用了自然对数转换的方法对计算出的碳排放总量进行了处理。

通过对京广高铁沿线城市碳排放数据的细致分析,本书揭示了高铁对不同规模城市碳排放模式的差异化影响。通过计算京广沿线城市的碳排放程度(表6.4)可以看出,北京至武汉高铁及武广高铁沿线城市,在各自高铁开通的前后几年,即2012年和2009年左右,其碳排放状况出现了显著变动,展现出两种截然不同的趋势。一方面,对于特大城市和大型城市,如北京、石家庄、郑州、武汉、长沙、深圳等,高铁的开通似乎并未对其碳排放水平造成显著影响。这可能是因为这些城市已经拥有成熟的交通网络和相对先进的环保设施,或者是由于其经济体量庞大,高铁带来的边际效应相对有限。另一方面,对于规模较小的城市,如邯郸、邢台、安阳、许昌、漯河、咸宁、株洲、衡阳、郴州和清远,高铁的引入则产生了较为明显的碳排放下降效果。这或许是因为高铁的高效运输能力促使这些城市减少了对高碳排放交通工具的依赖,或是促进了城市产业结构的优化,提高了能源利用效率。然而,也有部分城市如保定和孝感,其碳排放变化未能遵循上述模式,表现出无规律性。

表6.4　23座城市碳排放程度表

| 城市 | 2005年 | 2006年 | 2007年 | 2008年 | 2009年 | 2010年 | 2011年 | 2012年 | 2013年 | 2014年 | 2015年 |
|---|---|---|---|---|---|---|---|---|---|---|---|
| 北京市 | 6.51 | 6.53 | 6.66 | 6.82 | 6.87 | 6.93 | 7.00 | 7.04 | 7.13 | 7.15 | 7.21 |
| 石家庄市 | 4.74 | 4.79 | 4.88 | 4.95 | 4.95 | 4.95 | 5.00 | 5.11 | 5.14 | 5.13 | 5.51 |
| 邯郸市 | 4.51 | 4.52 | 4.42 | 3.87 | 3.93 | 4.06 | 2.17 | 4.31 | 3.38 | 2.10 | 2.09 |
| 邢台市 | 3.30 | 3.62 | 3.84 | 4.06 | 4.15 | 2.14 | 2.15 | 3.15 | 2.11 | 2.07 | 2.10 |
| 保定市 | 3.73 | 3.92 | 4.04 | 4.03 | 4.20 | 2.30 | 4.12 | 2.45 | 4.47 | 2.42 | 4.53 |
| 郑州市 | 4.84 | 4.73 | 4.97 | 5.18 | 5.77 | 5.74 | 5.83 | 5.93 | 6.00 | 6.01 | 6.03 |
| 安阳市 | 4.30 | 4.54 | 4.42 | 4.59 | 4.68 | 4.77 | 3.04 | 3.16 | 2.08 | 3.10 | 3.19 |
| 鹤壁市 | 2.57 | 2.80 | 3.07 | 3.30 | 3.44 | 3.32 | 3.42 | 2.44 | 3.47 | 2.61 | 3.68 |
| 新乡市 | 3.48 | 3.70 | 3.74 | 3.87 | 4.06 | 4.05 | 2.18 | 4.35 | 3.40 | 2.39 | 3.46 |
| 许昌市 | 2.45 | 2.59 | 2.87 | 2.96 | 3.06 | 3.16 | 3.27 | 2.32 | 3.48 | 2.52 | 2.52 |
| 漯河市 | 2.67 | 2.75 | 3.12 | 3.26 | 3.22 | 2.39 | 3.14 | 3.47 | 2.69 | 2.67 | 2.62 |
| 孝感市 | 1.92 | 1.98 | 2.11 | 2.21 | 2.28 | 1.75 | 2.51 | 2.78 | 2.96 | 3.03 | 3.14 |
| 武汉市 | 5.40 | 5.43 | 5.54 | 5.74 | 5.80 | 5.84 | 6.03 | 6.07 | 6.12 | 6.15 | 6.16 |
| 咸宁市 | 2.10 | 2.18 | 2.12 | 2.53 | 2.40 | 2.65 | 1.30 | 2.39 | 1.92 | 2.96 | 1.00 |
| 长沙市 | 4.27 | 4.33 | 4.53 | 4.60 | 4.66 | 4.73 | 4.90 | 5.08 | 5.16 | 5.21 | 5.26 |
| 株洲市 | 3.78 | 3.79 | 3.96 | 4.08 | 4.16 | 2.23 | 4.32 | 2.34 | 4.41 | 1.47 | 2.48 |
| 衡阳市 | 5.20 | 3.81 | 4.01 | 4.05 | 3.26 | 2.22 | 3.35 | 1.47 | 2.40 | 2.36 | 2.35 |
| 岳阳市 | 3.58 | 3.68 | 3.67 | 4.12 | 4.16 | 4.20 | 4.21 | 4.29 | 4.36 | 4.31 | 4.31 |
| 郴州市 | 2.55 | 3.06 | 3.22 | 3.45 | 3.52 | 3.60 | 3.70 | 2.75 | 2.84 | 2.85 | 2.83 |
| 广州市 | 6.10 | 6.30 | 6.56 | 6.64 | 3.35 | 6.75 | 6.86 | 6.44 | 6.86 | 6.90 | 6.97 |

续表 6.4

| 城市 | 2005年 | 2006年 | 2007年 | 2008年 | 2009年 | 2010年 | 2011年 | 2012年 | 2013年 | 2014年 | 2015年 |
|---|---|---|---|---|---|---|---|---|---|---|---|
| 韶关市 | 3.75 | 2.21 | 3.99 | 3.98 | 3.93 | 3.93 | 4.11 | 4.19 | 4.34 | 4.19 | 4.45 |
| 深圳市 | 6.48 | 6.54 | 6.56 | 6.66 | 6.68 | 6.62 | 6.76 | 6.83 | 6.87 | 6.84 | 6.90 |
| 清远市 | 2.66 | 2.94 | 3.53 | 3.74 | 3.70 | 3.77 | 3.94 | 3.06 | 2.39 | 2.47 | 2.69 |

数据来源:2005—2015年《中国能源统计年鉴》能源消耗量计算各市碳排放总量,然后分别进行自然对数的处理。

(2)高铁对碳排放影响机理

本节实证主要采用的思想是通过"有无对比"来检验高铁开通对沿线城市碳排放的影响程度。选取京广沿线开通高铁的城市作为"实验组",而其他没有通高铁的城市作为"对照组",采用4个匹配变量计算沿线城市各年的倾向得分值,匹配"实验组"与"对照组"数据,然后采用双重差分评估高铁对沿线城市碳排放的影响机理。在研究方法上,采用双重差分法(differences-in-differences,DID)与倾向得分匹配法(propensity score matching,PSM)相结合的方法,来解决实证过程中可能出现的内生性问题。

①数据的选择。本节样本为京广高铁的2005—2015年全国23个地级及以上城市。数据主要来自2005—2015年《中国城市统计年鉴》和《中国区域经济统计年鉴》,用于基期调整的各省份价格指数来自2005年以来的《中国统计年鉴》,采用插值法对部分缺失的统计数据进行填补。

②倾向得分匹配。倾向得分匹配(PSM)是一种统计方法,用于在观察性研究中创建实验组与对照组之间更为公平的比较环境。其核心目标是在处理组(实验组)和控制组(对照组)之间平衡协变量,从而减少选择偏差和混杂因素的影响,使得研究者能够更准确地估计因果关系的净效应,提高研究结论的可靠性。在高铁对城市碳排放影响的研究中,为了避免实验组(开通高铁的城市)与对照组(未开通高铁的城市)在高铁开通前就存在显著的系统性差异,PSM方法被用来匹配两组城市,确保它们在一系列控制变量(如经济发展水平、人口密度、产业结构等)上具有可比性。这一步骤至关重要,因为它有助于消除可能存在的任何前置条件差异,确保任何观测到的变化都可以更可靠地归因于高铁的开通。进一步讲,为了评估高铁开通后对城市碳排放的长期影响,本书采用了PSM与DID相结合的方法。通过使用PSM-DID方法对基准模型进行参数估计。研究者通过精确测定高铁对城市碳排放的影响,为政策的制定者提供了坚实的实证依据,特别是在开发低碳交通策略和评价基础设施项目的环境后果方面。为了确保分析的全面性和准确性,从相关文献中筛选出4个最常提及的匹配变量,作为评估高铁影响的关键指标:①经济发展水平,即反映城市的经济活力和产业规模,是影响碳排放的重要因素之一;②人口密度,即城市人口的密集程度,影响能源消耗和交通需求,从而间接影响碳排放;③运输需求,即城市内外的客运和货运量,直接关联到交通系统的碳足迹;④政府财政收入,即体现地方经济实力,影响政府在环保和交通基础设施投资方面的决策。为了消除

数据中的异方差性,即不同变量间数值范围的巨大差异,采取对数变换的预处理方法。其中 Logit 的具体模型为

$$(1) H_{it}(0/1) = \alpha_0 + \alpha_1 GDP_{it} + \alpha_2 POP_{it} + \alpha_3 Dem_{it} + \alpha_4 Rev_{it} \tag{15}$$

式中　$GDP_{it}$——城市年 GDP 总量;

　　　$POP_{it}$——城市全市人口密度;

　　　$Dem_{it}$——城市发生的客运总量;

　　　$Rev_{it}$——各城市预算内收入。

表 6.5 所示为匹配变量平衡性检验,在完成了 x1 变量的倾向得分匹配之后,我们观察到了两组实验组和对照组在匹配后的均值分别为 20.697 和 20.980。此外,匹配后的标准偏差百分比仅为 -1.6%,这意味着匹配过程非常成功,有效地平衡了两组在该变量上的差异。

表 6.5　匹配变量平衡性检验

| 变量 | 不匹配 匹配 | 均值 匹配后均值 | | 标准差/% | 还原/% 标准偏差 | t 检验 | |
|---|---|---|---|---|---|---|---|
| | | | | | | t | P>t |
| x1 | U | 20.632 | 27.409 | -39.6 | 95.7 | -5.49 | 0 |
| | M | 20.697 | 20.980 | -1.6 | | -0.27 | 0.788 |
| Lnx2 | U | 9.3005 | 8.7638 | 66.9 | 92.7 | 9.91 | 0 |
| | M | 9.3125 | 9.2725 | 4.9 | | 0.61 | 0.539 |
| lnx3 | U | 13.067 | 13.087 | 51.8 | 74.3 | 7.97 | 0 |
| | M | 13.721 | 13.558 | 13.3 | | 1.7 | 0.09 |
| lnx4 | U | 16.304 | 16.061 | 52.9 | 77.9 | 8.12 | 0 |
| | M | 16.554 | 16.445 | 11.7 | | 1.48 | 0.14 |

倾向得分共同取值范围示意图如图 6.1 所示。从图中可以看出,大部分的样本观测值集中在共同的支持范围,即 0~0.8 区间,尤其是在 0~0.6 的子区间中,样本点呈现出明显的对称分布。这表明,在执行倾向得分匹配的过程中,我们能够有效地利用绝大多数样本数据,仅有极少数的观测值落在了匹配算法的取值范围之外,因此被排除在外。

③模型的构建。本节探讨的焦点在于探究高铁启用前后,沿线城市碳排放水平的动态变化。鉴于现有文献对高铁对区域影响的深入分析,我们识别出 7 个关键维度,它们在塑造高铁的环境效应和经济效率上扮演着显著角色:①区域市场化程度,即市场机制的成熟度影响资源配置效率,进而作用于碳排放强度;②信息化水平,即信息技术的应用促进资源优化配置,减少不必要的能源消耗;③对外开放性层级,即开放度高的地区可能通过引进先进技术和管理经验降低碳排放;④环境规章制度,即严格的环保法规和政策导向促使企业采取低排放生产方式;⑤城市规模,即城市规模与能源需求、交通模式紧密

相关,影响整体碳排放水平;⑥基础设施建设水平,即高效、绿色的基础设施是实现低碳发展的物质基础;⑦知识外溢效应,即知识和技术的扩散加速了低碳技术的应用与创新。这7个方面构成了一个复杂的系统,共同决定着高铁开通后沿线城市碳排放的变化趋势。构建高铁的开通对碳排放影响的数学模型为

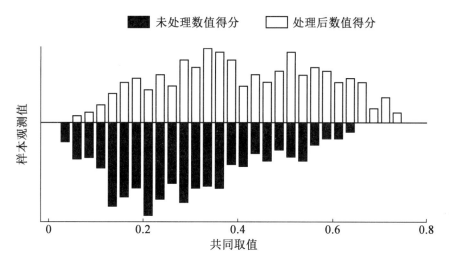

图 6.1 倾向得分共同取值范围示意图

(1) $\ln C_{it} = \partial_0 + \beta_i + \beta_t + \beta H_{it} \cdot T_{it} + \delta_1 \text{Manu}_{it} + \delta_2 \text{Inf}_{it} + \delta_3 \text{FDI}_{it} + \delta_4 \text{Gov}_{it} \delta_5 \text{Peo}_{it} \delta_6 \text{Road}_{it} + \delta_7 \text{Int}_{it} + \lambda_{it} + \varepsilon_{it}$  (6.2)

式中 $\ln C_{it}$——城市 $i$ 在 $t$ 年碳排放程度的自然对数取值;

$\partial_0$——第一次差分;

$\beta_i$——地区固定效应;

$\beta_t$——时间固定效应;

$H_{it} \cdot T_{it}$——高铁开通对城市 $i$ 在 $t$ 年碳排放程度影响的净效应;

$\text{Manu}_{it}$——城市 $i$ 在 $t$ 年的市场化程度;

$\text{Inf}_{it}$——城市 $i$ 在 $t$ 年的信息化程度;

$\text{FDI}_{it}$——城市 $i$ 在 $t$ 年的对外开放层级;

$\text{Gov}_{it}$——城市 $i$ 在 $t$ 年的制度规章环境;

$\text{Peo}_{it}$——城市 $i$ 在 $t$ 年的城市规模;

$\text{Road}_{it}$——城市 $i$ 在 $t$ 年的基础设施建设水平;

$\text{Int}_{it}$——城市 $i$ 在 $t$ 年的知识外溢水平;

$\lambda_{it}$、$\varepsilon_{it}$——城市 $i$ 在 $t$ 年的随机干扰项。

高铁对城市碳排放影响的总体效应见表 6.6。其中 M0 为混合面板回归的结果,M1 为个体随机效果的结果,M2 为加入个体固定效应的结果,M3 为加入个体固定效应和时间固定效应的结果,又称双向固定效应。从表 6.6 可知,高铁开通后,双重差分量通过了显著性检验,并且 treat_post 系数为负,表示对于当前的城市样本,其对被解释变量有显著

的负向影响效应。也就是说,高铁的开通会降低城市的碳排放程度,制度规章环境、城市规模、基础设施建设水平的提高会降低城市的碳排放程度。

表6.6 高铁对城市碳排放影响的总体效应

| 变量 | M0 | M1 | M2 | M3 |
| --- | --- | --- | --- | --- |
| treat_post（交成项） | 0.028 3 | 0.262 8 | -0.340 1** | -0.239 7*** |
|  | 0.631 8 | 0.067 9 | 0.073 1 | 0.093 6 |
| Z1 | 0.587 6 | 0.057 4 | 0.049 9 | 0.021 8 |
|  | 0.035 9 | 0.018 0 | 0.018 7 | 0.017 0 |
| Z2 | 0.718 6 | 0.116 4 | 0.012 3 | 0.082 8 |
|  | 0.638 9 | 0.065 8 | 0.070 4 | 0.059 6 |
| Z3 | 0.817 7 | -2.721 9 | -5.137 2 | 3.332 3 |
|  | 0.720 0 | 0.809 1 | 1.804 1 | 1.938 4 |
| Z4 | -0.127 9 | 0.773 4 | -2.383 0*** | -0.748 6*** |
|  | -0.854 6 | 0.771 7 | 1.038 4 | 0.900 8 |
| lnZ5 | 0.128 8 | 0.191 2 | -0.212 3** | -0.142 3** |
|  | 0.680 8 | 0.101 2 | 0.097 4 | 0.088 4 |
| lnZ6 | -0.268 5 | -0.564 3 | -0.838 0* | -1.140 0*** |
|  | -0.550 4 | 0.144 7 | 0.996 2 | 1.060 0 |
| Z7 | 0.905 6 | 0.302 6 | 0.209 5 | 0.083 9 |
|  | 0.039 6 | 0.054 9 | 0.067 7 | 0.068 7 |
| _cons | 0.539 6 | 0.539 0 | 14.037 0 | 10.674 0 |
|  | 0.400 5 | 0.392 6 | -6.254 0 | -6.569 0 |
| N | 966 | 966 | 966 | 966 |
| $R^2$ | 0.213 0 | 0.196 3 | 0.593 0 | 0.654 0 |

注:"*"表示标准误差,$P<0.1$;"**"表示标准误差,$P<0.05$;"***"表示标准误差,$P<0.01$。

④安慰剂检验。虽然模型中控制了时间和个体固定效应,但是不能完全排除开通高铁的地级市与未开通高铁的地级市之间存在不可观测的随时间变化的系统性差异。因此,本节借鉴董梅的研究方法,进行安慰剂检验,以检查结果的可靠性。由于京广高铁的开通时间是不同的,即北京—郑州段、郑州—武汉段、武汉—广州段的通车时间均不一致,这里假定整个京广高铁在2012年全线通车,设置 $dt=0$ 变量,如年份大于2012年则定义为1,若年份小于2012年则定义为0,以进行安慰剂分析。表6.7中给出了安慰剂分析的结果,可以发现对于当前的城市样本,其对被解释变量没有显著的正向影响效应,得出的效应结果分别是-0.049 7、-0.222 4、-0.310 9、-0.246 9,所以说稳健型检验通过,

也证明了前述结论成立。

表6.7 安慰剂检验

| 变量 | M0 | M1 | M2 | M3 |
| --- | --- | --- | --- | --- |
| treat_post（交成项） | -0.049 7 | -0.222 4 | -0.310 9 | -0.246 9 |
|  | -0.069 9 | -0.072 6 | -0.073 1 | -0.092 7 |
| Z1 | -0.221*** | -0.159*** | -0.151*** | -0.156*** |
|  | -0.022 0 | -0.028 0 | -0.028 0 | -0.035 0 |
| Z2 | 0.105*** | 0.049 0 | 0.037 0 | -0.016 0 |
|  | -0.031 0 | -0.058 0 | -0.062 0 | -0.095 0 |
| Z3 | -0.972 0 | 1.464 0 | 1.774 0 | 1.604 0 |
|  | -0.863 0 | -1.203 0 | -1.282 0 | -1.388 0 |
| Z4 | 0.086 0 | 0.408 0 | 0.422 0 | -0.278 0 |
|  | -0.282 0 | -0.388 0 | -0.409 0 | -0.469 0 |
| lnZ5 | -0.068 0 | 0.070 0 | 0.133 0 | 0.078 0 |
|  | -0.440 | -0.116 0 | -0.164 0 | -0.139 0 |
| lnZ6 | 0.079*** | 0.022 0 | -1.547** | -1.121 0 |
|  | -0.029 0 | -0.064 0 | -0.692 0 | -0.723 0 |
| Z7 | 0.168*** | 0.158*** | 0.125* | 0.096 0 |
|  | -0.026 0 | -0.054 0 | -0.075 0 | -0.072 0 |
| _cons | 0.649*** | 0.205 0 | 14.193** | 10.775 0 |
|  | -0.233 0 | -0.504 0 | -6.312 0 | -6.647 0 |
| $N$ | 966 | 966 | 966 | 966 |
| $R^2$ | 0.215 0 | 0.199 5 | 0.594 0 | 0.655 |

注:"*"表示标准误差,$P<0.1$;"**"表示标准误差,$P<0.05$;"***"表示标准误差,$P<0.01$。

（3）相关结论

交通基础设施的完善程度及其所支持的交通方式是决定区域碳排放水平的关键要素。在直接层面,各种交通工具在运行过程中消耗的能源会释放二氧化碳,这是交通领域对环境直接影响的主要来源。然而,交通基础设施的提升所带来的远不止于此。当交通设施,如高铁、高速公路或机场等,得以优化和扩展,它们显著增强了区域的可达性,即人们和货物跨越地理障碍的能力。这种增强的连通性会触发一系列间接且深远的经济影响和社会变迁,对区域碳排放产生复杂的影响:人口流动加速,产业结构调整,知识创新与技术扩散,城市形态与土地利用。这些间接效应有时被称为交通基础设施的"诱导效应",它们通过改变人类行为和经济活动模式,对碳排放产生复杂的影响。因此,评估交通基础设施对区域碳排放的影响时,必须综合考虑直接排放和间接经济效应,以制定全面的减排策略和可持续的交通规划。本节研究结论如下:

①高铁的开通在降低碳排放强度方面,对中小城市的效果尤为显著,而在特大及大城市中的作用则不那么明显。这可能是因为中小城市在交通网络、产业结构和能源使用效率上有更大的改进空间,而高铁的引入能够更有效地刺激这些城市的低碳转型。

②进一步分析指出,沿线城市的环境规章制度严格性、城市规模及基础设施建设水平是决定高铁能否有效降低碳排放的关键因素。这意味着在具备良好环境治理、适度城市规模和先进基础设施的条件下,高铁对减少碳排放的积极效应更为突出。

③本章的成果对我国未来的高铁规划与设计具有重要指导意义,尤其是在线路规划和站点选址方面。为了最大化高铁的环保效益,决策者应优先考虑那些能从高铁带来的可达性提升中受益最大,同时具备低碳发展潜力的城市和地区。

## 6.2 高铁开通形成的结构变动、技术进步效应

### 6.2.1 高铁对产业结构优化绿色发展影响分析

高铁与城市群的融合打破了原有区域内产业分布的静态平衡,引发了深刻的产业结构优化与空间布局变迁。随着高铁网络的延伸,某些地区原先的产业优势可能因区位价值的跃升而发生变化,导致原本适宜当地发展的产业不再匹配新的区位条件,从而催生了产业的跨区域迁移。这一过程实质上是城市群在经历短期的结构调整"阵痛"后,逐步实现产业结构优化与空间布局调整的动态演进。高铁不仅重塑了城市间的物理连接,更深层次地影响了经济活动的地理分布,推动城市群向更加均衡、高效的产业格局转型。高铁从本质上讲是区域交通基础设施的一次极大改善。由于安全、舒适、快捷等因素,越来越多的消费者将高铁作为中短途出行的首要选择。高铁的出现对产业结构优化产生积极影响,并且为产业绿色发展提供有效动力。高铁的开通显著优化了城市交通基础设施,进而对地区的产业结构升级及资源配置效率产生深远影响,最终对城市绿色发展起到积极的促进作用。高铁的启用对城市绿色发展效率产生了显著正向影响,相较于未开通高铁的城市,平均提升了5.95%的绿色发展效率[179]。

高铁作为高效客运工具,促进了旅游业的蓬勃发展,引导工业部门的资源流向服务业,如郑西高铁的开通,沿线城市的旅游业增长率超过20%。这表明高铁的开通促进了服务业的结构调整,助力降低污染排放。在当前环境政策日益严格的趋势下,污染密集型企业的运营成本预计会上升,而其盈利能力则可能下降。这一转变促使资源从高污染行业向低污染或无污染行业流动,推动了工业部门的"绿色转型"。原本用于工业生产的某些要素,如劳动力和资本,可能会转向服务行业,这些行业对环境的影响相对较小。这种结构性调整有助于降低整体的污染物排放量,因为服务行业通常具有较低的碳足迹和较少的直接污染源,正是高铁的普及产业结构的优化升级,导致第二产业的比例下降,与

此同时,服务业的比重相应增加。据刘勇政和李岩[180]的研究显示,拥有高铁网络的城市相较于没有此类基础设施的城市,第二产业的 GDP 占比平均减少了 10%,而服务业的 GDP 占比则提高了大约 9%。以武广高铁为例,其开通后短短两年内,湘南地区吸引了超过 2 000 个产业转移项目,其中广东企业占多数,咸宁市更是围绕咸宁北站打造了"广东工业园区",迅速形成了产业集聚的新格局。因此,从工业到服务业的转换实现经济系统"去污染化"[181]。

高铁项目庞大的建设和运营需求,直接刺激了钢铁、建筑材料、机械制造、电子设备等行业的发展,特别是对于材料科学与工程技术提出了更高标准,从而促进了上游产业链的革新和现代化。高铁沿线的区域将见证服务业的繁荣,如商业、旅游、餐饮等,这些服务业集群的兴起将重塑城市的功能布局和人口分布,推动城市化进程中的结构优化。工业活动趋向郊区化,形成集约化、智能化的产业园区,这些区域凭借先进的通信技术和高效的物流网络紧密相连,实现资源的高效利用和循环再利用,显著提升经济活动的整体效能,同时减轻了对自然环境的压力。

高铁不仅是一条连接城市的物理通道,还是推动城市绿色转型、产业结构优化和要素流动的动力,更是促进经济高质量发展的关键引擎。通过优化产业结构、引导资源合理配置、促进技术创新和加强区域协同,高铁在加速城市绿色生产结构优化的同时,为实现可持续发展目标提供了强大动力[181]。

### 6.2.2 高铁对产业技术创新绿色发展影响分析

我国高铁建设从零开始,既是国力强盛的标志,也是我国城市演进发展的必然结果。在这一进程中,传统的人口红利与资源依赖模式正面临消退,过往的资源密集型、高耗能发展模式已不再适应新时代的要求。面对资源枯竭、环境污染及碳排放的严峻挑战,如何加速生态环境的全面改善,进行技术创新发展,已成为中国经济发展亟须解决的关键议题。

高铁的运行显著提升了城市的可达性,为创新要素的跨区域流动开辟了新的路径,不仅加速了要素流动的速度,还提高了流动的效率与质量。高铁的开通不仅促进了技术与创新要素之间的精准匹配,还有利于绿色知识与技术的溢出和扩散,为不同企业间的知识交流与技术合作提供了便利。高铁的开通加速了环境权益市场的交易,为绿色创新的实现创造了有利条件。这一过程不仅推动了企业层面的绿色技术革新,还促进了城市环境质量的改善,体现了绿色创新在促进经济与环境方面的巨大潜力。

高铁的开通对技术创新绿色发展的影响,可从绿色发展需求、城市经济状况及高铁发展 3 个维度进行深入剖析,如图 6.2 所示。在不同城市规模下,这些因素交织影响,呈现出各异的效果。

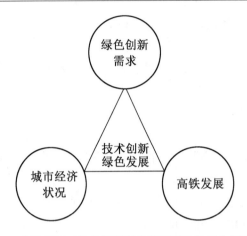

图 6.2 高铁开通对技术创新绿色发展影响的三个维度分析

小城市由于经济活动密度较低,对能源和物质资源的需求总量较小,加之环境压力相对较小,地方政府和企业对产业技术绿色发展的紧迫感不强。即便小城市有幸接入高铁网络,其对产业技术创新绿色发展的推动作用也较为有限。相比之下,大城市经济活动频繁,能源消耗与污染排放量显著增加,对技术创新绿色发展的需求强度自然更高。绿色发展往往伴随高昂的初始成本和较长的回报周期,小城市脆弱的经济基础难以承受社会环境治理的重负。加之,小城市容易陷入低端产业的路径依赖,短期内难以平衡经济增长与环境保护,高铁的开通在此情境下难以发挥显著作用。城市经济状况也是技术创新绿色发展的影响因素,大城市坚实的经济基础能够较好地覆盖绿色发展所需的投资,为实现经济增长与环境保护的双赢提供可能。高铁的高密度覆盖,进一步强化了大城市吸引高端人才与绿色技术的能力。城市规模对技术创新绿色发展的影响显著,小城市在绿色创新需求、经济实力与高铁资源获取方面面临挑战,而大城市则因较强的绿色创新需求、雄厚的经济基础与优越的高铁发展水平,更易于借力高铁推动绿色创新的深化。高铁的开通,尤其是较高的发展水平,为大城市带来了人才与知识的高效流动,从而有力地支撑了技术创新绿色发展的实现。高铁资源分配存在偏好,优先考虑连接大中型城市,导致部分小城市短期内难以享受高铁带来的便利。即使个别小城市设有高铁站点,但日停靠车次较少,高铁对产业绿色发展的促进作用有限。大城市通常享有更发达的高铁网络,高频次的列车停靠不仅极大地便利了人员往来,还促进了绿色知识与技术的交流与扩散,为技术创新绿色发展提供了肥沃土壤[182]。

高铁的问世极大地缩短了地域间的实际感知距离,促进了区域间的一体化发展,扩大了经济活动的空间溢出效应。对于商务人员而言,高铁以其快捷、舒适且安全的特点,已成为与航空旅行相媲美甚至更受欢迎的出行方式。随着人们对空间距离敏感度的降低,空间溢出效应的作用范围得以扩展,新技术的传播速率也显著加快。高铁不仅提升了物理空间的连通性,也加速了知识和技术信息的流通。高铁网络的建立有助于区域创新体系的迅速形成,沿线地区尤其是广东、浙江、四川等交通枢纽省份,知识获取能力显著增强,成为新的创新热点。这种高效汇集有效地促进了区域创新能力的发展与演化。

高铁的运行对企业的技术创新,尤其是节能减排技术的升级产生了显著影响。当高铁促进了生产性服务业的集中发展时,制造业的技术水平得以显著提升,这一现象凸显了高铁对技术升级和可持续发展的积极推动力。高铁不仅是一种交通工具的革新,更是推动区域经济一体化、加速知识传播、促进产业技术创新升级的关键力量,对实现绿色经济转型和区域均衡发展具有重要意义[181]。

## 6.3 高铁"流空间"产业绿色发展分析与讨论

随着社会经济的发展和人们生活水平的提高,环境保护和可持续发展成为当今世界各国共同面临的重要课题。高铁作为一种快速、便捷的交通方式,不仅改变了人们的出行方式,也在一定程度上影响着产业的发展和环境的保护。本节将就高铁"流空间"产业绿色发展进行深入分析与讨论,探讨高铁"流空间"如何促进产业绿色发展,以及如何在绿色发展中实现经济和环境的双赢。

高铁"流空间"通过高效的信息流、物流和资本流,加速了资源的配置和市场的整合,从而打破了传统地理空间对社会经济活动的限制。高铁的开通压缩了时空,使得人们在出行及货物运输方面的效率得到很大提升,并且通过产业结构升级及技术创新等降低了对环境的污染,实现了"绿水青山就是金山银山"的理念。

高铁通过提升站车服务科技含量,推进既有铁路电气化工程改造和"一日一图"出行优化,实现了"节能减排"和"绿色发展"等理念与铁路发展的深度融合。高铁的大规模扩张显著降低了交通运输行业的碳排放。据统计,自2008年至2016年,中国扩张的高铁网减少的年温室气体排放量,相当于1 475.8 万 t 二氧化碳,占中国交通运输行业温室气体总排放量的 1.75%[183]。高铁物流具有高效、准时和环保的优势,逐渐成为一种重要的货运方式。与传统的公路运输相比,高铁物流减少了道路拥堵和车辆尾气排放,推动了物流业的绿色转型。同时,高铁站点的设立和铁路网络的扩展也促进了区域间的经济联系和货物流通,降低了长距离运输对环境的影响。高铁吸引了大量原本使用公路交通的乘客和货物,从而有效地缓解了公路交通的压力。减少公路交通量不仅降低了交通事故率,还显著减少了汽车尾气排放,改善了空气质量,有利于环境保护和绿色发展。

高铁的绿色发展不仅对交通运输业本身产生了深远影响,还对其他行业和整个经济社会系统产生了积极的推动作用。在服务业和工业中,高铁的开通保证了服务业和工业的长期协调发展。在服务业中,高铁的开通构建了多元化的服务业集聚区,促进了服务业的持续健康发展与包容性增长,其中围绕高铁站点等战略位置,由政府主导制定长远规划,打造站前启动区、高铁新城商业圈等,吸引服务业企业集聚;同时,每个高铁站点显示了其独特定位,如综合性服务、美食文化、消费体验、休闲娱乐等,以满足消费者多元化的需求,提升了消费的导向性和效率;此外,还影响打造高品质服务集群,注重提供温馨、便捷、安全的消费环境,以优化顾客体验,激发复购意愿和口碑传播。在工业产业中,高铁助力工业发展,紧跟时代步伐,推进"智能化转型",助力城市工业迈向绿色发展之路。

通过深度融合人工智能技术与实体经济,大幅提升生产效率和环保水平。并且在此过程中,人工智能促使了部分低效劳动力转向服务业,实现人力资源的优化配置,同时也为工业智能化升级腾挪空间[181]。在旅游业中,高铁的便捷和高效使得旅游业更加繁荣。游客更倾向于选择环保的高铁旅行,而不是高污染的航空或自驾车旅行。这减少了旅游业对环境的负面影响,如温室气体排放和交通拥堵问题。此外,高铁沿线的城市和景区也得以更好地规划和发展绿色旅游设施,如环保酒店、生态旅游项目等。高铁的便捷交通使得区域间的人员和资源流动更加高效,推动了传统产业向绿色产业的转型升级。高污染、高能耗的企业可以通过高铁便利的交通条件迁移到资源丰富、环保要求低的地区,同时引进高新技术和绿色产业,提高整体产业结构的绿色化水平。高铁的建设带动了城市群和都市圈的发展,使得城市之间的联系更加紧密。这促进了产业的合理布局和资源的高效配置,减少了不必要的能源消耗和环境污染。高铁项目本身在建设和运营过程中大量采用了先进的环保技术,如节能降耗的高效动力系统、低噪声和振动的轨道结构设计等。这些技术的广泛应用不仅提升了高铁的绿色水平,也推动了相关产业的技术创新和进步,促进了整个社会的环保技术发展。

高铁具有大能力、低成本、节能环保等技术经济比较优势,是符合我国国情和可持续发展的绿色交通方式。铁路运输的货物周转能耗和污染排放量远低于公路运输,这不仅降低了企业的物流成本,也为现代化物流的低碳运输贡献了力量。此外,铁路部门还在绿色发展领域持续创新,开展了有针对性的科研课题,加强铁路降低温室气体排放技术改造和科研力度。

高铁的开通对其他产业绿色发展的影响是多方面的,高铁"空间流"为实现社会的可持续发展和生态文明建设做出了重要贡献。在未来,高铁所形成的"流空间"随着高铁网络的进一步完善和扩展,其对绿色发展的促进作用将更加显著。

# 第 7 章 高铁"流空间"区域产业结构转换分析

## 7.1 产业结构转换能力分析

党的十九大明确指出,我国的经济已经从一个高速增长的时期转变为高品质的发展时期,现在正面临着改变发展模式、调整经济布局和改变增长驱动力的关键时刻。高品质的发展代表了从数量上的增长到质的转变,它是为了主动适应经济的新常态并突破发展的障碍而做出的实际决策。虽然经济发展的"高质量"方向呈现出模糊和不精确的特点,但产业结构的转变是从高速度向高质量转变的必然结果,高质量的发展需要从"总量扩张"转向"结构优化"。

结构转变描述的是各个产业以及整体产业结构经历的质的转变,这对于提高全要素的生产效率是非常关键的。产业结构作为国民经济的核心和基石,体现了经济活动中各个产业间的经济互动和各部门的投入产出关系。其本质是资源的转换工具,意味着社会的各种资源可以通过产业间的高效运作,转化为满足社会需求的各种产品和服务。产业的构成是一个持续变化和调整的过程,它需要与当地的地理条件、资源配置及社会经济进展等多种因素相匹配。随着经济的持续增长,产业结构的转型也是不可避免的。通过有效的要素重组和技术的不断进步,产业的产出效率得到了显著提升,从而推动了集约式的经济增长。为了增强可持续发展的能力,升级产业结构和推动产业结构的转型被视为实现高品质发展的关键途径之一。

### 7.1.1 高铁"流空间"视角下的区域产业结构

#### 7.1.1.1 高铁"流空间"与区域经济发展

流空间理论,作为一种分析空间动态和区域相互作用的新视角,在西方学术界引起了广泛关注。随着这一理论在国内的引入和推广,我国的学者们也开始将其应用于对城市体系、空间结构以及腹地等不同地理尺度的研究中,以此来探讨和解释区域内外的各种流动现象[29]。

流空间理论强调的是空间中的流动性和动态联系,它认为空间不是静止不变的,而是由各种流动要素如人口、资本、信息、货物等的移动所构成的网络。这些流动要素的相互作用和动态变化,构成了社会经济发展的基础。在这样的空间中,地理位置不再是决定区域发展潜力的唯一因素,更重要的是区域之间通过流动建立的联系和相互作用。

流空间理论的核心在于,它将时间和空间视为通过流动要素的动态运作而相互联系的统一体。这种流动不仅仅是物理上的移动,还包括信息、资本和文化的传递,这些流动共同构建了一个共享时间的物质和社会实践的网络。在这个网络中,城市和区域不再是孤立的实体,而是相互关联的节点,每个节点的发展和变化都会影响到整个网络的形态和功能。

因此,流空间理论为理解和分析当代城市和区域发展提供了一种新的视角和方法,它强调了流动性和网络化的重要性,对于城市规划、区域发展策略的制定以及资源的合理配置,具有重要的理论和实践意义。

高铁作为一种关键交通基础设施,不仅能够在短期内通过刺激需求和促进资本积累来推动经济增长,而且还具有显著的外部效应,类似于准公共物品。这些外部效应包括提升区域互联互通、缩短旅行时间、提高运输效率等,从而在长期内间接促进经济的持续增长[184]。高铁的建设和运营,不仅为沿线地区带来直接的经济活动,还通过增强交通网络的连接性和便利性,促进了人才、物资和信息的流动,这些都是现代经济体系运行的重要基础。因此,高铁的投资不仅是一项短期的经济增长驱动器,更是一项具有长远战略意义的公共投资,对于促进区域经济一体化、提升国家整体竞争力具有重要作用。从宏观经济学的投资乘数理论出发,高铁投资作为国民经济的一项重要组成部分,不仅直接增加了总产出,还通过乘数效应促进了资本积累,引发了数倍于原始投资的社会总需求。这种需求的增加进一步提升了国民收入水平,从而推动了经济增长[184]。此外,依据现代内生经济增长模型,高铁是中央政府提供的基础设施公共产品,它对地方政府资本和私人资本具有溢出效应,最终会促进经济增长。

高铁作为典型的经济增长轴,通过对投资、劳动力和其他生产要素流动的引导,对于各地的产业布局产生深远的影响。最终改变沿线城市的经济结构,转变各地的经济增长方式。高铁的建设和运营显著减少了地理与时间上的障碍,极大地促进了区域内人员和货物的流动。这种增强的流动性加强了沿线城市和区域的经济互动,加速了市场经济的整合与发展。通过高铁网络,资源得以更高效地分配,促进了专业化合作和规模经济的形成,从而提升了整体的运营效率[185]。此外,高铁的引入也显著提升了区域的交通基础设施,改善了投资环境,增强了对外资的吸引力。这不仅促进了当地经济的增长,还为区域经济一体化和全球化提供了坚实的基础。高铁网络的扩展,为沿线城市带来了新的发展机遇,促进了产业升级和转型,为经济的长期可持续发展注入了新的动力。

高铁的建设提升了城市的连通性,使得人流和资金流动更加便捷,从而显著增强了城市间的经济合作潜力。这种增强的流动性不仅为沿线地区带来了新的商业机会,还为相对欠发达地区注入了经济活力,推动了当地经济的快速增长。

高铁网络的扩展促进了沿线地区的一体化进程,加强了区域内的经济联系,有助于形成一条充满活力和竞争力的经济发展轴线。这种经济一体化不仅提升了整个区域的发展水平,还促进了产业结构的优化和升级,为长期的经济增长奠定了坚实的基础。通过高铁连接,沿线城市和地区能够更有效地共享资源、技术和市场信息,从而实现共赢发展。

世界银行在1994年将基础设施划分为经济性基础设施和社会性基础设施两大类。经济性基础设施,如高铁、邮电通信和能源供应等,作为物质资本的重要组成部分,在生产过程中发挥直接作用。这些基础设施的提升有助于增强社会生产能力,从而推动经济增长的加速。因此,高铁作为重要的基础设施,其开工建设与运营对沿线地区的区域经济发展存在基础性影响。

在全球化的浪潮中,世界各国,尤其是欧洲、北美和东盟地区的经济,正逐步走向一体化。这些地区形成了一个开放且易于进入的网状经济结构,其中大部分地区都面临着激烈的竞争。这种竞争的结果是,一些地区可能会因此受益,而另一些地区则可能遭受损失。这一现象不仅在全球范围内存在,在国家内部也同样如此。高铁作为一种重要的基础设施,对于提高区域经济的竞争力以及应对全球化带来的挑战至关重要。它有助于促进区域内外的均衡发展,通过提高交通效率、降低运输成本,能够加强区域间的联系,促进资源和人才的流动,从而为区域经济提供新的发展动力。因此,高铁的建设和运营对于国家及地区在全球经济格局中保持竞争力具有重要意义[186]。

高铁的建设和运营通常会对区域的产业结构产生一系列影响,包括:交通与物流产业,旅游与酒店业,商贸与服务业,科技与创新产业,城市规划与房地产业,教育与人才流动,环保与可持续产业,农业与农产品流通等。高铁的运行不仅加速了城市间的交通流通,还促进了交通和物流行业的进一步发展。这涵盖了高铁站附近的主要交通节点和物流园区等地。由于高铁的便捷性,吸引了众多游客,这也导致旅游和酒店行业的需求逐渐上升。沿着高铁线路的城市有潜力成为主要的旅行目的地。在高铁的流动区域内,城市间的互动变得更为密切,这不仅促进了商业和服务业的增长,还加强了城市间的经济合作关系。高铁的流动区域通常与一系列发展水平较高的城市相连,这有助于科技和创新产业的聚集与相互作用。高铁的发展有可能引发相关城市在规划和房地产行业方面的调整和扩张。沿着高铁的城市可能会变成新的发展焦点,促进城市的更新和改造。高铁为城市间的人才流通提供了更大的便利性,从而促进了教育和人才培训行业的协同与进步。作为一种相对环境友好且可持续发展的交通工具,高铁有助于促进与之相关的产业,如清洁能源和新型能源交通方式等。同时,高铁的连接使得农产品更容易从产地流向城市,促进了农业与农产品流通的发展。总体而言,高铁"流空间"对于连接城市、促进产业合作、加速城市发展等方面都产生了显著的影响。这种影响通常在区域产业结构和经济发展中具有多方面的正面效应。

在确定修建高铁线路之时,沿线的各地方政府已经随机而动,采取相应的调整和应对措施,最大限度地发挥高铁对本地区的影响做准备,包括优化城市空间布局、车站选址、确定征地拆迁方案、建立投融资平台、进行产业结构调整规划等。随着高铁的开工建设,与地方政府联动的是地方资本移动,沿线城市无论从配套设施资金的融资与投入,还是通过交通基础设施改善吸引外市资本的流入,最终都转化为当地新增固定资产投资,从而对当地的经济总量产生倍增效应。通过资本流动,高铁运营之后的劳动力流动加速以及随之而来的技术流动等,高铁促使各地经济结构优化调整,推动沿线城市经济增长点的形成与优化,促进了经济总量的增长。高铁项目投资对地方经济政策和资本移动的影响,如图7.1所示[186]。

图 7.1 高铁项目投资对地方经济政策和资本移动的影响

高铁开工后,部分高铁投资直接构成了沿线地区的 GDP;地方政府的配套投资,以及配套设施的建设投资也会提高沿线地区的 GDP;随着高铁建设的民间资本移动,新的产业链条逐步形成,进一步增加沿线地区的 GDP。高铁建设的各项产品与设备的采购直接带来沿线地区的有效需求,促进地方经济发展,具有乘数效应。高铁建设带来的直接需求具有高技术特点,推动相应产品与设备的技术标准提升,促进企业技术升级,提高企业竞争力,最终促进地方经济增长。京沪高铁的运营直接影响民间资本和外资流动,人才流动和消费流动,生产要素与需求重新布局。对于不同的城市而言,这些影响不尽相同。对于城市增长点,也就是支柱产业集聚区,生产要素的重新布局会促进当地的 GDP 增长,但是对于增长点之外的区域则可能因生产要素的流出而受损。消费的分层与跨区域流动与集聚则对二、三线城市的服务业产生较大的负面效应,可能影响当地经济的增长。

总之,高铁项目的启动和运行对沿线地区的资本、就业及技术等关键生产要素的流动产生了显著影响,这些因素共同作用于经济增长,从而提升了沿线地区的国内生产总值(GDP)。在实际应用中,高铁的发展往往与其他经济、社会和政策因素相互作用,形成一种复合效应,这些因素的交织作用进一步放大了高铁对区域经济增长的促进作用[187]。因此,高铁项目不仅是交通基础设施的升级,更是推动区域经济发展、优化资源配置、提升产业结构和增强区域竞争力的重要驱动力。

高铁的发展克服了传统交通基础设施在人流和物流集散方面的限制,通过将线路从单一的"线状"结构升级为更为复杂的"网络状"结构,推动了交通网络的进步[29]。高铁提高了人流、资金流、物流、信息流、技术流等城市流动要素的移动能力,塑造了新的流通模式[29]。通过缩短旅行时间,高铁在"流空间"网络中实现了高度集聚力和扩展性,加快了区域生产要素的集中。这种集聚效应使得高铁对区域产业结构的塑造作用变得更加突出和多变。[29]

高铁"流空间"也对区域经济协同发展产生了深远的影响,体现在城市网络结构的演变、空间溢出效应、信息流协同效应、区域经济增长和产业经济协调发展等多个方面。这些影响不仅体现在交通效率的提升,还体现在对城市功能、经济结构和社会发展的深远影响。

高铁网络的扩张显著提升了城市间的互联互通,导致城市网络层级结构向更加均质化和多中心化的方向发展。以长江三角洲地区为例,其高铁网络发展较为成熟,显示出高铁网络对城市网络结构的影响因地区而异。这种差异反映了高铁网络在不同区域的经济和社会发展中所扮演的不同角色,以及它如何塑造和重塑城市间的相互关系与功能[188]。

高铁对区域经济发展产生了显著的正向空间溢出效应,这种效应在各个高铁枢纽城市中表现出不同的影响力。城市的度值(连接程度)、邻近中心性(与其他城市的接近程度)和介数中心性(作为网络中桥梁的重要性)较高的城市,其空间溢出效应更为强烈。这意味着,那些在高铁网络中扮演更重要角色的城市,对周边区域经济发展的带动作用也更为显著[189]。

高铁和信息流的协同作用在城市网络空间格局中起着关键作用。作为流动空间中的两种主要流动形式,高铁流(物理流态)和信息流(虚拟流态)共同影响了城市网络的发展。在环渤海地区,这两种流动的相互作用促进了城市间网络的发展,帮助减少了城市功能的差异,推动了城市发展的扁平化趋势。这种协同效应不仅加强了城市间的联系,还促进了资源和信息的共享,提升了整个区域的综合竞争力[190]。

高铁已成为一个关键因素,影响着各地区乃至全国的经济增长格局。通过提升网络内区域间的通达性和缩短时间距离,高铁促进了大量人口的快速流动,进而改变了资本、技术、信息、货物和服务在各区域间的流动模式。这种流动性的变化为各地区带来了不同的发展机遇和挑战,从而在整体上影响了区域经济增长的动态[191]。

高铁"流空间"与区域产业经济的协调发展经历了一个波动的过程,不同地区之间的发展差异显著。要实现高铁"流空间"与区域产业经济的有效协同,关键在于重视高铁的推动作用,并发挥政府在其中的调节作用,以促进产业结构的优化和升级。这要求政策的制定者和管理者认识到高铁对区域经济发展的深远影响,通过合理的政策和措施,引导和促进高铁网络与区域产业的良性互动,从而实现可持续的经济发展[29]。

#### 7.1.1.2 区域产业结构转换

随着全球化的深入和国内改革的不断推进,我国各区域的经济增长已不再是一个孤立的过程,而是越来越多地融入国际和省际的竞争大环境中。在这种背景下,"新旧动能转换"的过程不仅受制于区域自身的内部条件,还必须考虑到外部环境的影响和由技术推动的产业转型。即便是那些相对欠发达的西部地区,也正逐渐摒弃传统的"结构导向"或"资源导向"的发展模式,转而寻求以技术为导向的发展路径。这种转变反映了对于技术创新和技术进步在推动经济发展中的日益重视,也体现了中国各区域在全球化和技术革新浪潮中寻求新的发展机遇和竞争优势的努力[192]。

随着中国经济步入高质量发展的新时代,各省份和城市需要跳出传统的产业结构框架,探索新的发展路径。为了推动经济转型,我们需要整合结构导向和技术导向,以优化产业结构。一方面,着重发展低能耗、环保、附加值高的产业,提升产业结构层次,迈向中高端;另一方面,借助高科技和互联网等创新力量,促使它们与传统行业深度融合,催生新型产业和商业模式,实现新旧动力的有效转换。

产业是推动区域经济增长的核心动力,而所谓的"新旧动能转换"实际上是指区域产业结构的优化和升级。具体来说,这涉及推动区域内产业结构向更高效率和更高质量发展方向的转变,其中技术导向在这一过程中扮演着至关重要的角色。这意味着,通过技术创新和应用,可以促进传统产业的升级和新产业的成长,从而为区域经济增长提供新的动力和竞争优势[192]。

产业结构研究一般包括产业结构合理化和高级化(转型升级)两个方面的内容。产业结构合理化是以需求结构和需求变化为参照系的,与需求结构和需求变化相适应的产业结构才是合理的。产业结构高级化是指产业结构由低级向高级的转型升级,推动产业结构转型升级的动力主要来自需求结构升级和技术进步。可以看出,产业结构合理化(优化)和高级化都是动态的概念。

通常用产业结构高级化指数来测度产业结构升级状态和产业结构水平。如何测度产业结构高级化指数?学术界意见不一。一些学者依据克拉克定理,使用非农产业在国内生产总值(GDP)中的占比来衡量产业结构的升级。同时,另一些学者采用第三产业产值与第二产业产值的比率来评估产业结构的高级化程度。本节旨在通过产业产出(产值)变动考察对地区产业结构水平和经济增长的影响,根据这个研究视角,本节依据第一克拉克定理,参考钟肖英和谢如鹤的做法,用第二、第三产业产值在 GDP 中所占比重来测算产业结构发展程度。这样处理可以考虑到新兴产业、高端技术制造业和服务业在产业结构转型升级过程中所起的作用。从计算结果看,如果这个指标值处于上升状态,则表示产业结构正在向着高级化转型升级。具体计算公式为

$$GJ_{i,t} = (Y_{i,t}^2 + Y_{i,t}^3)/Y_{i,t} \tag{7.1}$$

式中 $GJ_{i,t}$——$i$ 省份 $t$ 年度的产业结构高级化指数;

$Y_{i,t}^2$——$i$ 省份的第二产业在 $t$ 年度的产业产值;

$Y_{i,t}^3$——$i$ 省份的第三产业在 $t$ 年度的产业产值;

$Y_{i,t}$——$i$ 省份 $t$ 年度的地区生产总值[193]。

由公式(7.1)可以看出,随着地区产业结构由传统农业向工业和服务业转型,该指标将持续增加,这意味着这个地区的经济发展正在朝着高质量发展的方向推进。本书选取《中国统计年鉴》《国泰安数据库》2000—2020 年各省、自治区、直辖市各产业产值数据,

编制出31个省(自治区、直辖市,不含港澳台地区)的"产业结构高级化程度(GJ)"指数。产业结构高级化程度的时间特征与变化趋势见表7.1[193]。

表7.1 产业结构高级化程度的时间特征与变化趋势

| 年份/年 | 均值 | 中位数 | 最大值 | 最小值 | 极差 |
| --- | --- | --- | --- | --- | --- |
| 2000 | 0.824 6 | 0.821 8 | 0.984 5 | 0.635 6 | 0.348 9 |
| 2001 | 0.834 3 | 0.821 6 | 0.985 5 | 0.660 2 | 0.325 3 |
| 2002 | 0.842 1 | 0.832 2 | 0.986 6 | 0.653 2 | 0.333 4 |
| 2003 | 0.851 2 | 0.832 2 | 0.988 4 | 0.657 8 | 0.330 5 |
| 2004 | 0.849 1 | 0.828 7 | 0.990 0 | 0.661 1 | 0.328 8 |
| 2005 | 0.857 9 | 0.846 7 | 0.990 4 | 0.672 4 | 0.318 0 |
| 2006 | 0.870 7 | 0.860 4 | 0.991 4 | 0.697 6 | 0.293 8 |
| 2007 | 0.876 4 | 0.859 4 | 0.992 3 | 0.715 3 | 0.277 0 |
| 2008 | 0.879 4 | 0.862 2 | 0.992 5 | 0.712 8 | 0.279 7 |
| 2009 | 0.884 9 | 0.872 0 | 0.992 9 | 0.723 4 | 0.269 4 |
| 2010 | 0.889 3 | 0.879 2 | 0.993 6 | 0.741 7 | 0.251 9 |
| 2011 | 0.892 5 | 0.886 0 | 0.993 7 | 0.741 6 | 0.252 1 |
| 2012 | 0.893 9 | 0.889 9 | 0.993 9 | 0.754 8 | 0.239 1 |
| 2013 | 0.895 6 | 0.892 3 | 0.994 3 | 0.767 8 | 0.226 6 |
| 2014 | 0.897 9 | 0.896 6 | 0.994 8 | 0.770 0 | 0.224 8 |
| 2015 | 0.899 5 | 0.898 4 | 0.995 3 | 0.768 0 | 0.227 2 |
| 2016 | 0.902 0 | 0.905 4 | 0.996 2 | 0.768 7 | 0.227 5 |
| 2017 | 0.907 8 | 0.911 4 | 0.996 6 | 0.759 2 | 0.237 5 |
| 2018 | 0.911 8 | 0.915 6 | 0.997 1 | 0.766 4 | 0.230 7 |
| 2019 | 0.910 6 | 0.916 1 | 0.997 2 | 0.765 0 | 0.232 2 |
| 2020 | 0.904 3 | 0.909 0 | 0.997 3 | 0.749 0 | 0.248 3 |

数据来源:根据国家统计局相关年份《中国统计年鉴》《国泰安数据库》。

根据这些指数数据,可以把21世纪以来中国产业结构高级化的特征和变化趋势概述如下:

首先,产业结构高级化程度逐年提升,省际差异逐渐收敛。从时间维度来看,2000—2020年,中国产业结构高级化程度逐年攀升,指标均值从2000年的0.824 6增长至2020年的0.904 3,区间涨幅9.7%,中位数则由0.821 8逐步攀升至0.909 0,区间涨幅高达10.6%[193]。

2000—2015年产业结构高级化指数的中位数小于平均值,且从2007年开始,中位数逐渐缩小与均值之间的差距,反映出 2000—2015 年中国 31 个省(自治区、直辖市,不含港澳台地区)产业高级化程度差异较大,趋向于偏态分布[193]。

随着改革开放不断深化和经济持续发展,2016 年开始产业结构高级化指数的中位数首次超过均值,反映出中国 31 个省(自治区、直辖市,不含港澳台地区)之间产业高级化程度差异逐渐收敛,指数趋于正态分布,产业结构水平逐年提升。2020 年由于受新冠肺炎疫情的影响,产业结构水平出现小幅回落,但指数仍处于 0.9 以上的高分位区间,显示出中国经济的强大韧性。

其次,产业结构高级化水平呈现自东向西的阶梯分布状态。从省份角度观察,区位条件也会对地区产业结构产生影响,进而成为影响地区经济发展的重要因素之一。这导致各省份的产业结构高级化程度存在差异,区域经济特征较为明显。

数据显示,各省份产业结构高级化程度的指标均值和中位数相差不大,说明极端值对统计结果造成的影响并不明显。具体来说,由于改革开放的政策红利,上海、北京两地产业结构水平的均值超过 0.99,在全国处于领先水平,同属直辖市的天津则以 0.975 4 居第三位,反映出东部沿海地区尤其是直辖市的产业结构水平更高;而海南、广西两省份产业结构水平偏低,排名末位。指标中位数排名的前三甲同样为上海、北京、天津 3 个直辖市,而海南、广西等地仍有进一步优化的空间[193]。

最后,东西部省份之间的产业结构高级化差距正在逐渐收敛。2000—2020 年,东部沿海地区 GJ 指数的最大值基本稳定且接近于 1.0,反映出长江三角洲地区、珠江三角洲地区、京津冀等城市群的产业结构已发展成为以高端技术制造业和服务业为主,产业结构水平一直保持高位。

2000—2013 年,中西部地区随着 GJ 指数最小值的快速走高,极差呈现出逐渐收敛趋势。从 2014 年开始,GJ 指数的最小值逐步趋于稳定,极差也随之稳定在低位运行,各省份的产业布局也趋于相对稳定状态[193]。

从省份角度观察,北京、上海两地的 GJ 指数极差值最小,且指数最大值与最小值趋近于 1.0。作为国家重要经济增长极的北京和上海,第一产业产值占比极低,新兴产业、高端技术制造业和服务业的迅猛发展极大地推动了地区经济的持续高速增长。

与京沪两地形成对比的是,西藏、海南、安徽等省份的 GJ 指数的极差较大,表明 2000—2020 年上述省份第二、第三产业出现了显著增长,第二、第三产业产值占 GDP 的比例不断提高,产业结构升级较快。

根据经验数据分析,在 2000—2020 年产业结构升级过程中,中国经济增长出现了一些新的变化趋势。

第一,经济增长实现速度优先向高质量发展转型。从时间线分析,以 2011 年为分界点,中国经济发展先后经历了"经济增速优先"和"高质量发展"两个阶段。2000—2011 年是增速优先阶段。2008 年爆发的国际金融危机严重冲击了世界经济,大多数国家经济增速明显回落,但在此期间中国经济独占鳌头,保持年均增速 10.3% 的高增长水平。2012 年中国经济增长开始减速,这一年经济增速为 7.9%,是 2000 年以来首次低于 8%

的增速。2013年11月党的十八届三中全会通过的《中共中央关于全面深化改革若干重大问题的决定》，其中强调了加速经济转型，推动建设创新国家，以及促进经济的高效、公平和可持续发展。该决定还强调了利用制度手段来保护生态文明环境，并致力于构建人与自然和谐共生的现代化建设新格局。经济发展战略和策略聚焦转型，转向高质量发展，经济增长速度出现较为明显的回落，2012—2020年各省份GDP增长的均值和中位数更多年份位于8%以下的区间内，这反映了中国经济社会步入"新常态"，形成新发展格局[193]。

第二，产业结构升级对中西部地区经济增长的推动作用更明显。21世纪以来，由于承接东部地区产业转移、融入以发达地区为龙头的区域经济一体化（如安徽融入"长江三角洲地区"）和自身产业结构调整升级，中西部经济发展步伐明显加快。从省份角度可以观察到，内蒙古、重庆、西藏、陕西等中西部地区的经济增长业绩更加突出。同期东部沿海地区由于较高的基期数据，GDP增长率排名仅位于全国中游水平。21世纪以来东北三省经济增速明显滞后于全国平均水平，经济增速均值在全国垫底，由此衍生出了人口外流、养老金缺口加大、招商引资困难等经济社会问题。

第三，中国经济步入平稳发展的"新常态"阶段。根据国家统计局相关年份《中国统计年鉴》和《国泰安数据库》31个省（自治区、直辖市，不含港澳台地区）主要宏观经济数据可以计算出2000—2020年全国31个省份经济增长率的最大值、最小值和极差的变化趋势。这些数据显示，2000—2011年中国经济处于高速增长阶段，这个时期中国各省份GDP增长的最大值始终维持在较高水平，且极差值的波动相对稳定。2012年中国经济进入减速阶段，各省份GDP增速的极大值和极小值都明显回落。与此同时，全国上下更重视发展方式转变和高质量发展，更重视环境生态保护，通过供给侧结构性改革优化产业结构和经济结构，降低能源消耗和污染，中国经济逐渐迈入可持续发展的"新常态"。

根据2000—2020年31个省（自治区、直辖市，不含港澳台地区）在不同年度经济增长率的最大值、最小值和极差的分布情况可以看出，这个时期各省份经济增长趋势的主要特征是GDP最大值、最小值的变动情况与全国经济增长率的总体变动情况基本趋于一致，指标的极差值波动相对趋于平稳。其中西藏自治区GDP增速的极差值在31个省份中最小，这说明地处西南边陲的西藏自治区经济发展受外部因素冲击的影响相对较小，发展速度在加快，经济增长指标相对稳定。2009年山西省、2015年黑龙江省GDP出现负增长，导致这两个省GDP极差出现不规律跳升[193]。

产业结构是评估一个地区经济发展健康程度和竞争力的重要指标之一。这种评价是一个持续变化的过程，因为区域经济发展的不同阶段会导致产业结构的相应变化。例如，在工业化的早期和中期阶段，山东省的产业结构与当地的资源禀赋以及全国产业分工是相适应的。但是，随着工业化的进一步发展，某些产业可能会因为环境污染、能源消耗等问题而不再适合继续发展。因此，为了确保产业与区域发展的协调性和可持续性，产业结构的优化与调整必须根据经济发展的不同阶段特征和新的发展需求来持续进行[192]。

随着经济发展的阶段变化,产业结构的调整和优化变得必要。区域产业结构变动导向理论指出,产业结构变动有三大基本导向:技术导向,即向技术密集型产业转变;结构导向,即围绕主导产业进行调整;资源导向,即依赖于资源型产业的发展。产业结构的演进方向取决于几个关键因素:一是区域内自然资源的状况和特性;二是区域所处的发展阶段和经济总体水平,包括现有产业结构的特征和面临的挑战;三是满足全国范围内区域分工的需求。

在选择产业结构变动的方向时,需要综合考虑这些因素,以确保产业结构的调整能够有效地促进区域经济的持续增长和竞争力的提升。例如,一个资源丰富的地区往往倾向于发展以资源为基础的产业,而科技水平较高的区域可能更注重发展以技术为核心的产业。随着全球经济格局的变化和国内市场需求的调整,区域产业结构的调整也必须跟上时代的步伐,持续适应新的发展环境和需求。

历史经验表明,随着经济发展的成熟,产业升级转型的关键不再是简单的数量增长或规模扩张,而在于创新驱动下的新产业和新产品的发展。市场需求的多元化和个性化趋势促使经济超越对传统产业和产品的依赖,因为传统产业常常面临资源枯竭和环境污染的挑战。因此,对现有产业进行新技术改造和积极发展新兴产业,成为实现经济持续健康发展的关键手段。在产业结构调整的过程中,应重点提高新技术产业的比例,使其成为支撑经济增长的主导力量。这种转变不仅有助于满足市场需求,还能促进资源的有效利用和环境的可持续性,从而为经济发展带来新的活力和动力。

技术革新与产业主导权转移驱动产业结构变化,期间各产业生产力差距显著。低效或缓慢增长部门的资源向高效、高速成长部门转移,助推社会总体生产力提升,即所谓"结构优势",为经济增长提供动力。此为产业结构调整促增产的根本原理。但同时,这一变迁过程伴随着挑战。中国的快速崛起引起了国内外学者的广泛关注,但关于产业结构对经济增长的影响,并没有形成统一的观点。此外,中国经济增长过程中出现的经济波动现象也是一个显著特征,特别是在经济周期中,经济总量的增长往往伴随着结构的分化。经济回落时,结构不平衡也会有所缩小。这表明产业结构对经济波动的影响是显著的,尽管这一领域的国际文献众多,但对中国相关问题的深入分析仍有待加强[194]。

产业结构的发展在促进经济增长的过程中呈现出明显的阶段性特征。其中,产业结构合理化与经济增长之间的关系相对稳定,而产业结构高级化则显示出较大的不确定性。调整和提升产业结构对经济波动的影响,尤其是在难以预见的周期性变化中表现明显,两者作用机理各异。其中,产业结构的升级往往是经济波动的一个关键因素,而结构的优化则能有效缓解这些波动。概括而言,在当前我国的发展阶段,产业结构的优化对于经济发展的正面效应超过了产业升级[194]。

区域产业结构转换是指在一个特定地理区域内,不同产业之间的相对比重发生变化的经济过程。这一过程通常反映了该地区的经济演变和调整,涉及从传统产业向更为先进和高效的产业方向的转变。以下是关于区域产业结构转换的详细解释:

①地域层面的调整。区域产业结构转换强调在一个特定的地理区域内不同产业之

间的相对位置和比重的变化。这可能包括农业、制造业、服务业等不同产业在该地区内的演变趋势。

②新兴产业的崛起。在区域产业结构转换中,通常会观察到新兴产业的崛起。这些产业可能与该地区特有的资源、技术或人才有关,成为促使产业结构升级的重要因素。

③技术创新的推动。区域内的技术创新对产业结构转换起到关键作用。新技术的引入可能改变地区内产业的生产方式、产品结构,从而推动整体经济向更高效、高附加值的方向发展。

④市场需求和消费者行为。区域内市场需求和消费者行为的变化对产业结构的调整产生深远影响。人口结构、生活方式等因素可能导致对不同产业的需求发生变化。

⑤地域优势的发挥。不同地区具有不同的地域优势,如自然资源、人力资源、科技创新等。在产业结构转换中,地方政府与企业通常会利用和整合这些地域优势来推动新兴产业的发展。

⑥政府政策引导。地方政府通过产业政策和经济政策来引导区域产业结构的转换。政府可能采取措施支持新兴产业,提供投资激励,制定有利于创新和发展的政策。

⑦人才培养和教育水平。区域内的人才水平和教育水平对产业结构的优化与升级至关重要。知识密集型产业通常需要更高水平的人才支持,因此地方政府和教育机构的合作也是促进产业结构升级的一项重要任务。

⑧全球化的影响。地方产业结构转换也受到全球化趋势的影响。国际贸易和投资对地方产业链的调整产生影响,使得地区经济与国际市场的相互联系更加频繁。

高铁建设不仅能够刺激内需,创造就业机会,还推动了产业结构的优化和升级。它促进了机械、冶金、建筑和合成材料等行业的增长。作为一种基于现代科学技术的新型客运铁路系统,高铁的发展还将推动新材料和信息产业的创新,并提升相关产业的技术和产品质量。此外,高铁的运行吸引了大量的人流、资金流和信息流向沿线地区集中,为产业结构的进一步优化和升级提供了宝贵的资源[195]。高铁对产业结构的作用机理如图7.2所示。

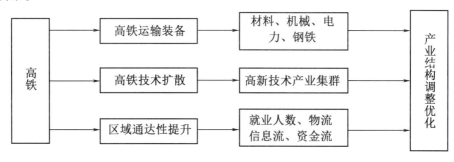

图7.2 高铁对产业结构的作用机理

张洪鸣等[195]构建了一套理论模型,探讨了高铁对城市产业布局和结构转变的影响。他们运用2008—2019年282个城市的数据,通过空间计量方法及中介效应分析,实证检验了高铁如何改变沿线及周边城市产业的空间分布并促使其结构转型,以及这一过程背后的中介机制。主要的研究发现包括：

①高铁的兴起增强了沿线城市的市场活力,促使高端服务行业向这些高铁枢纽集中,而制造业则向外转移到周边地区。这一趋势不仅加速了高铁沿线城市向高端服务业的转变,也带动了周边城市制造业的发展,形成了互补转型的局面。

②高铁对高端服务业产生的影响主要是通过集聚效应中介实现,即高铁促进了高端要素的空间集中,引领了高端服务业向高铁所在城市汇聚。

③高铁对制造业的影响机制主要是挤出效应,即因高铁造成不可流动要素成本差异,促使制造业向周边城市扩展。

该研究深化了我们对高铁如何塑造产业地理布局和推动结构转型的认识。张洪鸣证实,高铁促进了高端服务业的集中,并赞同其有助于制造业向周边地区辐射的观点。特别地,它强调了这种服务业集中与制造业分散的空间模式,揭示了高铁正驱动区域产业空间架构朝向"核心服务密集-周边制造为主"的格局演变。

研究该在产业结构转型分析中确认,高铁能加速城市向上游产业升级。张洪鸣着重指出,产业升级与产业空间重置密切相关,证实了高铁城市向服务业高端转型是周边聚集效应的结果,而周边城市转向制造业则是高铁城市制造业外溢效应所致。高铁因此在区域中催生了从"中心高端服务业"到"周边制造业"的梯度产业结构[195]。

高铁的快速发展不仅提升了交通便利性,还深刻影响了经济空间分布和产业结构的演变。通过建立理论框架和实证分析,研究揭示了高铁对市场潜力的提升如何引发产业空间分布和结构的变迁。高铁的推进具体引导了高端服务业向高铁联通城市集中,与此同时,制造业活动从这些高铁枢纽向周边城市分散。这种集聚和扩散的效应共同推动了高铁城市向高端服务业的转型,以及周边城市向制造业的转型。

这一现象表明,高铁通过促进高端流动要素的空间集聚和形成不可流动要素的价格差异,进而推动了产业结构的转型。高铁的便捷性和高效性吸引了高端人才、资本和技术等要素向高铁城市集聚,同时由于高铁城市土地、劳动力等不可流动要素的价格上升,制造业等成本敏感型产业开始向周边城市转移。这种产业的空间重新配置,不仅优化了资源配置,也促进了产业结构的优化升级。

此外,高铁的发展还带来了人流、资金流和信息流的大规模流动,进一步加速了产业结构的转型。高铁沿线地区的城市因此获得了更多的经济机会和发展潜力,有助于实现区域经济的协调发展。总体来说,高铁作为一种重要的交通基础设施,不仅提升了区域间的互联互通,也成为推动产业结构升级和优化的重要力量[195]。

### 7.1.2 高铁对产业结构的影响

关于高铁对产业结构影响的研究,有几篇论文提供了深入的分析和实证数据。

孙伟增等[196]利用2005—2019年中国280个地级及以上城市的面板数据,实证分析了高铁建设对产业结构的影响。研究显示,高铁的开通显著促进了城市产业结构指数的提升,其影响为总体结构变化的3.75%~4.84%。此外,高铁的开通对产业结构的影响存在显著的异质性,例如,当高铁连通的城市之间产业结构不同而经济发展水平相近时,分工效应起主导作用,并导致产业结构的两极分化[196]。

彭雪[197]通过对文献和相关理论的分析,以京广高铁作为研究对象,分为以下3段:北京—石家庄段、石家庄—武汉段及武汉—广州段,探讨了高铁建设对沿线城市产业结构变动的影响路径。研究发现,高铁通过降低要素流动壁垒,对沿线城市产业结构的变动产生影响,且不同规模城市3次产业的变动情况存在差异;中小规模城市中的第三产业在高铁开通后得到较快发展,经济贡献和竞争力优势均得到提升;大规模城市中第二产业发展较快,竞争优势高于中等规模城市;特大规模城市中的第三产业发展要快于第二产业的发展,但高铁开通后竞争力优势出现下降,分散力大于聚合力。

邓慧慧等[198]通过多期双重差分方法实证检验了交通基础设施改善对产业结构升级的影响及作用机制。研究发现,交通基础设施改善能够显著提升当地产业结构的合理化和高级化水平。在考虑了一系列可能干扰估计结果的因素后,这一结果仍然稳健。其中,规模经济效应对产业结构合理化和高级化的贡献最大,技术创新和资本劳动配置效应次之。交通基础设施改善对经济发展水平和基础较好的城市的产业结构高级化的推动作用更显著,且产业结构的高级化变动主要源于城市间资源的优化再配置;而经济发展基础相对较差的城市在高铁开通后主要受益于城市内资源的优化再配置,产业结构的合理化水平有更显著的提升[198]。

综上所述,高铁对产业结构的影响是多方面的,包括促进产业结构升级、改善产业空间分布、提升地区经济质量等。这些影响在不同规模的城市和不同产业间表现出异质性。高铁的发展不仅改变了城市间的联系,也深刻影响了地区经济的发展模式和产业结构。

## 7.1.3 高铁"流空间"区域产业结构转换分析

下面以京津冀地区为例来简要阐述高铁"流空间"区域产业结构转换分析。京津冀地区作为中国的"首都经济圈",发展备受瞩目,产业协同是京津冀协同国家战略的重要部分。京津冀出台了一系列政策,《关于贯彻落实〈京津冀协同发展规划纲要〉的实施意见》《京津冀产业转移指南》《关于加强京津冀产业转移承接重点平台建设的意见》《京津冀协同发展产业转移对接企业税收收入分享办法》《河北省推进京津冀协同发展规划》等,来发展总部经济,促进区域经济协调发展,但仍存在产业布局、产业关联等的不协同。在当前的经济转型背景下,区域产业结构对城市群经济发展的持续性和稳定性至关重要[199]。面对经济增速的调整、结构调整的加速以及发展动力的转换,实现产业结构升级、构建现代化产业体系、推动区域高质量发展已成为亟待解决的现实问题[199]。

要实现高质量的发展,需要从5个主要方面进行全面推动:高质量的供应、高质量的需求、发展的效率、经济的运行及对外开放。参照相关的学术研究,本书选择了需求、供应、结构、创新和外贸这5个主要指标,以深入探讨在高质量发展背景下产业结构的转型能力。选择这些指标的原因是,需求因素主要涉及消费的升级以及对绿色、环保的需求,供给因素主要集中在生产力和产业基础设施上,结构因素主要涉及资源的配置和劳动力的构成,创新因素主要集中在研发的投入和科技人才的培养上,而外贸因素则主要关注国际市场的竞争力和贸易政策。这些二级指标或研究重点在产业结构的转化能力中也具有一定的重要性。

在消费升级的过程中,关键是要观察市场对于产品和服务的需求是否有升级的迹象,是否追求更高的品质和附加值的产品,以及消费者对于品牌、创新和独特性的关注程度,这些都可能构成高质量产业的核心需求。对于绿色和环保的需求,关键是要了解市场对于环保和可持续发展的重视程度,评定是否存在对绿色产品和服务的强烈需求,同时也要考虑到消费者对环保标准的关心,以及他们是否愿意支付更多资金来支持环保产业。评估一个地区或国家的生产力水平,包括技术能力、工业自动化水平等,以确定是否有提升产出效率的能力,并观察制造业是否采用了先进的生产技术,以提高产出的品质和效率。产业基础设施的核心任务是对相关产业,如交通、能源和通信等的基础设施建设进行深入分析,以确保新兴产业得到良好的支持,并对数字基础设施和物流体系的完整性进行检查,以判断其是否满足现代产业的需求。资源配置的核心目标是评估资源配置的合理性,避免对某些资源的过度依赖,同时鼓励资源的多样化使用,并深入分析是否存在资源短缺或浪费,从而判断是否有必要进行产业结构的调整。劳动力结构研究的核心是观察劳动力市场的构成,检查是否存在具备高技能、创新能力和高度适应性的劳动力,并分析劳动力市场的灵活性是否有助于适应新兴产业的雇佣模式。研发投资的核心目标是评估不同地区或国家在研发方面的资金投入,这包括政府和企业在研发活动中的支持水平,并对研发投资的构成进行分析,如资金来源和项目种类等,以判断是否存在充分的创新潜力。科技人才培养的核心任务是观察和评估科技人才的培养和引进状况,同时也要评估是否有充足的创新人才支持,并对科技人才的构成进行全面检查,这包括工程师、设计师和数据科学家等,以适应不同行业的需求。在国际市场的竞争中,关键是要对相关行业在全球市场的表现进行评估,这包括产品的品质、品牌的知名度和市场占有率等方面,同时要权衡这些产业在国际市场中的长处和短处,并据此制定扩展国际市场的策略。贸易政策的核心目标是研究贸易政策如何影响产业结构的转型,这包括关税、贸易协议和出口补助等方面,以便更好地理解国际贸易环境的演变,并根据国际市场的需求及时调整产业布局。

用城市化水平($X_1$)和人均 GDP($X_2$)来表征需求因素;劳动生产率($X_3$)和 GDP 增长率($X_4$)表征供给因素;用第二产业和第三产业 GDP 比例($X_5$、$X_6$)来表征结构因素;专利申请授权量($X_7$),R&D 经费内部支出($X_8$)用来表征创新因素;外贸依存度($X_9$)来表征外贸因素。结构转换能力是多指标评价体系,本书选用降维分析的因子分析法(factor analysis method)来进行分析[199]。

本书选用 2017 年京津冀各区域统计数据,运行 SPSS 24 进行分析,数据来源于 2018 年的《河北经济年鉴》《北京统计年鉴》和《天津统计年鉴》。对原始指标数据进行处理,KMO 统计量值为 0.650,大于 0.6,巴特利特球形检验的结果 0.000,适合做因子分析。运算得到特征值大于 1 的 3 个因子,累计贡献率达到 86.99%,能充分反映原始 9 个指标的信息。因子荷载及因子特征值和贡献率见表 7.2。

表 7.2 因子荷载及因子特征值和贡献率

| 指标 | 因子 1 | 因子 2 | 因子 3 |
| --- | --- | --- | --- |
| 专利申请授权量 | 0.863 | 0.490 | 0.030 |
| 城市化水平(非农人口比例) | 0.862 | 0.347 | 0.185 |
| 人均 GDP/万元 | 0.841 | −0.104 | 0.100 |
| R&D 经费内部支出 | 0.805 | 0.424 | 0.245 |
| 劳动生产率 | −0.078 | −0.877 | 0.148 |
| 第二产业 GDP 比例 | −0.280 | −0.859 | −0.349 |
| 第三产业 GDP 比例 | 0.352 | 0.828 | 0.371 |
| GDP 增长率 | 0.066 | 0.041 | 0.938 |
| 外贸依存度(进出口总额与 GDP 相比) | 0.433 | 0.287 | 0.630 |
| 特征值 | 3.338 | 2.828 | 1.663 |
| 贡献率/% | 37.094 | 31.417 | 18.483 |
| 累积贡献率/% | 37.094 | 68.511 | 86.994 |

提取方法:主成分分析法。旋转方法:凯撒正态化最大方差法。

KMO:0.650;巴特利特球形检验:卡方为 208.643,自由度为 36。

从因子荷载看,专利申请授权量,城市化水平,人均 GDP 和 R&D 经费内部支出,落在了第一因子上,主要反映的是创新和需求,命名创新和需求因子,贡献率 37.094%。第二因子荷载集中在劳动生产率和第二产业、第三产业 GDP 比例上,反映的是产值效率,命名为产值效率因子,贡献率 31.417%。第三因子主要是 GDP 增长率和外贸依存度,表征的发展情况,命名为外贸发展因子,贡献率为 18.483%。由此,影响产业结构转换能力的主要因素为技术和需求、产值效率及外贸发展。

采用 SPSS 24 计算各地区各因子得分 $F_1$、$F_2$ 和 $F_3$,并进行贡献率加权求得产业结构转换能力综合得分 $F$,由于得分有正有负,为便于比较分析,将其转化后排序见表 7.3。

表 7.3 产业结构转换能力得分及排名

| 地区 | $F_1$ | $F_2$ | $F_3$ | $F$ | 转换分值 | 排名 |
| --- | --- | --- | --- | --- | --- | --- |
| 北京 | 2.625 86 | 1.487 92 | 0.852 86 | 1.599 13 | 1.000 | 1 |
| 天津 | 0.856 78 | 0.628 18 | −2.028 23 | 0.140 29 | 0.280 | 3 |

续表 7.3

| 地区 | $F_1$ | $F_2$ | $F_3$ | $F$ | 转换分值 | 排名 |
| --- | --- | --- | --- | --- | --- | --- |

| | | | | | | |
|---|---|---|---|---|---|---|
| 石家庄 | −0.065 28 | −0.283 9 | 0.654 83 | 0.007 62 | 0.215 | 6 |
| 承德 | −0.714 73 | 0.257 6 | −0.345 81 | −0.248 11 | 0.089 | 9 |
| 张家口 | −0.758 78 | 0.361 47 | −0.329 49 | −0.228 80 | 0.098 | 8 |
| 秦皇岛 | −0.438 83 | 0.233 5 | 0.527 7 | 0.008 11 | 0.215 | 5 |
| 唐山 | 0.841 56 | −2.193 32 | −0.276 12 | −0.427 94 | 0.001 | 13 |
| 廊坊 | −0.457 78 | 0.311 69 | 1.609 74 | 0.225 64 | 0.322 | 2 |
| 保定 | −0.277 61 | 0.160 57 | −1.684 89 | −0.363 95 | 0.032 | 12 |
| 沧州 | 0.515 99 | −1.434 52 | 0.380 07 | −0.189 03 | 0.118 | 7 |
| 衡水 | −0.309 5 | −0.861 84 | 0.522 97 | −0.288 91 | 0.069 | 11 |
| 邢台 | −1.106 98 | 1.133 85 | 0.440 58 | 0.027 03 | 0.224 | 4 |
| 邯郸 | −0.710 7 | 0.198 81 | −0.324 19 | −0.261 09 | 0.082 | 10 |

京津冀各区域产业结构转换能力存在显著差异,北京明显高于其他地区,天津、石家庄、廊坊、秦皇岛和邢台处于第二层次,承德、张家口、保定、唐山、沧州、衡水和邯郸处于第三层次。各因子在不同区域贡献也存在差异,第一因子在北京、天津和唐山得分最高,说明这3个区域的创新和需求水平较高。创新驱动的经济才更可能实现持续的高质量发展。第二因子在北京、天津和邢台得分很高,说明产值效率较高。第三因子主要在北京、廊坊和石家庄,说明这3个地区GDP增长快,外贸水平高。总体来看,在转化能力方面,北京处于领先位置,远远高于其他区域[199]。

## 7.2 产业结构转换升级分析

产业结构升级是指通过技术创新、制度创新和产业链的优化重组,提高产业附加值,推动产业结构向更高层次演进的动态过程。然而高级化和合理化是产业结构转换升级的基础,只有当产业结构变得更加高级和合理,才能支撑起产业结构的升级。产业结构的转换往往伴随着产业结构升级,但产业结构升级不仅仅是产业之间的转换,还包括产业质量和效率的提升。通过产业结构升级,产业结构能够更好地适应市场需求和技术进步,实现可持续发展。

总体来说,产业结构高级化、合理化与产业结构转换升级是相互关联、相互促进的。高级化和合理化推动产业结构的转换与升级,而产业结构的转换和升级又为进一步的高级化与合理化创造了条件。

### 7.2.1 产业结构的高级化、合理化分析

改革开放以来,我国经济实现了长达40多年的快速增长,跃升为世界第二大经济体。然而,随着国内外环境的演变,以往依赖资源投入、外部需求、投资推动和规模扩张

的增长模式已不再符合持续健康发展及全面建设社会主义现代化国家的需求。当前,我国正处于转型升级的关键阶段,迫切需要转变发展模式、优化经济结构、转换增长动力,以实现高质量的经济增长[200]。

当前,我国经济正处于向高质量发展阶段的转型之中,实现高质量发展是我们应对新时代挑战和克服发展障碍的紧迫使命。实现区域经济的高质量发展依赖于产业结构的转型与升级。刘惟蓝、朱启贵、马茹等在他们的高质量发展指标体系中都强调了产业升级和结构优化的重要性。产业结构的升级主要体现在其高级化和合理化上,而产业结构的合理化和高级化正是高质量发展的关键特征之一。

产业结构的高级化是指产业结构从较低级形态向较高级形态转变的过程,即向技术密集、服务导向、深加工、资源集约和附加值高的方向发展的动态过程[199]。本书采用干春晖等的方法,即第三产业产值与第二产业产值之比作为产业结构高级化的度量,比值上升则表示产业结构在向高级化发展。其计算公式为

$$U = \frac{y_T}{y_S} \quad (7.2)$$

式中 $U$——产业结构高级化指数;
$y_T$——第三产业产值;
$y_S$——第二产业产值。

$U$ 值越大,表示产业结构越高级;反之则越低。

在产业结构合理化度量方面,干春晖等在分析中国产业结构变迁对经济增长和波动的影响时采用了泰尔指数,认为泰尔指数是一个对产业结构合理化的有效的度量指标。本书采用泰尔指数分析产业结构合理化。其计算公式为

$$TL = \sum_{i=1}^{n} \left(\frac{Y_i}{Y}\right) \ln\left(\frac{Y_i/L_i}{Y/L}\right) \quad (7.3)$$

式中 $TL$——产业结构合理化指数;
$Y$——产值;
$L$——就业;
$i$——产业;
$n$——产业部门数。

$TL$ 值越小,说明产业结构合理化程度越高;$TL$ 值越大,则产业结构合理化程度越低[199]。下面以京津冀地区为例,分析 2007 年和 2017 年产业结构高级化及产业结构合理化特征,见表 7.4[199]。

表 7.4 京津冀各区域产业结构高级化和合理化

| 地区 | 2007 年 | | 2017 年 | | 变化率 | |
| --- | --- | --- | --- | --- | --- | --- |
| | 产业结构高级化 | 产业结构合理化 | 产业结构高级化 | 产业结构合理化 | 产业结构高级化变化比例 | 产业结构合理化变化比例 |
| 北京 | 2.935 | 0.038 | 4.237 | 0.019 | 44.36% | 50.00% |
| 天津 | 0.771 | 0.107 | 1.420 | 0.053 | 84.18% | 49.53% |
| 石家庄 | 0.791 | 0.32 | 1.516 | 0.061 | 91.66% | 19.06% |
| 承德 | 0.481 | 0.508 | 1.154 | 0.093 | 139.92% | 18.31% |
| 张家口 | 0.887 | 0.596 | 1.389 | 0.260 | 56.60% | 43.62% |
| 秦皇岛 | 1.279 | 0.229 | 1.652 | 0.190 | 29.16% | 82.97% |
| 唐山 | 0.562 | 0.166 | 0.542 | 0.055 | -3.56% | 33.13% |
| 廊坊 | 0.533 | 0.463 | 1.532 | 0.049 | 187.43% | 10.58% |
| 保定 | 0.698 | 0.560 | 0.939 | 0.167 | 34.53% | 29.82% |
| 沧州 | 0.710 | 0.558 | 0.975 | 0.089 | 37.32% | 15.95% |
| 衡水 | 0.665 | 0.550 | 0.999 | 0.290 | 50.23% | 52.73% |
| 邢台 | 0.479 | 0.789 | 1.766 | 0.027 6 | 268.68% | 3.50% |
| 邯郸 | 0.655 | 0.454 | 1.164 | 0.161 | 77.71% | 35.46% |
| 均值 | 0.884 9 | 0.438 8 | 1.522 7 | 0.124 0 | 72.08% | 28.26% |

由表 7.4 可以看出,2007 年产业结构高级化平均值为 0.884 9,2017 年为 1.522 7,产业结构高级化变化比例为 72.08%。产业结构合理化泰尔指数 2007 年、2017 年均值分别为 0.438 8、0.124 0,产业结构合理化变化比例为 28.26%[199]。

京津冀产业区域产业结构高级化变化情况如图 7.3 所示。京津冀区域产业结构高级化平稳提升,平均增幅 72.08%。除唐山外,其他区域产业结构高级化变化明显,但变化幅度明显不均衡。2017 年各区域明显走向高级化,尤其承德、廊坊和邢台变化很大,分别增长 139.92%、187.43% 和 268.68%。2007 年北京产业结构高级化为 2.935,明显优于其他区域,2017 年上升到了 4.237,2007 年到 2017 年间仍然提升了 44.36%。产业结构升级优化与政府激励政策有关[199]。

京津冀产业区域产业结构合理化变化情况如图 7.4 所示,产业结构合理化平均改善 28.26%。从图 7.4 上看,变化不均衡可以分为 3 类,第一类是合理化水平始终较高,仍有需小幅改善的区域,包括北京、天津、秦皇岛和唐山,始终处于前几位。北京始终处于产业结构合理化水平首位,泰尔指数从 0.038 降到 0.019。其次是天津,泰尔指数从 0.107 降到 0.053。秦皇岛的泰尔指数从 0.229 降到 0.190,唐山的泰尔指数从 0.166 降到 0.055。泰尔指数的降低幅度表明了产业结构合理化的改善程度。京津冀区域每单位土地上创造的工业和服务业总产值较高的地区依然集中在北京、天津等超大城市[23]。第二类是水平中等并且稳步改善的区域,包括石家庄、保定、承德、张家口、邯郸、衡水。第三类是水平较差、改善幅度也较小的区域,包括邢台,沧州、廊坊。虽然张家口、秦皇岛和衡水的合理化水平还不算高,但相比 2007 年改善非常明显,分别改善了 43.6%、82.97% 和 52.73%[199]。

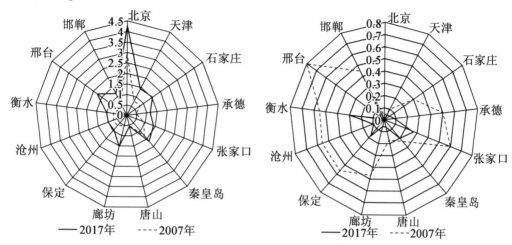

图 7.3　京津冀区域产业结构高级化变化情况　　图 7.4　京津冀区域产业结构合理化变化情况

### 7.2.2　高铁对产业升级的影响

高铁"流空间"通过提升交通基础设施、促进城市产业结构转型升级、赋能现代化产业体系建设和产生空间效应等多种方式,对促进产业升级起到了重要作用。

图 7.5 简要归纳了高铁对经济发展的影响机制。通常,高铁的开通首先会提升区域的可达性和连接性,增加市场准入,为人员流动提供一条高效的物理通道,这将改变人们的出行习惯并扩大他们的活动范围。其次,高铁会促进人才、资本、知识、信息、技术等经济要素的流动和集中,激发区域内和区域间的社会经济活动,如商业合作、商品交易、科研合作等,这些活动进而影响就业、生产率和创新能力,推动工业化和城市化的发展,最终对整个区域的经济增长产生作用。同时,经济增长也会反过来影响经济要素、就业和生产率等方面[201]。

高铁建设极大地提高了区域产业结构的优化和升级,依托规模经济、技术创新及资本和劳动力的更优配置三大驱动力,助推产业向更高层次迈进。在这三者中,规模经济效应成为拉动产业结构合理化与高级化最主要的力量,而技术创新和资本劳动力优化配置效应则紧随其后,共同助力产业升级转型[198]。

高铁的启用全局性地激发了城市产业构架的更新换代。伴随高铁网络的扩张与深化,那些在网络中高度互联的中心都市,尤其显著地受益于高铁对产业升级的正面推力。此外,高铁对产业结构演进的促进作用在时间维度上呈现出明显的阶段性特点[202]。

高铁经济通过促进沿线资本、人才、技术和信息等资源及消费要素的有效流动和集中,实现了这些要素的优化配置和共同发展。这一进程加强了产业间的合作与融合,刺激了高铁及其相关产业的技术创新,加快了传统产业的升级更新,并为新兴业态的发展提供了助力。

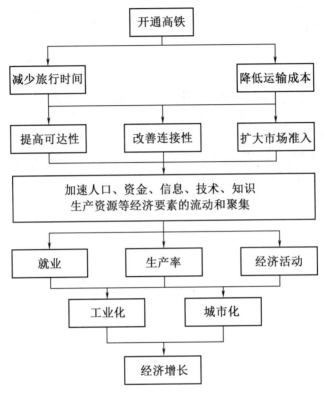

图 7.5 高铁对经济发展机制的影响

高铁的运营对站点城市的产业升级有显著影响,并且随着城市在高铁网络中的中心性增加,影响力也随之增强。高铁站点城市的开通对周边城市的产业升级产生空间溢出效应,并且具有空间衰减边界,范围从 150~1 250 km 不等,取决于站点城市的中心性[203]。

以京沪高铁对沿线城市的影响为例,作为连接北京与上海的重要交通纽带,是全球高铁网络的杰出代表之一。这条线路不仅将京津冀地区和长江三角洲地区两个世界级城市群紧密相连,还显著促进了沿线城市经济活力的提升和城市面貌的变革。京沪高铁推动了人才、技术、资金和信息等要素的畅通交流,从而带动了沿线区域的产业升级和结构优化,加速了京津沪等中心城市的资源向周边地区扩散,促进了区域内的专业化和分工合作,并显著促进了旅游业的发展。此外,高铁建设还作为推动新型城镇化的关键力量,引导沿线城市依托高铁网络发展经济带、建设新城区,进而重塑了区域的城市布局和发展模式。

例如,徐州东站的建设,从一片荒山杂草变成了高铁新城,极大地促进了当地的经济发展和城镇化进程。徐州东站在启用之初,日均送客量约为 7 400 人次,日运行列车 79 对,其中停靠办理客运的为 93 列。到了 2021 年,该站日均旅客量攀升至 4 万,增幅达

4.4倍;同时,京沪场的列车开行数量增至180.5对,停靠办理客运的列车数量增加到311列,列车总数相比最初提高了约2.3倍。与徐州类似的还有济南西站,该站所在的济南槐荫区人口十年前还不足30万,目前已经突破70万。数据显示,2020年徐州东站年旅客发送量1 123万人次,是2011年137万人次的8.2倍,实现了对徐州站的反超。城际高铁凭借高速度、大运能及高效集约的特点,强化了城市群内各城市间的联系,它不仅拉近了城市群的空间距离,还拓宽了人口流动的边界,有力地促进了淮海经济区城市间的互动与合作。徐州通过京沪高铁的启用,成功融入与南京、郑州、济南、合肥四省会的"1小时通行圈",并实现了3 h内抵达北京、西安、武汉、上海、杭州等五大都市的快捷交通网络。该线路联通了超过25个省份的180座城市,显著增强了徐州作为区域中心城市的辐射力和枢纽地位。在京沪高铁的带动下,大量周边城市居民来徐旅游、购物、就医、就业、购房,徐州区域辐射带动能力持续增强[204]。

地方产业经济的发展,离不开交通能级的提升,更少不了产业要素的集聚。京沪高铁线上的江苏南京雨花台区依托京沪高铁建成通车与南京南站加速发展的"天时地利",开始打造中国(南京)软件谷。截至2021年年底,中国(南京)软件谷已成为软件与信息服务产业的"千亿软件产业基地"成员,标志着其作为重点软件产业基地的成熟地位。据统计,该谷2020年的软件业务总收入达到了2 170亿元,占南京市的36%,占江苏省的21%。这里汇聚了3 142家企业,吸纳超过30万名员工,其中包括18家世界500强及全球软件百强企业。尽管互联网时代越来越依靠线上信息的交流与融合,但最终也需要物质生产要素落地。京沪高铁和南京南站恰恰起到了更高效、更便捷地将线上交流融合落地的作用[204]。

### 7.2.3 高质量发展内涵下产业结构转换布局分析

协调是高质量发展的内生特点,实现区域可持续发展的前提是保证系统协同发展。推动京津冀协同发展,必须立足各自比较优势,依据现代产业分工要求,坚持区域优势互补原则和合作共赢理念。京津冀各区域只有充分发挥各自优势,才能优化产业布局。产业结构相似系数是分析衡量区域之间产业部门构成异同程度的重要指标,为产业结构调整提供依据[199]。其计算公式为

$$S_{ij} = \left(\sum_{k=1}^{n} X_{ik} X_{jk}\right) / \sqrt{\left(\sum_{k=1}^{n} X_{ik}^2 \sum_{k=1}^{n} X_{jk}^2\right)} \tag{7.4}$$

式中 $S_{ij}$——相似系数;

$X_{ik}$——区域 $i$ 中 $k$ 所占的比例;

$X_{jk}$——区域 $j$ 中 $k$ 所占的比例。

相似系数为0,说明产业结构完全不同;相似系数为1,说明产业结构完全一致。区域产业结构相似程度进行评价时以0.90为判断标准,运用京津冀2017年数据进行测算,结果见表7.5[199]。

表7.5 京津冀区域产业结构相似系数

| 地区 | 北京 | 天津 | 石家庄 | 承德 | 张家口 | 秦皇岛 | 唐山 | 廊坊 | 保定 | 沧州 | 衡水 | 邢台 | 邯郸 |
|---|---|---|---|---|---|---|---|---|---|---|---|---|---|
| 北京 |  | 0.833 | 0.828 | 0.681 | 0.846 | 0.931 | 0.738 | 0.717 | 0.783 | 0.801 | 0.764 | 0.680 | 0.775 |
| 天津 | 0.833 |  | 0.988 | 0.953 | 0.974 | 0.958 | 0.982 | 0.971 | 0.974 | 0.988 | 0.965 | 0.953 | 0.982 |
| 石家庄 | 0.828 | 0.988 |  | 0.974 | 0.996 | 0.973 | 0.988 | 0.984 | 0.996 | 0.999 | 0.991 | 0.974 | 0.996 |
| 承德 | 0.681 | 0.953 | 0.974 |  | 0.964 | 0.898 | 0.993 | 0.998 | 0.988 | 0.983 | 0.991 | 1.000 | 0.990 |
| 张家口 | 0.846 | 0.974 | 0.996 | 0.964 |  | 0.982 | 0.974 | 0.973 | 0.994 | 0.992 | 0.990 | 0.964 | 0.989 |
| 秦皇岛 | 0.931 | 0.958 | 0.973 | 0.898 | 0.982 |  | 0.925 | 0.917 | 0.955 | 0.960 | 0.946 | 0.898 | 0.949 |
| 唐山 | 0.738 | 0.982 | 0.988 | 0.993 | 0.974 | 0.925 |  | 0.999 | 0.991 | 0.994 | 0.989 | 0.993 | 0.997 |
| 廊坊 | 0.717 | 0.971 | 0.984 | 0.998 | 0.973 | 0.917 | 0.999 |  | 0.992 | 0.992 | 0.992 | 0.998 | 0.996 |
| 保定 | 0.783 | 0.974 | 0.996 | 0.988 | 0.994 | 0.955 | 0.991 | 0.992 |  | 0.997 | 0.999 | 0.988 | 0.998 |
| 沧州 | 0.801 | 0.988 | 0.999 | 0.983 | 0.992 | 0.960 | 0.994 | 0.992 | 0.997 |  | 0.993 | 0.983 | 0.999 |
| 衡水 | 0.764 | 0.965 | 0.991 | 0.991 | 0.990 | 0.946 | 0.989 | 0.992 | 0.999 | 0.993 |  | 0.990 | 0.997 |
| 邢台 | 0.680 | 0.953 | 0.974 | 1.000 | 0.964 | 0.898 | 0.993 | 0.998 | 0.988 | 0.983 | 0.990 |  | 0.990 |
| 邯郸 | 0.775 | 0.982 | 0.996 | 0.990 | 0.989 | 0.949 | 0.997 | 0.996 | 0.998 | 0.999 | 0.997 | 0.990 |  |

从表7.5可以看出,产业结构相似系数有很多都超过了0.9。北京与其他区域产业结构相似系数不高,说明北京产业结构与其他区域存在明显区别。天津与北京产业结构不同,但与河北其他区域产业结构类似,河北内部各区域存在明显相似性[199]。

优化产业布局需要明确各区域产业优势,通过区位熵的计算,可以分析出京津冀区域各自的产业优势。将京津冀13个城市的各个产业细分,对比制造业、金融业及物流业在京津冀地区的分布。由于各个城市的统计报告中并没有明确标注物流业,本书参照交通运输、仓储和邮政业的相关数据作为物流业的数据,京津冀区域产业专业化测算结果见表7.6[199]。

表7.6 京津冀区域产业优势测算

| 区域 | 制造业 | 金融业 | 物流业 |
|---|---|---|---|
| 北京 | 0.650 | 1.218 | 1.667 |
| 天津 | 1.906 | 0.994 | 1.384 |
| 石家庄 | 1.164 | 0.994 | 1.505 |
| 承德 | 0.562 | 0.931 | 0.643 |
| 张家口 | 0.471 | 0.686 | 0.657 |
| 秦皇岛 | 1.121 | 1.116 | 0.67 |

续表 7.6

| 区域 | 制造业 | 金融业 | 物流业 |
| --- | --- | --- | --- |
| 唐山 | 1.39 | 0.778 | 1.416 |
| 廊坊 | 1.046 | 0.409 | 1.489 |
| 保定 | 1.139 | 0.827 | 0.446 |
| 沧州 | 0.659 | 0.89 | 0.931 |
| 衡水 | 1.076 | 0.793 | 0.734 |
| 邢台 | 1.067 | 0.661 | 0.751 |
| 邯郸 | 0.829 | 0.356 | 1.252 |

天津、石家庄、秦皇岛、唐山、廊坊、邢台、衡水、保定的制造业区位熵都大于1,说明这些城市的制造业具有专业化优势。2013年以前京津冀地区中48.89%的制造业集中在北京和天津。如今北京在加快实现产业高端化,重点打造高精尖产业,第二产业转移极为明显。北京和秦皇岛的金融业具有优势[168]。北京、天津、石家庄、唐山、廊坊、邯郸的物流业区位熵都大于1,说明这些城市的物流业具有一定优势,北京交通运输便利,商贸物流业发达,天津、唐山都有港口,货物的运输量大,物流业发达。石家庄物流业提升明显,由排在北京、天津、唐山沧州后的第四层次跃升到紧随北京之后[199]。

### 7.2.4 高铁网络对区域产业结构的影响

产业结构优化升级是宏观经济研究的核心议题之一,它体现了生产要素向高效率领域的转移。本书主要围绕产业结构的高级化和合理化展开。产业结构的高级化描述了区域产业结构从较低水平向较高水平的动态发展,体现在从农业、制造业到服务业主导地位的转变上,映射了产业结构的升级。而产业结构的合理化则是指产业结构的优化,强调产业之间发展的协调性和产业结构的整体质量。产业结构的高级化在微观层面体现了资源有效配置和技术进步,而在中观和宏观层面则展现了产业链、部门、产业结构的升级,以及城市间的产业分工合作和区域经济发展质量的提升。产业结构的高级化是优化升级的基石,而其实现的前提是要素的流动和集中,因此,持续改善交通基础设施和提升资源配置效率是必要的[205]。

高铁作为一种高速、高效率、大容量的交通方式,极大地提升了城市间的通达性和互联性,减少了时间和贸易成本,直接促进了生产要素流动的速度和范围,加强了区域间的互动,对产业结构的优化和升级产生了积极的经济影响。具体而言,随着高铁网络的逐步发展,生产要素的跨区域流动加快,资源共享的范围扩大,知识溢出加速,通过增强城市间的经济联系,提升沿线城市的互动和互补性,促进了城市间的产业分工合作和产业布局的合理化,增强了产业融合,推动了结构的优化升级。黎绍凯等指出,产业结构的高级化过程是通过高铁对资本和劳动力再分配效应的增强来实现的。首先,高铁网络的完善促进了人力、资金、技术等生产要素的流动和集中,推动了区域内资源的整合和再分配。这不仅通过规模经济直接减少了生产成本,还通过引入高新技术和高端人才间接提高了生产效率,降低了成本。这使得企业能够增强创新能力,提升整个产业的生产水平,进而推动产业结构的高级化。其次,高铁的引流作用能够促进沿线城市服务业的集中和发展,降低制造业的比例,增加高端服务业的份额,推动城市产业向高端化发展,从而进一步促进当地产业结构的升级[205]。

通过梳理已有文献可知,高铁建设的主要影响在于增强中国区域经济增长的外部性和结构效应[174]。在短期内,它能够提高就业率,而从长期来看,对地区产业结构产生深远影响,并具有重塑区域和城市空间布局的效果。同时,高铁通过空间溢出效应可以促进邻近非高铁城市的经济发展,缩小地区间的发展差距[205]。因此,不断完善高铁网络,通过高铁建设推动产业结构的高级化,优化空间经济布局,促进中国城市体系结构的多元化发展是必要的。然而,由于多种因素的影响,高铁建设在各地区之间存在显著差异。目前,中国高铁网络呈现出东部密集、西部稀疏的特点。通过复杂网络分析可以发现,国内一线城市在高铁网络中的偏心率和节点度数显著提高,显示出高铁网络建设的非均衡性。这种非均衡状态会导致不同地区的经济效应产生显著差异。高铁线路的开通加剧了有站点城市与无站点城市之间的差异,进一步扩大了区域经济差距[205]。

总体而言,高铁网络的建设通过加速要素流动,提升了城市产业结构的高级化水平,持续优化地区产业结构的布局。在促进资源再分配的过程中,它改变了区域空间的发展格局,并对区域经济发展产生了深远的影响。

王群勇等[205]采用社会网络分析和空间计量方法,研究了高铁网络的完善对地区产业结构升级的空间效应,并检验了地区和城市规模引起的异质性。通过运用动态空间杜宾模型进行深入研究,得出了相关结论:

首先,中国的产业结构整体上显示出显著的空间相关性。高铁网络的相对中间中心度对产业结构升级具有显著的正面直接和间接效应,表明高铁网络的完善促进了地区产业结构的高级化。其次,由于地区间在经济发展、地理位置和资源禀赋等方面的差异,高铁网络建设呈现出非均质化特征,导致高铁网络对地区产业结构高级化的影响在方向和强度上表现出较大的差异性。高铁网络的完善直接推动了东部和中部地区的产业结构升级,而对西部地区的影响则不显著;同时,它促进了大城市产业的高级化,并产生了外溢效应,对于中小城市而言,其效果主要局限于本地;对于区域内部的城市群来说,由于产业发展布局的不同,高铁网络的影响结果也各不相同。最后,动态空间模型的结果表明,地区产业结构具有时间和空间的延续性及滞后性。在短期内,高铁网络的完善主要对东部和中部地区的产业结构升级产生作用,而对西部地区的影响不显著,并且溢出效应在方向上存在差异。从长期来看,只有西部地区表现出溢出效应。

## 7.3 区域产业结构转换分析结论与讨论

实现区域协调发展依赖于产业协调发展的支撑,应当通过工业化的充分发展来达到区域的平衡发展。产业结构的演变是推动经济增长的关键力量,由于市场机制还未完善,后发追赶地区的政府在产业结构的演变中扮演着关键角色[206]。高质量的经济发展被视为新经济特征如结构调整和动力转换的策略方向。为了达到这种高质量的发展,我们必须建立一个现代化的产业结构,并增强产业结构的转型能力。在京津冀地区,产业结构的转型能力表现出明显的不同,其中北京的能力远超其他地方,而天津和石家庄则紧随其后。京津冀地区的产业结构转型总体上是向产业结构的高级化和合理化方向发展,但各个区域的变化是不均衡的。京津冀地区的产业结构有着显著的相似性,除了北京的产业结构与其他地区有明显的不同之外,其余的12个区域在产业结构上也显示出高度的相似性。北京在金融和物流领域拥有显著的竞争优势,而天津、石家庄、唐山、廊坊则在制造业和物流领域表现出色[199]。

如何理解、把握高质量发展的内涵,进而助推并早日实现我国建成社会主义现代化强国的宏伟目标,习近平总书记在党的二十大报告中给出了明确答案,即高质量发展是全面建设社会主义现代化国家的首要任务[207]。据此,要想全面建成社会主义现代化国家,就必须坚持高质量发展这一根本原则,这也是习近平经济思想的核心要义。

高质量发展是从"规模速度型"向"质量效益型"转变的发展,中国经济发展的质量与效益,既包含经济本身的发展水平,还涉及社会、生态等诸多方面。总而言之,高质量发展就是经济发展从"'有没有'转向'好不好'"的发展。因此,高质量发展的核心内涵是指,我国在新的历史发展阶段,立足以人民为中心的价值取向,遵循新发展理念的指导原则,推动经济朝着更高水平、增长更加稳定、结构更为协调、方式更可持续的方向迈进,为实现全面建设社会主义现代化国家首要任务和人民幸福安康最终目的而进行的一场事关经济社会发展全局的深刻变革。

高铁作为一种先进的交通方式,对促进区域经济一体化、提高资源配置效率、增强城市间联系等方面具有重要作用。高铁的发展能够促进人才、资本、信息等要素的流动,这些都是推动产业结构转换和实现高质量发展的重要条件。

产业结构转换是指经济中不同产业的比例和结构发生变化,如从传统制造业向服务业、高科技产业的转变。这种转换是实现高质量发展的重要途径,因为它能够提高经济的整体技术水平和创新能力,增强经济的内生增长动力。

高质量发展强调的是全面而均衡的发展模式。对于京津冀地区来说,实现高质量发展关键在于把握京津冀地区协同发展的战略机遇,根据各区域产业结构升级的具体需求,利用高铁网络优化产业分工合作,推动产业结构向更高级、更合理的形态转变。这不仅包括提升产业链的水平,还包括促进区域间资源的有效配置和优化,加强城市间的经济联系,以及通过提升创新能力和效率来促进经济的持续健康发展。通过这种的方式,京津冀地区可以实现经济结构的优化升级，进而推动整个区域的高质量发展。

为进一步优化京津冀产业布局，提升产业结构转换能力，实现京津冀高质量发展，需注意以下几方面[199]：

首先，正确认识产业结构转换能力差异。影响产业结构转换能力的因素是多方面的，京津冀各地区资源禀赋不同，发展历史不同，因此要正视区域间存在的差异，不可急促地拔苗助长。其次，重视挖掘产业结构转换发展潜力。传统产业转型升级大有可为，积极促进传统产业智能化、精细化、绿色化转型升级。

技术创新与产业结构的转型升级之间存在长期稳定的关系。在格兰杰因果检验中，如果滞后期设定为1期，技术创新被发现是产业结构变化的格兰杰原因，这意味着早期的技术创新对后期产业结构的优化和升级具有推动作用。而当滞后期设定为2期时，技术创新与产业结构转型升级则互为格兰杰原因。这表明技术创新与产业结构的转型升级不仅相互影响，而且这种影响具有时间上的延迟特征[208]。

为了通过技术创新推动产业优化，需要具有长远的眼光。从长期来看，技术创新是促进传统产业转型升级的关键因素。然而，在实施创新驱动发展战略、依赖技术创新促进产业转型的过程中，应避免采取短期行为[177]。以提升全要素生产率为核心，实现高质量发展，是挖掘河北省经济增长潜力的重要手段。对此提出以下建议：

①借助京津冀协同发展和雄安新区建设的机遇，推动科技创新。河北省应增加投资，打造高标准的创新平台，主动吸纳京津地区的创新资源，促进创新资源和要素的开放共享，建立和完善京津冀区域协同创新体系。通过科技创新能力的提升，促进河北省全要素生产率的增长。

②深化改革，促进制度创新。全要素生产率反映了经济增长中除去有形生产要素所做贡献之外的那部分，这其中包括科技创新，同时也包括制度创新。转变政府职能，提升服务质量和效率，以及深化"放管服"改革，进一步减少政府干预，都是提升全要素生产率的有效途径。

③促进传统产业升级转型，提升内部资源分配效率。为解决河北省产业结构偏重、发展质量和效益不高的问题，一方面需利用高新技术改造提升传统产业；另一方面要加强新兴战略产业的培育和现代服务业的发展[209]。

应用高新技术来促进河北省传统产业的转型升级，并利用互联网推动新兴服务业的发展，进而促使产业结构向更高级形态发展[199]。

最终，应充分发挥政府在产业结构转型中的角色。加强区域产业转型的宏观引导，消除区域内的流动障碍，以科技创新为关键驱动力，提升要素质量。同时，发挥京津地区的辐射和引领作用，增强河北的产业承接能力，发展总部经济，打造优势产业聚集区，提升产业结构的转型能力，从而实现京津冀地区的高质量发展[199]。

这些措施的综合实施将有助于促进京津冀地区产业结构的升级与优化，推动高质量、可持续的区域发展。

# 第8章 高铁"流空间"产业经济环境效应展望

中国高铁自21世纪初以来,经历了飞速的发展,已成为全球高铁发展的典范。目前,中国高铁网络的里程已经达到了4.5万 km[209],占全球高铁运营历程的45%。这一发展历程主要经历了3个阶段:探索发展、快速发展和高速发展。在技术含量、里程数及客运量方面,中国高铁均居全球首位[211]。

中国高铁对各个领域的贡献是多方面的:

①经济发展。高铁的发展带动了沿线城市的经济增长,促进了城市间的经济和文化交流。据测算,每1亿元高铁投资可创造就业岗位600多个,并对建筑、冶金、制造等上下游关联产业产生显著拉动效应[212]。

②城市化和区域发展。高铁的构建和运营对城市结构、人口分布及经济布局产生了深远影响,推动了国家现代化的步伐。例如,京雄城际铁路在加强雄安新区与北京、天津等京津冀中心城市的联系方面发挥了关键作用,为民众提供了便捷的交通方式,加速了产业集中,并促进了区域经济的协调发展。

③节能环保。在节能方面,高铁每人百千米能耗仅为飞机的18%和大客车的50%左右。在环保方面,高铁二氧化碳排放量仅为飞机的6%、汽车的11%[213]。

④技术创新。中国在高铁技术创新上取得了突出成就,例如复兴号动车组的研发和投入使用,展示了中国在高铁技术领域的领先地位和技术进步。

展望未来,随着"流空间"的发展,高铁建设对城市网络的影响更值得关注。高铁网络的空间扩展加强了城市之间的连通性,城市网络层级结构逐渐均质化演变,中国城市体系结构趋向于多中心化。中国高铁将继续保持其创新和发展势头,进一步扩大高铁网络,提升技术水平,并在全球范围内扩大其影响力。随着"十四五"规划纲要确定的重大铁路项目的有序推进,中国高铁将继续在经济发展、城市化进程、节能环保和技术创新等方面发挥重要作用[214]。

## 8.1 高铁"流空间"产业经济效应展望

### 8.1.1 高铁"流空间"产业效应分析

在中国实施"一带一路"倡议的过程中,高铁建设取得了显著进展[215]。高铁作为一种高速、便捷的交通方式,通过缩短城市间的时空距离,促进人流、物流、信息流和资本流的加速,加强了区域间的互联互通,从而影响了产业经济的发展。接下来从高铁"流空间"对旅游业、物流业产业集聚,对三次产业影响以及对区域产业结构转换来阐述其效应。

#### 8.1.1.1 高铁"流空间"对产业集聚的影响

(1) 高铁"流空间"对城市群旅游业产业集聚效应

总结本书第 5 章内容可知,高铁的广泛铺设对京津冀地区的旅游产业布局带来了根本性的变革,主要体现在旅游业从以往的密集型向分散型发展模式的转变,从而推动了区域内旅游资源的均衡利用与发展。在高铁系统投入运营之前,旅游业主要集中于那些旅游资源丰富且交通设施完善的大城市,导致了旅游产业的过度集中。但是,随着高铁网络的不断扩展和优化,区域内的交通便捷性得到了显著提升,游客不再受到传统交通制约,交通条件不再是选择旅游目的地时的主要考虑因素。这种变化有效地缓解了由过度集中带来的诸多问题,包括交通堵塞、旅游景点过度拥挤、旅游体验质量下降及旅游成本上升等。高铁的建设和运营促使旅游产业逐渐从原有的热点城市向周边地区扩散,实现了资源的优化配置。高铁的这种扩散效应显著超过了其集聚效应,使得旅游产业的分布变得更加均衡,为区域旅游的整合和一体化发展奠定了坚实的基础[149]。

在高铁建设的后期阶段,我们见证了旅游产业从中心区域和外围区域向边缘地区扩散的趋势,边缘地区经历了从初期的扩散效应向集聚效应的转变。高铁的建设显著提高了边缘地区的交通便捷性,减少了游客的出行时间和经济成本,从而推动了旅游活动的空间扩展和地理分布的外溢效应。同时,随着中心区域运营成本的上升和市场环境的不断演变,旅游产业逐渐开始了向边缘地区的战略转移。这些边缘地区,凭借其相对较低的运营成本和日益凸显的地理优势,成为旅游产业重新定位和布局的热点。这种转移不仅促进了旅游资源在更广阔区域内的均衡分配,也为边缘地区带来了新的发展机遇,推动了当地经济的多维度增长和社会的全面进步。

高铁网络的完善不仅加强了不同地区之间的联系,而且促进了旅游资源的共享和互补,为区域旅游的一体化发展创造了有利条件。随着高铁的快速发展,中心区域和边缘地区的旅游产业通过高铁紧密相连,形成了一个互动互助的旅游网络,共同推动着整个区域旅游业的持续健康发展。一方面,高铁的开通促进了旅游资源的共享和互补。边缘地区的旅游资源通过高铁网络与中心区域的旅游资源紧密相连,形成了优势互补的旅游线路。游客可以根据自己的兴趣和时间安排,选择不同的旅游线路,体验不同的旅游资源,满足多样化的旅游需求。另一方面,高铁的开通还促进了旅游产业的协同发展。高铁沿线城市可以利用高铁的便利,共同开发旅游产品,开展旅游营销,推动旅游业的协同发展。同时,高铁的开通也促进了旅游产业链的延伸,带动了相关产业的发展,如餐饮、住宿、交通等,进一步促进了旅游业的繁荣。

综上所述,高铁网络的完善为区域旅游的一体化发展创造了有利条件,使得中心区域和边缘地区的旅游产业能够紧密相连,共同推动着整个区域旅游业的持续健康发展。高铁的快速发展为旅游业带来了新的机遇,也为地区经济的繁荣做出了积极贡献。

### (2)高铁"流空间"对城市群物流业产业集聚效应

高铁的开通促进了城市群内部及城市间的物流产业集聚,这有助于提高物流效率和产业竞争力[215]。高铁网络的发展使得资源可以在城市群内部更加优化地配置。物流产业集聚通过资金、人才等资源的集聚来降低各行业的运营成本,同时引致的技术创新能力的空间溢出效应会优化产业结构,促进区域社会经济的发展[215]。此外,高铁网络的发展还促进了城市群内部不同城市之间的产业协同。物流企业可以与高铁站点附近的制造、商贸等产业形成协同,实现产业链的优化和升级。并且高铁网络的发展还带来了空间溢出效应,即高铁沿线城市因高铁的便利而获得更多的发展机会,从而促进物流产业的进一步集聚和发展[215]。例如,高铁的开通显著提升了城市的可达性,促进了城市物流产业的集聚,从而有效推动了京津冀地区的经济增长[1]。

综上而述,高铁作为一种重要的交通基础设施,对于促进城市群物流产业的集聚以及区域经济增长具有重要作用[1]。高铁的开通不仅强化了主要城市的物流枢纽地位,同时也促进了周边地区的物流业发展,使得整个区域内的物流就业分布更加多元化和均衡化。

#### 8.1.1.2 高铁"流空间"对第一、第二、第三产业的影响

总结本书第3章内容可知,高铁的建设和运营,对促进地区产业发展和经济增长具有重要作用。其通过提高交通可达性和降低运输成本,促进了地区产业的发展和集聚。这种基础设施投资在短期内刺激了工程建设相关行业的发展,并通过改善区域间的联系,长期促进了服务对象相关行业的发展。高铁的建设增加了对原材料和工业品的需求,扩大了相关企业的生产规模,并吸引了更多企业和资本的进入。同时,高铁还提升了城市间的联系度和市场潜力,促进了旅游业、金融服务业等相关产业的发展,从而提升了沿线城市第三产业的经济集聚密度。此外,高铁的开通也显著影响了知识密集型服务业的集聚态势,并推动了域内知识密集型服务业的均衡布局。高铁的开通对非省会城市、港口城市及大城市知识密集型服务业集聚态势呈负向作用,但对中等集聚水平知识密集型服务业的扩散效应最为强烈[216]。总体来说,高铁作为交通基础设施的重要组成部分,对促进区域的产业发展和集聚具有重要作用。

高铁基础设施通过优化地区产业结构和促进经济发展,带动了生产要素在地理空间上的移动。这种基础设施的便利性降低了运输成本和信息传递成本,增强了技术、知识、资金和劳动力的流动性,从而推动了城市的区位优势发展。劳动力和资本的流动,受到第三产业经济增长、人口迁移以及伴随人口流动的信息和知识传递的影响。

高铁的运营减少了知识型劳动者的交流成本,促进了信息的交流和知识的创新,进而推动了经济增长和产业集聚。在高铁建设过程中,资本流动会促进现有产业链的升级和转型,并吸引其他城市的中高端产业及生产资料向该区域转移,增强了产业集聚。因此,高铁基础设施通过发挥其正外部性作用,促进了相关产业的发展和转型,带动了原有弱势行业的转型发展,甚至激发了新行业的诞生,从而改善了当地的产业空间布局情况,并吸引了更多企业的选择,形成了新的增长点[114]。

综上所述,高铁"流空间"对三次产业的影响是深远的,尤其在促进服务业集聚和产业结构升级方面表现突出。高铁通过改善区域可达性和流通性,促进了经济活动的空间布局优化,从而引致产业资源的空间集聚或扩散。高铁的建设不仅推动了城市服务业的发展,也促进了城市间知识密集型服务业的均衡布局,并对城市产业结构升级产生了显著影响。在未来高铁规划建设与产业创新发展过程中,需要考虑如何通过创新要素空间流动,实现跨区域资源整合,提升技术创新成果产业化水平、提高资源利用效率,推动产业结构向高级化、合理化方向转换,实现创新与经济及产业结果深度融合,推动经济高质量可持续发展。

#### 8.1.1.3 高铁"流空间"对区域产业结构转换效应的影响

通过本书第7章可知,区域产业结构需要通过区域产业结构转换升级来实现经济高质量发展。高铁作为一种现代化的交通基础设施,对于促进区域经济的一体化、提升资源的配置效率以及加强城市之间的联系扮演着至关重要的角色。高铁网络的扩张和优化,不仅极大地促进了人才、资本、信息等关键生产要素的高效流动,也为区域产业结构的转换和升级提供了强有力的支撑,这些都是实现区域经济高质量发展的重要前提和保障。

高铁的发展通过缩短城市间的时空距离,提高了区域内的交通便捷性,从而加速了生产要素的流动和配置。这种流动和配置效率的提升,为区域产业结构的优化和升级创造了有利条件。产业结构的高级化和合理化,又进一步推动了区域产业结构的转换和升级,形成了一种正向的互动和循环。

此外,高铁"流空间"对区域产业结构转换的效应是多方面的,它不仅改变了城市间的可达性和流通性,还对经济活动的空间布局产生了深远影响。高铁作为区域快速综合交通网的主骨架,提升了通道客运能力和缓解既有铁路货运压力,从而促进了城市间的经济活动[217]。

综上所述,高铁作为一种先进的交通方式,对于促进区域经济一体化、提高资源配置效率、增强城市间联系等方面具有重要作用。通过推动人才、资本、信息等要素的流动,高铁的发展为区域产业结构的转换和升级提供了有力支撑,是实现区域经济高质量发展的重要条件。

### 8.1.2 展望与建议

#### 8.1.2.1 旅游业、物流业新模式趋势与建议

高铁的发展不仅改变了人们的出行方式,也催生了一系列新兴产业和业态,尤其是对旅游业和物流业的影响最为显著。

(1)旅游业的新模式

①全域旅游。高铁的快速、便捷特性使得跨城市旅游更加容易,促进了全域旅游的发展。游客可以更灵活地规划行程,短时间内游览多个城市或景点,从而推动了旅游资

源的整合和旅游产品的多样化。例如,武广高铁的开通对沿线区域旅游空间结构产生了影响,改变了游客的出行方式,影响了旅游客源市场格局,促进了短线旅游和周末旅游需求的增加[218],这为旅游业带来了新的增长点。

②旅游+文化/体育。高铁的发展也促进了旅游与文化、体育等产业的融合,形成了"旅游+"的新业态。例如,通过高铁前往特定的文化景点或体育赛事,促进了文化与体育旅游的发展[219]。

(2)物流业的新模式

①多式联运。高铁的快速发展推动了多式联运物流模式的兴起,即结合高铁、航空、公路等多种运输方式,实现货物的快速、高效运输[210]。

②即时配送。高铁的高速度和准时性为即时配送提供了可能,尤其适用于高价值、时效性强的货物。企业可以利用高铁网络实现快速响应市场需求,提升物流服务水平[220]。

③区域物流中心。高铁网络的完善也促进了区域物流中心的形成。高铁站点周边可以发展成为物流集散地,为企业提供更高效的仓储、分拣、配送等服务。

这些新兴产业和业态的发展,不仅为旅游业和物流业带来了新的机遇,也促进了相关产业链的升级和转型。随着高铁网络的进一步扩展和优化,预计将会有更多基于高铁的新兴产业和业态出现,为经济发展注入新的活力。

(3)建议

政府应继续加大对高铁网络的投资,以提升高铁站点周边的交通接驳、旅游服务设施等基础设施,为旅游业和物流业的发展提供良好的基础条件。此外,政府可以制定相关政策,促进旅游与文化、体育等产业的融合发展,打造"旅游+"的新业态。同时,推动物流业与制造业、电商等产业的融合,提升物流效率。政府还可以加大旅游业和物流业提供税收优惠、融资支持等政策力度,鼓励企业创新和发展。

对企业而言,可以加强对旅游业和物流业发展需要的专业人才的培养与引进,提升行业整体竞争力。利用高铁网络的优势,加强对旅游业和物流业的宣传推广,提升品牌知名度和吸引力。此外,企业可以加强与相关产业的合作,实现资源共享和优势互补,推动产业升级和转型。

政府和企业可以共同开展宣传活动,提升公众对旅游业和物流业新模式的认知度和接受度。通过举办旅游推广活动、物流展览等形式,向公众展示旅游业和物流业的新变化和新机遇,吸引更多的参与者。政府和企业应充分利用高铁带来的机遇,加强合作,共同推动旅游业和物流业的新模式发展。

#### 8.1.2.2 区域经济一体化趋势与建议

随着高铁网络的扩展,区域内的城市将更加紧密地连接在一起,形成更加高效、便捷的交通网络。这将促进区域内资源和市场的整合,加强经济活动的联系和协调。高铁网络的建设和扩展显著改善了地区间的可达性,提升了劳动力和资本等生产要素的流动效率,从而成为推动区域经济高质量发展的新动力[191]。

高铁网络的发展将有助于区域内产业链的完善和优化,促进产业间的协同发展。例如,长江三角洲地区的高铁网络较为完善,有助于加强上海、南京、杭州等城市之间的经济联系,推动区域经济一体化发展[221]。企业可以更加灵活地选择生产基地和销售市场,实现产业资源的优化配置。同时,高铁网络的完善将提高区域的整体竞争力,吸引更多的投资和创新资源。这将有助于形成具有区域特色的产业集群,提升区域在全球经济中的地位。高铁网络的进一步完善将显著推动区域经济一体化的趋势,促进区域内资源和产业的优化配置,提升区域的竞争力和可持续发展能力。此外,高铁网络的发展还减轻了主要铁路干线的拥堵问题,并增强了区域间的联动。在长江三角洲地区,高铁网络的优化特别有助于缓解主要铁路干线的饱和状况,并加强了中心城市与周边卫星城市之间的交通联系,提高了通勤效率。而且高铁网络的扩展也促进了沿线城市的经济增长和产业升级。例如,厦深铁路的投入运营不仅刷新了潮汕地区对时空的理解,也促进了该区域经济的一体化发展,加强了人才交流和城市间的协同进步。可以预见,随着高铁网络的不断扩展,越来越多的城市和地区将被纳入这个快速、高效的交通网络。

为了更好地促进经济协同发展,各地区政府应加强政策协调和合作,共同制定区域发展规划,推动高铁网络与区域经济发展的紧密结合。同时,因地制宜地根据各地区的资源和优势,优化产业布局,形成各有侧重的产业发展格局。通过高铁网络加强产业间的联系和协作,实现区域内产业的互补和共赢。利用高铁网络提升城市间的功能分工和协作,形成各有特色的城市体系。大城市可以发挥创新和服务中心的作用,中小城市则可以发展特色产业和配套服务。要充分发挥政府在产业结构转换中的作用,加强区域产业转型的宏观指导,消除区域内的流动障碍,以科技创新作为主要驱动力,提高要素质量。如京津冀地区,应发挥京津地区的辐射和引领作用,增强河北的产业承接能力,发展总部经济,建设优势产业集聚区,提升产业结构的转换能力,以实现京津冀地区的高质量发展[199]。高铁网络的完善将促进人才的快速流动和交流,各地区应加强人才政策的协调,共同培养和吸引高层次人才,推动区域内的创新和协同发展。

高铁的发展对区域经济一体化的推动作用显著,通过改善交通基础设施,加强城市间的联系和协作,促进了区域经济的协同发展。随着高铁网络的进一步扩展和技术创新,未来高铁在区域经济一体化中将发挥更大的作用。

#### 8.1.2.3 区域发展不平衡趋势与建议

根据鲁万波等[222]的研究,高铁对地方经济发展有显著的促进作用,但这种影响在不同地区和城市之间存在差异。高铁的开通进一步加速了城市差异化的发展,从而显著地加剧了样本区域经济发展的不平衡。此外,高铁虽可以显著推动城镇化进程,但其对不同城市的城乡收入差距的影响呈现一定的差异性。

同样,也有学者研究发现对于大型和特大型城市,高铁有助于优化升级城市产业结构,平衡区域经济发展,带动经济增长,让城市发挥其辐射作用,发挥当地特色经济,发展区域优势。然而,对于中小型城市,高铁可能导致虹吸效应等负面效应,这可能会加剧区域发展的不平衡[191]。

针对此趋势提出以下建议:

(1) 提升中小城市的可达性

在规划和建设高铁网络时,应优先考虑连接中小城市,提升它们的交通可达性,使其成为区域交通网络的一部分。在中小城市高铁站点周边,建设完善的交通接驳系统,如公交、出租车、长途汽车等,方便乘客的出行。

(2) 发展特色产业

中小城市应根据自身的资源优势,发展特色产业,如文化旅游、农产品加工、特色手工艺品等,吸引游客和投资。通过高铁网络的连接,中小城市可以更容易地融入区域产业链,吸引外来投资,推动本地产业的升级和转型。

(3) 区域协同发展

要准确理解不同地区产业结构转换能力的差异。产业结构转换能力受到多种因素的影响,京津冀各地区的资源禀赋和发展历程各不相同,因此需要认识到区域间的差异,避免急于求成或采取一刀切的做法[199]。中小城市应与周边城市建立合作机制,实现资源共享、优势互补,共同推动区域经济发展。通过高铁网络的连接,中小城市与大城市形成城市集群,实现产业分工和协同发展。

(4) 政策支持和激励

政府可以为中小城市提供税收优惠、融资支持等政策,鼓励企业投资和创新。加强对中小城市人才培养和引进的支持,提升城市创新能力和竞争力。

(5) 科技创新

科技创新在破解区域发展结果不平衡中起着引领作用。例如,借助数据网络分析和人工智能等前沿技术,对区域内人才流动和空间布局进行监控与分析,能够更精确地预测地区发展趋势,并制定更合适的区域发展战略。通过科学的方法在区域内有效地分配公共服务和资源,可以提高人才和其他资源的利用效率,进而促进区域内的平衡发展。

以上建议旨在通过改善交通基础设施、优化资源配置、促进经济活动空间布局的优化以及政策支持和科技创新,来解决高铁发展可能导致的区域发展不平衡问题,推动区域经济的协同发展。

## 8.2 高铁"流空间"产业环境效应展望

### 8.2.1 高铁"流空间"产业环境效应

随着社会经济的发展,人们对出行的要求不再满足位移功能,而是对更优质的运输服务的需求,而高铁的技术经济特征恰好满足了这种需求,使得高铁的发展拥有更广阔的市场空间。接下来分别阐述高铁的建设期和运营期对产业环境的效应。

#### 8.2.1.1 高铁建设期

高铁建设由于线路覆盖范围广泛,其施工活动产生的污染以及对周围生态环境的影响范围较广,这不可避免地对沿线的自然环境造成了一定程度的干扰和损害。在高铁建设过程中,对于自然环境而言,环境遭受的主要污染包括大气、水体、固废及视觉景观方面的负面影响。建设期间产生的固体废物主要由日常垃圾和建筑废料组成。特别是在山区和隧道密集的区域,由于大规模的挖掘作业,产生的废料量较大,可能会造成较为严重的影响[169]。对于生态环境而言,土地的开挖、土壤的移除和废渣的堆放等作业会产生大范围的裸露地表。这些地表在夏季降雨等因素的作用下,极易发生水土流失,并且如果防护措施不足,还可能引发泥石流等自然灾害。此外,部分高铁线路需要穿越自然保护区、风景名胜区等生态脆弱区域,施工活动可能会对这些特殊保护区的自然景观、建筑结构以及动植物的生存环境造成显著的负面影响[169]。

此外,高铁建设活动还会产生噪声和尾气污染,影响城市环境质量。同时,建设过程中对自然生态环境的破坏也是不可避免的。

然而,杨睿[169]从生态破坏、能源消耗、土地占有和碳排放4个方面对高铁的环境效益进行了评估,并以京沪高铁为例进行了实例分析。结果表明,高铁相较于公路客运、民航客运和水路客运,具有更好的环境效益。

#### 8.2.1.2 高铁运营期

高铁运营对环境的影响主要体现在噪声环境、水环境、空气污染、电磁污染和土地污染等方面,这些影响因项目特性而异。

尽管高铁在其运营阶段不可避免地对环境带来某种程度的影响,并可能干扰人类与生物的迁徙模式,但从整体视角来看,城市高铁的启动对环境保护依然具有积极意义。其主要体现在能源效率提升、产业结构优化、技术创新推动、环境影响评估和生态保护以及区域经济均衡发展等方面。这些贡献不仅促进了经济增长和产业发展,还有助于实现环境保护和可持续发展的目标。

一项基于全国285个城市的面板数据研究发现,高铁开通对沿线城市具有显著的碳减排效应。这种效应主要通过产业结构效应、技术创新效应、交通替代效应以及资源配置效应降低碳排放。特别是对于内陆城市、资源型城市、三线及三线以下城市以及小规模城市,高铁开通的碳减排效应更为显著[223]。

以京沪高铁为例,该线路平均每年减排317.6万t温室气体。这主要是因为高铁释放了传统铁路的货物运输能力,从而促使公路货物运输向更环保的传统铁路转移[224]。高铁每人百千米能耗仅为飞机的18%和大客车的50%左右,二氧化碳排放量仅为飞机的6%、汽车的11%[212],有效减少能源消耗和碳排放,对环境保护作出重要贡献。

随着高铁的运营,其快速发展带动了沿线城市产业结构的优化和升级,通过提高区域间的互联互通,其促进了资源和产业的优化配置,特别是对第三产业的推动作用显著。这不仅促进了经济增长,也有助于产业向更加环保和可持续的方向发展。

高铁的运营也推动了相关技术领域的创新,如轨道交通、电气化、信号控制等。这些技术创新不仅提高了高铁的运行效率和安全性,还带动了相关产业的发展,促进了产业链的升级和扩展。而且高铁项目在规划和建设过程中,越来越注重环境影响评估和生态保护。例如,线路设计尽量避免对生态环境敏感区域的破坏,采用噪声和振动控制技术减少对周边居民的影响,以及实施水土保持和生态修复措施等。

总体来说,高铁的运营,不仅为人们的出行提供了快速、便捷、舒适的选择,而且在促进产业升级、节能环保、技术创新等方面发挥了重要作用。

### 8.2.2 正面效应展望

#### 8.2.2.1 绿色出行

研究表明,高铁开通对沿线城市具有显著的碳减排效应,且这种效应有逐渐增强的趋势。高铁开通主要通过产业结构效应、技术创新效应以及资源配置效应降低碳排放[223]。2008—2016 年,中国扩张的高铁网减少的年温室气体排放量相当于 1 475.8 万 t 二氧化碳,相当于中国交通运输行业温室气体总排放量的 1.75%[183]。随着"八纵八横"高铁网的推进,选择高铁出行的旅客人数有望再创新高,这将促使公路货物运输向更环保的传统铁路转移,从而进一步推动低碳交通运输体系的建设。

国家铁路局联合多部门印发了《推动铁路行业低碳发展实施方案》,该方案提出,到 2030 年,铁路运输综合能耗和二氧化碳排放水平将明显下降,铁路碳排放总量在 2030 年前达峰。主要目标包括铁路单位运输工作量综合能耗和单位运输工作量二氧化碳排放较 2020 年下降 10%,铁路电气化率达到 78%以上等[225]。这些目标体现了中国铁路行业在减少碳排放和提高能源效率方面的决心。实现这些目标将需要采取一系列措施,包括:

①推广电气化铁路。提高电气化铁路的比例是降低碳排放的关键措施。电气化铁路使用电能代替化石燃料,能够显著减少碳排放。

②优化列车设计和运营。通过使用更轻的列车材料、改进列车设计和提高运营效率,可以降低能耗和排放。

③使用可再生能源。随着中国可再生能源发电能力的提升,使用可再生能源为铁路供电将进一步降低碳排放。

④技术创新。开发新的低碳技术和解决方案,如氢能列车、电池驱动列车等,也是降低排放的重要途径。

随着这些措施的实施,中国铁路行业不仅将实现自身的低碳发展,还将对其他行业产生示范效应,推动整个社会的绿色转型。同时,这也有助于实现中国在巴黎协定下的承诺,即到 2030 年前碳排放达到峰值,并力争 2060 年实现碳中和。

随着高铁网络的不断完善和发展,高铁作为一种绿色、便捷、舒适的出行方式,将越来越受到人们的青睐,成为推动绿色出行的重要力量。高铁的绿色优势,如低碳排放、节能减排、减少交通拥堵和提升出行效率,将有效吸引更多人选择高铁出行,减少对私人汽车的依赖。并且随着高铁网络的覆盖范围不断扩大,票价竞争力增强,与城市公共交通体系相衔接,形成更符合人们出行的公共交通网络,将为高铁出行提供更加完善的配套服务,进一步提升高铁出行的吸引力。

同时,随着环保意识的普及和政策引导和支持,绿色出行意识将得到进一步提升,高铁出行将逐渐成为人们出行的首选方式。高铁出行将减少私人汽车的使用,降低整体交通系统的碳排放量,缓解温室效应,减少空气污染,节约能源,改善城市环境质量,推动城市可持续发展。并且,利用高铁开通的推动力,从空间布局和产业构成两个维度,重构新时代城市的绿色生产体系[181]。

高铁网络的完善和发展,将为绿色出行创造更加有利的条件,为建设美丽中国贡献力量。

#### 8.2.2.2 促进生态城市建设

高铁"流空间"不仅提升了城市间的人流、物流、信息流等的流动性,也大大加快了节点城市第三产业的发展。高铁网络的完善,使得节点城市能够更有效地吸引国内外游客,进而刺激了餐饮、住宿、娱乐、文化、休闲等第三产业的迅速扩张。这种产业结构的调整,导致第二产业的比重相对下降,从而有利于促进城市经济结构的优化升级[223]。与高排放、高能耗的第二产业相比,第三产业通常以低排放、低能耗、低污染的绿色产业为主。这些产业在提供就业机会、促进消费增长的同时,还能减少对环境的负面影响。随着第三产业的比重不断上升,整个产业体系将朝着低碳化方向发展,这对于实现可持续发展和建设生态文明城市具有重要意义[223]。

高铁的开通对城市发展产生了深远影响,不仅加快了第三产业的发展,促进了产业结构的优化升级,还推动了城市空间的优化布局,为城市的绿色发展提供了有力支撑。

高铁的引入和发展可以鼓励人们从私人汽车转向公共交通,从而减少城市交通拥堵和污染。这种交通结构的优化有助于实现更高效的城市交通流动。高铁网络的建设也加强了城市之间的联系,促进了区域一体化发展。这不仅有助于资源共享和经济发展,还可以促进城市间的环境合作,共同应对环境问题。李治国等[226]认为地区间应不断加强经济交流、技术共享和市场一体化推进,形成步调一致的减排对策,避免"以邻为壑"的治理乱象。此外,高铁车站和线路的建设往往伴随着对城市基础设施的升级和绿化,包括车站周围的绿化、城市公园的建设等,这些都有助于提升城市的生态环境。

高铁的运行效率也高于其他交通方式,能源利用效率也相对较高。这有助于减少能源消耗,对城市的可持续发展具有重要意义。高铁的规划与建设需要综合考虑城市发展、环境保护和资源利用等多方面因素,有助于实现城市经济的可持续发展,为构建生态文明城市奠定了坚实基础。

综上所述,高铁建设在促进生态城市建设方面发挥了重要作用。它通过促进城市转型、提升交通便利性和经济活力,同时也关注环境保护和生态平衡,从而为生态城市建设提供了重要支持。随着未来高铁网络的进一步扩展和技术的进步,其在生态城市建设方面的潜力将进一步增强。

## 8.2.3 产业环境负面影响缓解措施

前面提到,高铁的建设期和运营期都会对产业环境造成一定的负面影响,针对减少高铁建设和运营过程中环境污染和生态破坏的具体建议,可以考虑以下措施:

①生态优化与节约集约用地。在高铁的规划和建设阶段,应遵循生态优先、资源节约和可持续发展的原则,从起始阶段就重视环境保护。这涉及采用生态友好的选线定位原则,实施生态保护和水土保持措施,并加强环保和水保的监测与管理,推动土地的节约和集约使用,确保铁路发展过程中实现资源的节约和环境的友好。

②技术创新与应用。强化技术创新和科技研究,加大对节能环保技术的研发和应用。这涉及利用新能源、新材料、新产品,加速淘汰高能耗的旧设备,并深化结构性和技术性的节能与减排措施。

③环境影响评价与管理。严格实施环境影响评价制度,对规划及建设中的铁路项目进行环境影响的分析、预测和评估,以识别可能产生的影响,并制定预防或减轻负面环境影响的策略与措施。同时,依据《中华人民共和国环境影响评价法》,对铁路建设项目执行环境监测,并采取相应的环境保护措施。

④噪声、污水和固体废弃物管理。实施有效的措施以减少高铁的噪声污染,包括对高速列车引起的轮轨噪音、列车受电弓与接触网导线接触产生的集电系统噪声等进行有效管理。同时,加强对沿线污水、废气和固体废弃物的监管,确保其达到环保标准。

⑤生态修复与绿化。积极推动绿色通道建设,强化生态恢复与管理工作,在新铁路线大力实施生态绿化工程,以提升铁路沿线的生态环境质量。这涉及从绿化方案的审查、施工过程的监管、后期的养护监督到新线开通的验收等多个环节,采取多样化的措施,加强生态恢复的全面管理。

通过这些措施,可以在一定程度上减少高铁建设对环境的影响,促进铁路项目的可持续发展,实现经济效益与环境保护的平衡。随着技术的进步和环保意识的提高,未来高铁建设在环境保护方面的表现有望进一步改善。

## 8.2.4 未来趋势与挑战

高铁在减少碳排放方面的潜力受到中国电力结构的限制。由于高铁主要依赖电力驱动,而目前中国电力生产中煤炭占据主导地位,这导致高铁的温室气体排放量较高。但随着中国政府提出2030年实现"碳达峰"和2060年实现"碳中和"的目标,高铁的减排效应预计将大幅增强。随着未来中国发电结构中清洁能源占比的提升,高铁对温室气体排放的影响将发生变化[224]。展望高铁"流空间"产业环境效应的未来趋势,我们可以看到新技术的应用和新能源的利用将在其中扮演重要角色。随着技术的进步和政策的支持,高铁"流空间"的环境效应将会朝着更加可持续和环保的方向发展。

首先,随着"双碳"目标的全面推进,对新能源的需求日益增加,迫切需要推进铁路、新能源、储能的耦合互联,推动铁路低碳绿色发展[227]。根据相关研究,铁路与新能源的融合发展对于实现交通领域的"碳达峰、碳中和"目标具有重要意义。随着可再生能源技术的发展,高铁可以更多地依赖太阳能、风能等清洁能源,进一步减少对化石燃料的依赖,降低碳排放。我国铁路行业已经制定了推广清洁能源利用的政策,鼓励在铁路沿线布局光伏发电及储能设施,推动交通运输设施的绿色化升级发展[228]。此外,多个地区正在推进交通与新能源技术的结合发展,比如新疆建设了首个高速公路双储能自洽光伏供电系统,以及山东枣菏高速公路的交能融合示范工程。这些项目展示了新能源在交通行业应用的巨大潜力。

其次,技术创新也将推动高铁"流空间"环境效应的改善。近年来,包括德国、法国、英国、美国和日本在内的多个国家,都纷纷出台了铁路数字化的战略规划。这些战略的目标在于,通过将创新技术与铁路运营紧密结合,实现运输服务质量的提升、运输安全性的加强、运输管理效率的增长、运营成本的减少以及经济效益的提高[60]。显而易见,全球高铁市场的竞争将越来越多地依赖于数字化、智能化和智慧化的发展水平。"智能、绿色、创新、融合"已成为当前世界高铁发展的重要方向,各国都在加速推进高铁智能化相关技术及发展策略的研究[229]。

高铁的数字化、智能化和智慧化对于促进环境改善起到了重要作用。例如,通过使用更高效的电机和轻量化材料,高铁列车能够降低能源消耗,从而减少碳排放,比如使用永磁同步电机可以显著提升能源转换效率。智能化的运行和管理系统能够对列车运行计划进行优化,减少能源的浪费,从而提升整体的运输效率。例如,通过实时数据分析与预测性维护,可以避免不必要的加减速,进一步降低能耗。同时,新型材料和设计的运用有助于减少列车运行时产生的噪音和振动,减轻对周边环境和居民的影响。在高铁的设计和施工阶段,注重生态因素与自然环境的和谐结合,例如实施绿色屋顶、生态边坡等措施,有助于减轻对生态环境的破坏。同时,在建设和运营过程中,运用先进的废物和废水处理技术,能够有效减少对环境的污染。这些技术革新不仅提高了高铁的运输效率,而且在提升其环境友好性方面也取得了重大成就,助力实现可持续交通发展的目标。随着技术的持续发展,预计未来高铁对环境的影响将得到进一步的改善。

在我国的能源消费结构中,交通部门占据了相当的比例,大约占终端能源消费的17%。在碳排放总量中,交通部门的贡献大约为10.4%。在交通部门的能源消费中,电力所占的比例不到5%,而绿色电力的比例则更低,仅为2%左右。通过推动高铁等关键应用场景的绿色电能替代,可以更有效地发挥新能源的替代作用,实现对传统能源的可靠替代。据估算,我国在运收费公路约18万km,其可开发的光伏发电潜力约为1亿kW。若考虑到我国交通运输用地占国土面积的1%,将这部分用地面积的20%用于建设光伏电站,预计装机规模将达到9.5亿kW,其年发电量将占到2022年全国全社会用电量的12%。这表明,交通行业与可再生能源的融合发展潜力巨大,不仅有助于促进可再生能源的进一步发展,还能推动交通能源向低碳转型。例如,2023年首次提出的"车能路云"。"车能路云"融合发展模式,结合汽车、智能交通、新能源、互联网技术等,是交通领域助力实现"双碳"目标的关键技术路径之一,为交通领域实现绿色低碳、数字智慧、共享融合发展指明了方向[230]。这种融合不仅有利于进一步发展可再生能源,还有利于推动交通能源的低碳转型。

综上所述,高铁"流空间"环境效应的未来趋势将主要体现在新能源利用的推广和技术创新的驱动上。随着这些措施的实施,高铁"流空间"将朝着更加绿色、低碳的方向发展,对环境的影响也将显著减少。

《国家适应气候变化战略2035》指出,气候变化对我国自然生态系统和经济社会系统带来了严重的不利影响,包括洪涝干旱、冰川退缩、冻土减少、冰湖扩大等。这些变化对能源、交通等基础设施和重大工程建设运营环境造成影响,从而对城市生命线系统运行、人居环境质量和居民生命财产安全构成威胁。因此,高铁"流空间"在应对气候变化和资源约束方面,既面临着提升能源使用效率、减少温室气体排放、利用清洁能源的挑战,也面临着通过技术创新促进交通业温室气体排放总量减少的机遇。

综上所述,高铁的发展不仅促进了经济和交通的便利,还对生态保护和环境治理产生了积极的影响。未来的展望应继续关注高铁在环境保护和生态经济方面的潜力和挑战,以及如何通过技术创新和政策调整进一步优化高铁网络,实现可持续发展和环境保护的目标。

# 第9章 结论与建议

## 9.1 主 要 结 论

本书主要结论如下:

①借助 DPSIR 模型来分析,引入流空间理论,运用 DPSIR 模型中的"驱动力-压力-状态-影响-响应"分析框架,以高铁交通为驱动力(D)、流动要素为主要压力(P)、产业结构为状态(S)、经济发展为影响(I)及政府治理措施为响应(R)建立了高铁"流空间"产业结构影响指标体系。利用 DPSIR-PLS 模型构建高铁交通对区域产业结构影响的理论框架,解析高铁交通对区域产业结构的影响机理与作用路径。发现高铁交通网络化发展推动形成了"半小时都市圈""1 小时经济圈"等多个具备明显集聚效应的交通圈层,促进了区域人口、资金、技术等要素的快速流动与整合。高铁交通网络带来的要素快速流动的流空间效应推动着区域产业结构升级及经济提升。

②根据 DPSIR-PLS 模型解析的高铁交通对区域产业结构的影响机理路径,建立高铁交通"流空间"跨期循环 DPSIR-SBM 模型,运用 DEA 的 SBM 模型测算高铁交通"流空间"与区域产业经济协调发展程度。用 Super-SBM-VRS 模型进行投入产出测算,DPSIR 模型使得 DEA 模型投入产出指标选取有据可依。依据 DPSIR-SBM 结果,效率值表征高铁"流空间"与区域产业经济协调发展程度。结果显示,高铁"流空间"与区域产业经济协同发展程度较低,从时间维度看,2008—2018 年高铁"流空间"与区域产业经济协同发展整体呈现出波动中先上升后下降后再缓慢上升的态势;从空间维度看,效率分化严重,地区差异明显。

③利用灰色预测模型,并使用有无对比法,进行高铁交通对区域经济发展影响的实证研究,高铁对区域通达性的影响分析发现,沿线城市的加权平均旅行时间在高铁开通后呈现了下降趋势,也就是可达性水平被提升了,城市区域之间也更加频繁和深层次的合作与互动,在一定程度上加速了城市的扩散。大部分城市的人均 GDP 变化率为正值,可见,高铁开通后会促进区域经济的发展,但对于发展程度不同的区域,它的影响程度也会不同。除整体经济外,利用区位熵分析高铁交通对京津冀各城市的物流产业集聚影响,有无对比法分析 2008—2017 年京津冀城市群物流产业集聚的变化率,发现高铁的开通对物流产业的发展呈现出明显的集聚效应,天津和保定的平均变化率分别为 1.147、1.496,大部分城市物流产业集聚的变化率均为正。

④之后研究专注于高铁交通对城市群产业绿色发展影响。通过高铁开通优化城市

产业结构效应和促进城市技术进步效应验证高铁开通可以降低城市污染物的排放量。在此基础上结合灰色预测模型及有无对比法进行深入分析,验证研究假设。发现高铁开通可以通过产业结构优化、技术发展进一步降低工业污染物的排放;高铁开通后可以提高服务业的集聚程度,降低工业集聚的程度。

⑤运用因子分析法分析京津冀产业结构转换能力,发现京津冀区域产业结构转换能力存在显著差异,北京明显高于其他地区,天津和石家庄紧随其后。运用泰尔指数等计算度量产业结构高级化和合理化分析产业结构升级,发现京津冀各区域产业结构转换的方向总体上朝着产业结构高级化和产业结构合理化方向发展,但各区域变化不均衡。运用产业结构相似系数和区位熵分析产业结构转换布局。发现京津冀区域产业结构存在明显的相似性,除北京产业结构与其他区域还是存在明显区别外,其他 12 个区域相似性很高。北京在金融业和物流业上具有明显优势,天津、石家庄、唐山、廊坊优势在制造业和物流业上。

## 9.2 相关建议

根据研究结论,在未来高铁交通规划建设与区域产业发展过程中,需要重点关注以下几个方面。

(1)产业发展规划应重视高铁交通流空间效应

①应充分考虑高铁交通带来的要素配置效应,优化要素空间分布格局。高铁交通网络从时间上拉近城市距离,使区域内人力、物流、信息流、资金流和商务流等各种要素在空间内流动速度加快,使生产性服务业和高新技术产业向高铁沿线城市集聚。产业发展规划应重视高铁所扮演的角色,充分考虑高铁开通所带来的要素配置效应。积极发挥高铁节点交通价值,通过科学合理的高铁站点布局及线路安排,优化要素空间分布格局。促进高铁站区功能转变,逐步提升高铁站点区域的城市功能价值,进一步促进人流、资金流和信息流的大规模快速集散。通过节点交通价值和城市功能价值的有效融合,促进高铁站点区域成为新兴经济增长极和空间开发载体。以高铁新基建,助推城市的高质量发展。

②充分考虑高铁交通带来的绿色环保效应,实现经济-环境-资源协调发展。继续加大高铁交通网络建设力度,提高高铁网络覆盖率。高铁的建设是一项高投入、高技术工程,其建成回报率也存在一定的时滞性,但高铁的开通不仅能促进区域的产业发展,而且有利于改善城市环境污染,有助于政府打赢雾霾攻坚战。各个城市应科学、合理地推动高铁建设、扩大高铁网络,充分利用高铁高效、绿色、环保的优势,推动城市环境质量的改善,实现绿色发展。充分发挥高铁开通对科技水平、技术进步的影响,通过鼓励绿色技术创新实现城市经济-环境-资源的协调发展,以高铁新基建,助推城市的高质量发展。

③充分考虑高铁交通带来的空间溢出效应,因地制宜协同发展。高铁的开通和运营并不总能促进各个城市的发展,因而,并不能完全通过依靠高铁的建设和发展来促进本

地区的经济发展。各个城市应该采用理性兼辩证的思维来对待高铁的建设和发展,一方面避免由于高铁的发展所带来的空间溢出效应;另一方面要寻找机会,利用各城市独有的资源或发展优势,打破固有的高铁沿线城市的发展模式,进行产业的转型升级,增强自身吸引力。开通高铁的城市应该利用交通优势进行差别化竞争,各城市之间避免重复建设,促进京津冀产业协调发展。未开通高铁城市应加强与已开通高铁城市的交流,打破边界,推动交通设施共建共享,提高整个城市群产业发展。

(2)产业发展规划应重视助推区域产业结构升级

①打造高铁通道经济。产业结构升级的本质是产业结构在空间范围内的生产要素集聚优化。新增高铁线路能够显著促进多样化、相关多样化产业集聚,高铁沿线城市应根据自身发展基础和特色条件,充分依托高铁网络化背景下的资源整合优势,发挥地区比较优势,借助沿线城市之间的新一轮产业分工与资源配置,着力发展优势产业并提升和优化产业结构。依托高铁站点区域,积极主动对接高铁通道经济,借助高铁快速通道带来的大规模客流、资金流和信息流的流空间效应,积极助推发展商贸、旅游、文化、娱乐、房地产等服务业经济。

②正确认识区域差异。京津冀各地区资源禀赋不同,发展历史不同,因此要正视区域间存在的差异,不可急促的拔苗助长。加强宏观指导,打破区域内流动限制,挖掘产业结构转换发展潜力。区域的网络化发展是高铁时代未来发展趋势的必然走向。在区域发展网络中,城市之间在分工协作的基础上,对自身的定位更加准确,城市区域之间也更加频繁和深层次地合作与互动。经济发展相对落后的城市区域在融入区域发展网络时,应找准自身的定位,明确自身的职能与角色,充分发挥自身的经济发展潜能,为承接其他发达城市的产业转移等做好充足准备。

③充分利用高新技术。将大数据、互联网、智能商务服务等广泛运用于旅游、商品流通、金融等各个领域,形成集聚的高效率。不断推广工业生产的绿色理念,建立绿色化聚集园区。积极促进传统产业智能化、精细化、绿色化转型升级。利用互联网发展新兴服务业,促进产业结构高级度化。以科技创新为主要动力,提升要素质量,发挥京津的辐射带动作用,优化提升河北产业承接能力,发展总部经济,打造优势产业集聚区,提升产业结构转换能力,实现京津冀高质量发展。

(3)充分发挥政府调控职能

①主导制定全面的高铁发展规划。政府应基于区域经济、人口分布、产业布局等综合因素,科学规划高铁线路走向和站点设置,确保高铁网络覆盖广泛,连接关键城市与经济节点,促进区域间的互联互通。站点选址应考虑与城市公共交通系统的无缝对接,提高换乘效率,方便乘客出行。规划中应包含高铁站周边的交通设施、停车场、商业配套设施等,以及沿线地区的道路、桥梁、隧道等基础设施升级,确保高铁服务的便利性和高效性。考虑到高铁对沿线地区经济社会发展的带动作用,政府还需规划相应的产业园区、物流中心、旅游设施等,以充分利用高铁带来的发展契机。政府需建立健全高铁建设与运营的法律法规体系,制定严格的安全标准和环保要求,对项目建设、运营维护全过程进行监

督,确保所有环节遵守国家标准,保障乘客安全与生态环境不受损害。

②评估财政支出绩效并优化资源配置。政府应建立高铁项目财政支出的绩效评价机制,定期审核资金使用情况,包括成本控制、经济效益、社会效益等方面,确保每一分钱都用在刀刃上,提升财政资金的使用效率和效果。通过绩效评估结果,政府可以及时调整投资方向和额度,优先支持效益好、潜力大的高铁项目,减少无效或低效支出。通过财政杠杆调节,引导社会资本参与高铁建设,形成政府引导、市场运作的多元化投融资模式,减轻财政负担,提升政府财力的可持续性。

③制定有利于高铁沿线城市产业结构升级的政策措施,包括税收优惠、补贴激励、人才培养等政策,鼓励高铁沿线城市引进高技术、高附加值产业,如智能制造、生物医药、新能源汽车等,推动产业结构向高端化、智能化转型。加大对教育和培训的投入,建立产学研合作机制,培养高铁产业链所需的专业技能人才。制订人才引进计划,吸引国内外高层次人才和团队入驻高铁沿线城市,为产业发展提供智力支撑。鼓励企业加大研发投入,支持设立研发中心、实验室等创新平台,促进科技成果在高铁相关产业的转化应用。搭建创新服务平台,为企业提供技术咨询、知识产权保护、市场开拓等服务,营造良好的创新生态。

(4)强化区域合作机制与政策协调

①构建高铁沿线城市合作机制,建立常态化的沟通协调机制。定期召开高铁沿线城市合作会议,讨论区域发展议题,分享最佳实践,解决合作中出现的问题。创建数字化信息共享平台,促进城市间的数据交换和知识交流,提高决策的透明度和协同效率。共同编制跨区域的发展规划,确保高铁沿线城市的产业布局、基础设施建设、生态环境保护等方面目标一致,避免同质化竞争和资源浪费。通过规划的协同,推动区域经济一体化进程,形成互补互惠的发展格局。面对共同的挑战,如经济波动、环境灾害、公共卫生事件等,沿线城市应采取联合行动,共享资源,相互支援,提高区域整体的抗风险能力。

②制定跨区域的土地使用、环境保护、人才流动等政策的统一框架,确保各项政策在不同城市间的一致性和连贯性,消除政策壁垒,促进要素的自由流动和优化配置。建立跨区域的监管机制,加强在环境保护、市场监管、安全生产等领域的联合执法,打击违法行为,维护公平竞争的市场秩序。因政策执行而导致的利益损失,如环境治理、土地征收等,应建立合理的补偿和利益协调机制,保障各方权益,促进政策的平稳落地。

③共建特色产业园区,聚焦优势产业,如高新技术、文化创意、健康医疗等,吸引上下游企业入驻,形成产业链集群,增强区域产业竞争力。联合建设科研基地和创新平台,促进学术交流、技术研发和成果转化,提升区域创新能力。通过设立专项基金、提供研发设施等方式,支持跨城市科研合作项目。整合沿线城市的历史文化资源,开发精品旅游线路,共同打造区域旅游品牌。举办文化节庆、体育赛事等活动,提升区域知名度和吸引力,促进文化旅游业的繁荣。

(5)加强社会与民生领域的高铁效应利用

①高铁的便捷性为公共服务的均等化提供了可能。政府应利用高铁网络,优化公共

服务设施的布局,如图书馆、博物馆、体育场馆等,或构建基于高铁网络的远程教育平台,让优质教育资源,如名校名师课程、在线辅导、虚拟实验室等,能够跨越地理界限,为偏远地区的学生提供优质教育机会。鼓励高校和研究机构在高铁沿线城市设立分校或研究中心,促进教育资源的均衡分布。利用高铁的高效联通,优化医疗资源的区域布局,特别是在偏远和边缘地区,可以通过设立远程医疗服务站点、专家定期巡回诊疗等方式,让优质医疗资源惠及更多群众。同时,推动医疗人才的跨区域流动,提升基层医疗服务水平。

②整合高铁沿线的文化旅游资源,开发特色旅游线路,举办跨区域文化交流活动,提升区域知名度和吸引力。高铁沿线城市应共同挖掘和整合各自的文化旅游资源,打造具有地方特色的旅游线路和产品,如历史文化游、自然风光游、美食体验游等,吸引国内外游客。通过举办跨区域的文化节庆、艺术展览、民俗活动等,增进文化交流,提升区域的知名度和吸引力。联合打造区域文化旅游品牌,通过统一的营销策略和宣传平台,提升整体形象,吸引更多游客。鼓励和支持文化旅游企业的创新,开发特色旅游纪念品和服务,提升旅游体验,延长游客停留时间,促进地方经济的发展。

③通过高铁的连接改善偏远地区居民的出行条件,缩短通勤时间,促进就业机会均等化,提高居民生活满意度。应利用高铁的这一优势,优化偏远地区的交通连接服务,如公交、班车等,确保高铁服务能够真正惠及基层民众。高铁连接促进了人才和资本的流动,为偏远地区带来了更多的就业机会。政府和企业应抓住这一契机,吸引和培育新兴产业,如电商物流、乡村旅游、文化创意等,创造更多就业岗位,缩小城乡、区域间的就业机会差距。应关注高铁带来的社会心理效应,通过举办社区活动、改善居住环境等措施,提升居民的幸福感和归属感。

(6)强化风险管理与可持续发展战略

①建立健全高铁项目的风险评估体系,涵盖财务、环境、社会稳定性等多方面,制定应急预案,降低潜在风险。在项目规划和建设阶段,进行详细的环境影响评估,识别潜在的生态破坏、污染排放等问题,并采取有效措施予以预防和控制。制定环境应急预案,如自然灾害、生态事故的应对方案,确保一旦发生环境风险,能够迅速响应,减少损失。评估高铁项目对当地社区的影响,包括征地拆迁、就业变动、生活成本变化等,确保项目的社会接受度。建立社会风险监测机制,及时发现和解决社区矛盾,维护社会稳定。制定全面的风险管理预案,确保在遇到突发状况时,能够迅速启动应急预案,降低风险影响。

②采用环保技术和材料,实施节能减排措施,鼓励沿线地区发展循环经济,确保高铁发展与生态保护同步进行。在高铁建设和运营中,优先采用环保型建筑材料和技术,如低能耗照明系统、节水装置、绿色隔音屏障等,减少能源消耗和环境污染。实施严格的节能减排标准,如列车能效管理、废弃物回收利用、碳排放控制等,推动高铁项目向低碳、绿色方向发展。鼓励沿线地区发展循环经济,如建立废旧物资回收利用体系、推广绿色农业、开展生态旅游等,形成高铁带动下的绿色经济链条。

③高铁项目应充分考虑对当地社区的影响,通过提供就业机会,特别是为当地居民提供工作岗位,同时开展职业技能培训等方式提升劳动力素质。建立与当地社区的沟通

机制,定期听取社区意见和建议,确保项目决策透明,尊重社区权益,增强社区对高铁项目的认同感和参与度。履行企业社会责任,如教育资助、健康关怀、公益捐赠等,回馈当地社区,提升企业形象,确保项目长期可持续运行。

总之,未来高铁交通规划建设与区域产业发展应注重高铁效应的综合考量,通过强化区域合作、优化政策环境、促进社会民生改善、加强风险管理与可持续发展策略,以高铁为纽带,推动区域经济结构优化升级,实现高质量发展。

# 参 考 文 献

[1] 高敏，刘敬严．高铁对京津冀城市群物流产业集聚的影响[J]．物流科技，2021，44(8)：82-85．

[2] 袁园．从信息流空间到流动空间：曼纽尔·卡斯特空间理论研究[J]．唐山学院学报，2023，36(5)：86-92．

[3] 林承园．信息流空间、流动空间与网络社会：卡斯特对新马克思主义空间理论的研究与发展[J]．理论月刊，2019(7)：20-26．

[4] 张瑛．卡斯特网络空间理论研究[D]．兰州：兰州大学，2021．

[5] 刘红．曼纽尔·卡斯特流动空间思想及现实意义研究[D]．武汉：华中科技大学，2019．

[6] CASTELLS M. The informational city：information technology，economic restructuring，and the urban-regional process[M]．Oxford：Blackwell，1989．

[7] 方创琳．中国城市发展空间格局优化的总体目标与战略重点[J]．城市发展研究，2016，23(10)：1-10．

[8] 卡斯特．重新思考信息时代：网络社会中的传播[J]．全球传媒学刊，2022，9(5)：3-7．

[9] 卡斯泰尔．信息化城市[M]．崔保国，等译．信息化城市，南京：江苏人民出版社，2001．

[10] CASTELLS M，BLACKWELL C. The information age：economy，society and culture. Volume 1. the rise of the network society[J]．Environment and Planning B：Planning and Design，1998，25：631-636．

[11] 孙中伟 路紫．流空间基本性质的地理学透视[J]．地理与地理信息科学，2005，21(1)：109-112．

[12] 陆扬．解析卡斯特尔的网络空间[J]．文史哲，2009(4)：144-150．

[13] 谢俊贵．凝视网络社会：卡斯特尔信息社会理论述评[J]．湖南师范大学社会科学学报，2001(3)：41-47．

[14] 王保臣，杨艳萍．曼纽尔·卡斯特研究述评[J]．北京邮电大学学报（社会科学版），2008，10(6)：10-15．

[15] 杨卫丽，童乔慧，杨洪福．曼纽尔·卡斯特与密斯的流动空间比较试析[J]．河北建筑科技学院学报，2005，22(4)：20-22．

[16] 张捷顾，都金康，等．计算机网络信息空间（Cyberspace）的人文地理学研究进展

与展望[J]. 地理科学, 2000, 20(4): 368-374.

[17] 陈修颖. 区域空间结构重组理论初探[J]. 地理与地理信息科学, 2003, 19(2): 65-69.

[18] 陈修颖. 区域空间结构重组: 理论基础、动力机制及其实现[J]. 经济地理, 2003, 23(4): 445-450.

[19] 李磊, 陆林, 穆成林, 等. 高铁网络化时代典型旅游城市旅游流空间结构演化: 以黄山市为例[J]. 经济地理, 2019, 39(5): 207-216, 225.

[20] 董超, 修春亮, 魏冶. 基于通信流的吉林省流空间网络格局[J]. 地理学报, 2014, 69(4): 510-519.

[21] 汪德根, 陈田, 陆林, 等. 区域旅游流空间结构的高铁效应及机理: 以中国京沪高铁为例[J]. 地理学报, 2015, 70(2): 214-233.

[22] 孙一鸣, 刘培学, 张建新, 等. 基于游线大数据的西北地区旅游流空间网络结构及影响因素[J]. 陕西师范大学学报(自然科学版), 2023, 51(6): 123-133.

[23] 汪德根, 牛玉, 孙枫, 等. 高铁网络化下中国城市旅游场强空间格局及演化[J]. Journal of Geographical Sciences, 2017, 27(7): 835-856.

[24] 郭建科, 王绍博, 王辉, 等. 哈大高铁对东北城市旅游供需市场的空间效应研究: 基于景点可达性的分析[J]. 地理科学进展, 2016, 35(4): 505-514.

[25] 邓涛涛, 赵磊, 马木兰. 长三角高速铁路网对城市旅游业发展的影响研究[J]. 经济管理, 2016, 38(1): 137-146.

[26] 穆成林, 陆林. 京福高铁对旅游目的地区域空间结构的影响: 以黄山市为例[J]. 自然资源学报, 2016, 31(12): 2122-2136.

[27] 王少剑, 高爽, 王宇渠. 基于流空间视角的城市群空间结构研究: 以珠三角城市群为例[J]. 地理研究, 2019, 38(8): 1849-1861.

[28] 胡昊宇, 黄莘绒, 李沛霖, 等. 流空间视角下中国城市群网络结构特征比较: 基于铁路客运班次的分析[J]. 地球信息科学学报, 2022, 24(8): 1525-1540.

[29] 刘敬严, 高敏, 赵莉琴. 高铁"流空间"产业经济协调发展 DPSIR-SBM 分析[J]. 铁道工程学报, 2021, 38(9): 100-105.

[30] 伏珊, 邹威华. 戴维·哈维"时空压缩"理论研究[J]. 中外文化与文论, 2016(3): 194-205.

[31] 王新焕. 大卫·哈维城市"时空修复"批判理论研究[D]. 南京: 南京师范大学, 2016.

[32] 褚淑贞, 孙春梅. 增长极理论及其应用研究综述[J]. 现代物业(中旬刊), 2011, 10(1): 4-7.

[33] 王绍博. 哈大高铁对东北城市旅游经济影响的空间分异研究[D]. 大连: 辽宁师范大学, 201.

[34] CASTELLS M. The rise of the network society: the information age: economy[J]. So-

ciety, and Culture, 1996, 1: 656.

[35] 李伟. 流空间视角下人力资本促进创新的机制研究[D]. 北京:北京交通大学, 2021.

[36] 谭文旗. 曼纽尔·卡斯特的流动空间及其审美意蕴[J]. 中外文化与文论, 2020(1): 321-330.

[37] 董超. 流空间形成与发展的信息导引研究[D]. 长春:东北师范大学, 2013.

[38] 董超. "流空间"的地理学属性及其区域发展效应分析[J]. 地域研究与开发, 2012, 31(2): 5-8, 14.

[39] CASTELLS M. The space of flows: a theory space in the informational society[D]. Princeton:Princeton University, 1992.

[40] 曼纽尔·卡斯特. 网络社会的崛起[M]. 3. 社会科学文献出版社, 2006.

[41] HIMANEN P. The hacker ethic and the spirit of the information age[M]. New York: Hardcover, 2001.

[42] BEAVERSTOCK J V, BOARDWELL J T. Negotiating globalization, transnational corporations and global city financial centres in transient migration studies[J]. Applied Geography, 2000, 20(3): 277-304.

[43] KWAN M P, MURRAY A T, O'KELLY M E, et al. Recent advances in accessibility research: representation, methodology and applications[J]. Journal of Geographical Systems, 2003, 5(1): 129-138.

[44] CHRISTALLER W. Les lieux centraux en Allemagne du SudUne recherche économico-géographique sur la régularité de la diffusion et du développement de l'habitat urbain (1933)[J]. Cybergeo, 2005.

[45] HÄGERSTRAND T. On the definition of migration[J]. Finnish Yearbook of Population Research, 1969, 1163-1172.

[46] 孙进. 50部经济学经典解读[M]. 成都:四川出版集团, 2008.

[47] 张广海, 袁洪英. 中国城市旅游信息流空间网络格局及其复杂性[J]. 经济地理, 2023, 43(1): 197-205.

[48] 徐刚, 王德, 晏龙旭, 等. 西方世界城市网络的理论、方法和议题[J]. 地理科学进展, 2024, 43(1): 179-189.

[49] HIRAMATSU T. Job and population location choices and economic scale as effects of high speed rail: Simulation analysis of Shinkansen in Kyushu, Japan[J]. Research in Transportation Economics, 2018, 72: 15-26.

[50] 中国铁路经济规划研究院有限公司. 高速铁路设计规范:TB 10621—2014[S]. 北京:国家铁路局, 2020.

[51] 陈怡. 拥有核心技术是关键:我国高铁发展战略和发展历程回望[J]. 城市轨道交通研究, 2019, 22(1): 158.

[52] 铁道第三勘察设计院.京沪高速铁路设计暂行规定[M].北京:中国铁道出版社,2005.

[53] 王兆成.中长期铁路网规划研究[M].北京:中国铁道出版社,2004.

[54] 中华人民共和国国务院.国家中长期科学和技术发展规划纲要(2006—2020年):2006年第9号[EB/OL].https://www.gov.cn/gongbao/content/2006/content_240244.htm.

[55] 李宜.科技部与铁道部签署《中国高速列车自主创新联合行动计划合作协议》[J].中国科技产业,2008(3):90.

[56] 中长期铁路网规划(2008年调整)[J].铁道知识,2008(12):4-7.

[57] 时永庆.我国铁路网将升级为"八纵八横"[J].工程建设标准化,2016(7):25.

[58] [EB/OL].[2020-08-13].https://www.gov.cn/xinwen/2020-08/13/content_5534685.htm.

[59] 沈志云,张卫华.中国高铁技术发展中的理论突破和试验突破[J].中国发明与专利,2020,17(10):6-16.

[60] 熊嘉阳,沈志云.中国高速铁路的崛起和今后的发展[J].交通运输工程学报,2021,21(5):6-29.

[61] 沈丽珍,顾朝林,甄锋.流动空间结构模式研究[J].城市规划学刊,2010(5):26-32.

[62] 吴康,方创琳,赵渺希,等.京津城际高速铁路影响下的跨城流动空间特征[J].地理学报,2013,68(2):159-174.

[63] 沈丽珍,顾朝林.区域流动空间整合与全球城市网络构建[J].地理科学,2009,29(6):787-793.

[64] 徐彩睿,但婷,何静,等.高铁联网背景下城市可达性空间格局演变[J].现代城市研究,2020,35(2):61-66.

[65] KOJIMA Y, MATSUNAGA T, YAMAGUCHI S. The impact of new Shinkansen lines (Tohoku Shinkansen (Hachinohe-Shin-Aomori) and Kyushu Shinkansen (Hakata-Shin-Yatsushiro))[J]. Transportation Research Procedia, 2017, 25: 344-357.

[66] 杨策,吴成龙,刘冬洋.日本东海道新干线对我国高铁发展的启示[J].规划师,2016,32(12):136-141.

[67] BRÖCKER J, MEYER R, SCHNEEKLOTH N, et al. Modelling the socio-economic and spatial impacts of EU transport policy[J]. IASON deliverable, 2004, 6.

[68] 姚超.高铁站点对区域及城市空间发展的影响研究以厦门市为例[D].厦门:厦门大学,2019.

[69] 王兴平.高铁驱动的区域同城化与城市空间重组[M].南京:东南大学出版社,2017.

[70] 司奕坤.大西高铁对晋南城市空间结构的影响[D].太原:太原师范学院,2023.

[71] 刘柯杉.成渝高铁对内江城市空间结构的影响研究[D].成都:西南交通大

学, 2024.
[72] 董艳梅. 中国高铁的经济效应研究[D]. 南京：南京理工大学, 2023.
[73] 郑国. 经济要素流动视角下高铁对城市空间结构的影响研究[D]. 南京：东南大学, 2021.
[74] 聂雪艳. 江苏省交通运输对产业结构的影响分析[D]. 北京：北京交通大学, 2017.
[75] 蒋华雄, 蔡宏钰, 孟晓晨. 高速铁路对中国城市产业结构的影响研究[J]. 人文地理, 2017, 32(5)：132-138.
[76] 李中. 高速铁路与产业结构升级的关系研究[J]. 铁道运输与经济, 2018, 40(10)：38-44.
[77] 曾清蓉. 高速铁路对中国产业结构升级的影响研究[D]. 北京：北京交通大学, 2022.
[78] 曾泉. 高铁时代加速长三角"同城效应"[J]. 今日浙江, 2009(5)：24-25.
[79] 徐银凤. 长江经济带城市高铁枢纽接驳绩效分异与空间效应研究[D]. 苏州：苏州大学, 2021.
[80] 孙娜, 张梅青. 基于高铁流的中国城市网络结构特征演变研究[J]. 地理科学进展, 2020, 39(5)：727-737.
[81] 王彩圆. 高速铁路对城市空间结构的影响研究[D].：以京广高速铁路河北省沿线城市为例[D]. 保定：河北大学, 2019.
[82] 姜海宁, 张俊, 余建辉, 等. 高铁开通对中国资源型城市经济转型的影响[J]. 自然资源学报, 2023, 38(1)：58-72.
[83] 李春妍, 张宁, 黄泽峰, 等. 京广高铁站点区位对周边地区开发建设的影响[J]. 福建建筑, 2016(10)：82-85.
[84] 丁志刚, 孙经纬. 中西方高铁对城市影响的内在机制比较研究[J]. 城市规划, 2015, 39(7)：25-29.
[85] 田莉. 处于十字路口的中国土地城镇化：土地有偿使用制度建立以来的历程回顾及转型展望[J]. 城市规划, 2013, 37(5)：22-28.
[86] 朱秋诗, 王兴平. 高铁"流空间"效应下的社会空间重组初探：以沪宁高速走廊为例[C]. 海口：城乡治理与规划改革——2014中国城市规划年会, 2014.
[87] 施生旭, 童佩珊. 中国各地区产业结构优化评价及障碍因素研究：基于DPSIR-TOPSIS模型[J]. 河北经贸大学学报, 2020, 41(2)：54-64.
[88] 赵军辉. 基于DPSIR模型的低碳经济发展评价研究：以新疆为例[J]. 广西质量监督导报, 2019(9)：210.
[89] 魏振香, 周晗. 基于DPSIR模型的东营市绿色经济发展评价[J]. 中国石油大学学报(社会科学版), 2018, 34(6)：48-53.
[90] 汤健, 邓文伟. 基于DPSIR模型的资源型企业环境绩效评价[J]. 会计之友, 2017

(1):61-64.

[91] 李雪铭,刘凯强,田深圳,等.基于DPSIR模型的城市人居环境韧性评价:以长三角城市群为例[J].人文地理,2022,37(1):54-62.

[92] 王威威,杨丹萍.要素流动、产业结构升级与区域经济增长[J].中国发展,2022,22(3):39-49.

[93] 张辽.要素流动、产业转移与经济增长——基于省区面板数据的实证研究[J].当代经济科学,2013,35(5):96-105,128.

[94] 韩彪,张兆民.区域间运输成本、要素流动与中国区域经济增长[J].财贸经济,2015(8):143-155.

[95] 卞元超,吴利华,白俊红.高铁开通、要素流动与区域经济差距[J].财贸经济,2018,39(6):147-161.

[96] 廖红伟,宫萍."一带一路"背景下要素流动与中国产业结构优化[J].济南大学学报(社会科学版),2020,30(5):99-109,159.

[97] 宛群超,袁凌,王瑶.对外直接投资、区域创新与产业结构升级[J].华东经济管理,2019,33(5):34-42.

[98] 蔡玉蓉,汪慧玲.创新投入对产业结构升级的影响机制研究:基于分位数回归的分析[J].经济问题探索,2018(1):138-146.

[99] 张军.要素成本、科技创新与产业结构升级[J].证券市场导报,2019(11):24-31.

[100] 程锦.长江经济带研发要素流动对产业结构升级的影响研究[J].经营与管理,2022(12):165-171.

[101] 董嘉昌,冯涛,李佳霖.中国地区间要素错配对经济发展质量的影响:基于链式多重中介效应模型的实证检验[J].财贸研究,2020,31(5):1-12,51.

[102] 孔曙光,陈玉川.广义技术创新与区域产业结构升级的机制探索[J].工业技术经济,2008(9):67-70.

[103] 张杰,张少军,刘志彪.多维技术溢出效应、本土企业创新动力与产业升级的路径选择——基于中国地方产业集群形态的研究[J].南开经济研究,2007(3):47-67,143.

[104] 孙巍,刘智超.劳动力回流的要素配置与产业结构优化——兼论"东北困境"与"东北药方"[J].上海财经大学学报,2018,20(3):29-43,62.

[105] 陶长琪,周璇.要素集聚下技术创新与产业结构优化升级的非线性和溢出效应研究[J].当代财经,2016(1):83-94.

[106] 赵君丽.要素结构变动、产业区域转移与产业升级[J].经济问题,2011(04):14-16,31.

[107] 张治栋,吴迪,周姝豆.生产要素流动、区域协调一体化与经济增长[J].工业技术经济,2018,37(11):58-66.

[108] KRUGMAN P. Scale economies, product differentiation, and the pattern of trade

[J]. American Economic Review, 1980, 70(5): 950-959.

[109] 张克中, 陶东杰. 交通基础设施的经济分布效应——来自高铁开通的证据[J]. 经济学动态, 2016(6): 62-73.

[110] 刘霆, 谭晓萍. 跨区域流动要素对区域经济发展的影响[J]. 经济地理, 2009, 29(4): 595-600.

[111] 林子雄. 双重异质性视角下基础设施建设、产业结构优化与区域经济协调发展[D]. 重庆: 重庆交通大学, 2022.

[112] 朱瑾. 产业结构变迁对我国区域经济增长质量的影响研究[D]. 北京: 华北电力大学, 2023.

[113] 尹云. 产业升级与区域经济发展的相互作用研究[J]. 商场现代化, 2023(21): 98-100.

[114] 李玉姣. 我国产业空间布局优化的财政政策研究: 基于产业集聚视角[D]. 武汉: 中南财经政法大学, 2022.

[115] 孙耀. 基于PLS模型的经济增长影响因素研究[J]. 现代经济信息, 2009(20): 21-22.

[116] 刘炳胜, 王雪青, 李冰. 中国建筑产业竞争力形成机理分析: 基于PLS结构方程模型的实证研究[J]. 数理统计与管理, 2011, 30(1): 12-22.

[117] 李柏桐, 郭汉丁, 伍红民. 基于PLS-SEM模型的我国节能服务产业竞争力形成机理研究[J]. 科技管理研究, 2018, 38(14): 105-110.

[118] 郑得坤, 赵雨萱. 中国应急产业竞争力形成机理研究: 基于PLS结构方程模型的实证分析[J]. 工程经济, 2023, 33(7): 25-34.

[119] 孙才志, 吴永杰, 刘文新. 基于DPSIR-PLS模型的中国水贫困评价[J]. 干旱区地理, 2017, 40(5): 1079-1088.

[120] 朱新华, 钟苏娟. "流空间"视角下高铁对城市土地利用的影响: 基于DPSIR-PLS模型分析[J]. 资源科学, 2019, 41(12): 2262-2273.

[121] 宋雪婷, 程偲. 武威市土地利用变化特征及其驱动响应[J]. 甘肃科技, 2022, 38(1): 51-58,90.

[122] 干春晖, 郑若谷, 余典范. 中国产业结构变迁对经济增长和波动的影响[J]. 经济研究, 2011, 46(5): 4-16,31.

[123] 截至2023年底,我国高铁运营里程达到4.5万公里[EB/OL]. [2024-01-10]. https://www.bjnews.com.cn/detail/1704876549129782.html.

[124] 刘敬严, 刘立荣. 高铁"流空间"创新要素流动产业效应分析[J]. 石家庄铁路职业技术学院学报, 2023, 22(3): 96-100.

[125] TIMMER M P, SZIRMA A. Productivity growth in Asian manufacturing: the structural bonus hypothesis examined[J]. Structural Change and Economic Dynamics, 2000, 11(4): 371-392.

[126] 赵庆国. 高速铁路产业发展政策研究[D]. 南昌:江西财经大学,2013.

[127] 曹文翰. 新中国成立以来党的铁路政策研究[D]. 成都:西南交通大学,2021.

[128] 丁玉龙. 我国绿色经济效率的区域差异及空间分布特征:基于非期望产出SBM模型的实证研究[J]. 池州学院学报,2022,36(1):113-117.

[129] 郑宁雨. "一带一路"沿线国家数字经济效率测度及分位异质性分析[D]. 河北大学,2022.

[130] 廖文琪. 中国城市人口集聚、经济集聚和产业集聚对绿色经济效率的影响[D]. 贵阳:贵州财经大学,2023.

[131] 余泳泽,杨晓章,张少辉. 中国经济由高速增长向高质量发展的时空转换特征研究[J]. 数量经济技术经济研究,2019,36(6):3-21.

[132] 常建新,姚慧琴. 西部地区环境-经济效率实证研究:基于非期望产出的SBM模型分析[J]. 内蒙古农业大学学报(社会科学版),2011,13(5):83-86.

[133] 周泽炯,胡建辉. 基于Super-SBM模型的低碳经济发展绩效评价研究[J]. 资源科学,2013,35(12):2457-2466.

[134] 朱荣荣,蔡静. 基于超效率SBM模型的绿色经济效率测度:以"一带一路"节点城市为例[J]. 价值工程,2020,39(29):6-8.

[135] WANG S, SUN C, LI X, et al. Sustainable development in China's coastal area:based on the driver-pressure-state-welfare-response framework and the data envelopment analysis model[J]. Sustainability,2016,8(9):958.

[136] 张建清,张岚,王嵩,等. 基于DPSIR-DEA模型的区域可持续发展效率测度及分析[J]. 中国人口·资源与环境,2017,27(11):1-9.

[137] 长三角高铁成网助力"双11"快件运输[EB/OL].[2022-11-12]. https://baijiahao.baidu.com/s?id=1749282310459151369&wfr=spider&for=pc.

[138] 国务院关于印发"十四五"现代综合交通运输体系发展规划的通知[EB/OL]. [2022-12-9]. https://www.gov.cn/gongbao/content/2022/content_5672664.htm.

[139] 铁路投资触底反弹完成7645亿元 全国铁路里程达15.9万公里[EB/OL]. [2024-01-09]. https://baijiahao.baidu.com/s?id=1787647624328518466&wfr=spider&for=pc.

[140] 李素英,张姣姣,吴永立. 高铁运营对河北区域经济高质量发展影响研究[J]. 铁道工程学报,2023,40(11):101-105.

[141] 王中宇. 中国高铁交通对旅游流空间溢出效应的影响:基于空间计量模型的实证研究[D]. 广州:暨南大学,2021.

[142] 周楠杰. 高速铁路开通对旅游业及工业的影响研究[D]. 长沙:湖南大学,2020.

[143] 《中国国内旅游发展报告(2023—2024)》:国内旅游市场强势回暖,活力再现[EB/OL].[2024-05-07]. https://www.traveldaily.cn/article/179832.

[144] 徐文源. 高速铁路对区域旅游发展的影响研究:以山东省为例[D]. 济南:山东师范大学,2018.

[145] 朱桃杏,任建新,张雪雁.基于AHP方法的高速铁路旅客出行特征和影响因素分析[J].石家庄铁道大学学报(社会科学版),2017,11(3):1-6.

[146] 黄爱莲.高速铁路对区域旅游发展的影响研究:以武广高铁为例[J].华东经济管理,2011,25(10):47-49.

[147] 武广高铁开通运营10年 运客逾5亿人次见证沿线城市发展[EB/OL].[2024-05-23].https://hunan.voc.com.cn/article/201912/20191226121530708.html#.

[148] 刘培学,陆佑海,张金悦,等.目的地区域内旅游线路模式及客流影响因素研究[J].旅游学刊,2022,37(6):14-26.

[149] 邬雪,张红.高铁对旅游产业集聚和扩散的影响:以京津冀为例[J].资源开发与市场,2019,35(7):986-992.

[150] 郭晓彤.高铁对物流业发展的影响及优化研究[D].重庆:重庆交通大学,2022.

[151] 李伟.高铁快运下城市末端物流配送路径优化研究[D].兰州:兰州交通大学,2020.

[152] 王康,曾岑,刘尧远.高铁背景下武汉铁路物流运输发展的展望[J].现代经济信息,2013(7):211-212.

[153] 纪玉俊,郝婷婷.高铁对制造业集聚的效应分析[J].天津商业大学学报,2020,40(5):3-9,16.

[154] 王硕,闫广华.区县尺度下高铁对区域可达性及经济联系的影响:以京张高铁为例[J].长春师范大学学报,2021,40(2):137-144.

[155] 马光霞.我国物流业发展水平评价及溢出效应分析[J].商业经济研究,2020(11):126-129.

[156] 宋爱华.区域物流业与经济发展协调度评价[J].统计与决策,2020,36(16):126-129.

[157] 宋二行,周晓唯.中国区域物流竞争力评价及其协调发展研究[J].价格月刊,2020(8):70-78.

[158] 穆晓央,王力,王浩嵩.丝绸之路经济带中国段物流业协调发展及省际差异动态研究[J].工业技术经济,2020,39(4):147-154.

[159] 孟勐珺,王应明,叶菲菲.我国物流业高质量发展水平测度与空间分布特征研究[J].工业技术经济,2022,41(4):103-110.

[160] 卢福财,詹先志.高速铁路对沿线城市工业集聚的影响研究:基于中部城市面板数据的实证分析[J].当代财经,2017(11):88-99.

[161] 十组数据,看中国高铁的巨大贡献[EB/OL].[2024-5-20].https://china.huanqiu.com/article/44LqhLU91MM.

[162] 高铁网络带动区域经济高质量发展[EB/OL].[2024-06-17].https://theory.gmw.cn/2022-08/17/content_35959136.htm.

[163] 张亚东,王雄英,向国成.高铁开通对工业化进程的影响:基于劳动力流动视角[J].湖南师范大学社会科学学报,2022,51(5):77-85.

# 参考文献

[164] 张玉玲. 高速铁路对中国城市群服务业发展的影响及机制研究[D].：以长江三角洲城市群为例[D]. 南京：东南大学，2019.

[165] 吴凤连，郝丽莎，王晓歌，等. 基于高铁联系的中国东部城市服务业发展潜力格局：社会网络分析视角[J]. 经济地理，2020，40(4)：145-154.

[166] 王丽，曹有挥，刘可文，等. 高铁站区产业空间分布及集聚特征：以沪宁城际高铁南京站为例[J]. 地理科学，2012，32(3)：301-307.

[167] 韩依彤. 高铁开通对产业协同集聚的影响研究：基于DID模型的检验[D]. 南京：南京财经大学，2021.

[168] 张陈兴. 高铁建设施工过程环境影响分析和强化环保管理机制的建议[J]. 皮革制作与环保科技，2021，2(19)：82-83.

[169] 杨睿. 高速铁路建设项目区域环境影响综合评价及环境效益评判研究[D]. 北京：北京交通大学，2015.

[170] 祝树金，尹诗姝，钟腾龙. 高铁开通抑制了城市环境污染吗？[J]. 华东经济管理，2019，33(3)：52-57.

[171] 张凯伦，孙华平，钟昌标. 高铁开通能否降低环境污染？[J]. 软科学，2022，36(11)：30-37,58.

[172] 赵莉琴，袁锐嘉，高敏，等. 高铁开通对城市碳排放影响及作用机理[J]. 铁道工程学报，2023，40(7)：100-104,110.

[173] 张国强. 生态交通是未来交通发展方向[J]. 综合运输，2021，43(7)：1.

[174] 徐超. 高铁开通对城市碳排放的影响研究[D]. 南京：南京审计大学，2022.

[175] 马静. 高铁开通对碳排放强度的影响研究[D]. 兰州：兰州交通大学，2024.

[176] 张晓昱，李润楠，秦玉婷，等. 多维异质性视角下高铁建设对城市碳排放强度的影响及其机制：基于281个地级及以上城市准自然实验[J]. 资源科学，2023，45(7)：1310-1323.

[177] 张般若，李自杰. 高铁能促进低碳经济吗？——高铁开通对城市碳排放强度的影响及机制研究[J]. 华中科技大学学报(社会科学版)，2021，35(1)：131-140.

[178] 林伯强，杨梦琦. 碳中和背景下中国电力系统研究现状、挑战与发展方向[J]. 西安交通大学学报(社会科学版)，2022，42(5)：1-10.

[179] 冉启英，张晋宁，杨小东. 高铁开通提升了城市绿色发展效率吗：基于双重差分模型的实证检验[J]. 贵州财经大学学报，2020(5)：100-110.

[180] 刘勇政，李岩. 中国的高速铁路建设与城市经济增长[J]. 金融研究，2017(11)：18-33.

[181] 张明志，余东华，孙婷. 高铁开通对城市生产体系绿色重构的影响[J]. 中国人口·资源与环境，2019，29(7)：41-49.

[182] 黄漫宇，余祖鹏，陈磊，等. 高铁开通促进了城市绿色创新吗？[J]. 经济经纬，2023，40(1)：25-35.

[183] 实现"双碳"目标,高铁当先行[EB/OL].[2024-5-03]. https://cn.chinadaily.com.cn/a/202111/03/WS61824f6da3107be4979f65ee.html#:~:text.

[184] 李平,王春晖,于国才. 基础设施与经济发展的文献综述[J]. 世界经济,2011,34(5):93-116.

[185] 张铱莹. 客运专线对区际运输通道的影响研究[D]. 成都:西南交通大学,2007.

[186] 林晓言. 高速铁路与经济社会发展新格局[M]. 2版. 北京:社科文献出版社,2017.

[187] 郭晓晓. 京沪高铁对沿线区域经济增长的作用研究[D]. 北京:北京交通大学,2015.

[188] 游悠洋,杨浩然,王姣娥. "高铁流"视角下的中国城市网络层级结构演变研究 世界地理研究[J],2020,29(4):773-780.

[189] 易其国,马灿,丁锐. 高铁对区域经济发展的空间溢出效应分析[J]. 统计与决策,2021,37(19):129-133.

[190] 郭建科,刘晓扬,韩增林,等. 高铁流与信息流在推动环渤海地区城市跨界网络演化中的区别与联系 人文地理[J],2024,39(1):130-141.

[191] 覃成林,黄龙杰. 中国高铁与区域经济发展研究进展 广西大学学报(哲学社会科学版)[J],2018,40(5):72-79.

[192] 山东主动"报家丑"深层意义在哪?[EB/OL].[2018-02-27]. https://sdxw.iqilu.com/share/YS0yMS00NTgzMDkx.html.

[193] 方福前,付琦. 产业结构升级的经济增长效应:基于2000—2020年中国31个省份面板数据的实证分析[J]. 江汉论坛,2024(1):12-25.

[194] 干春晖,郑若谷,余典范. 中国产业结构变迁对经济增长和波动的影响[J]. 经济研究,2011,46(5):4-16.

[195] 黄振宇,吴立春. 京沪高铁对沿线城市经济的影响:基于空间经济学理论的实证分析[J]. 宏观经济研究,2020(2):165-175.

[196] 孙伟增,牛冬晓,万广华. 交通基础设施建设与产业结构升级:以高铁建设为例的实证分析[J]. 管理世界,2022,38(3):19-34.

[197] 彭雪. 高速铁路沿线城市产业结构变动分析:以京广高铁为例[D]. 北京:北京交通大学,2017.

[198] 邓慧慧,杨露鑫,潘雪婷. 高铁开通能否助力产业结构升级:事实与机制 财经研究[J],2020,46(6):34-48.

[199] 刘敬严,高敏,方硕. 高质量发展内涵下京津冀区域产业结构转换分析 石家庄铁道大学学报(社会科学版)[J],2021,15(3):1-6.

[200] 马茹,罗晖,王宏伟,等. 中国区域经济高质量发展评价指标体系及测度研究 中国软科学[J],2019(7):60-67.

[201] 谢梅,白薇,吴沁媛,等. 高铁对经济发展的影响 电子科技大学学报[J],2020,

49(6):891-904.

[202] 李建明,王丹丹,刘运材.高速铁路网络建设推动中国城市产业结构升级了吗?[J].产业经济研究,2020(3):30-42.

[203] SHI K H, WANG J F. The influence and spatial effects of high-speed railway construction on urban industrial upgrading: based on an industrial transfer perspective [J]. Socio-economic planning sciences, 2024, 93:101886.

[204] 京沪高铁十年|城市转型样本:从"荒山杂草"到"高铁新城"[EB/OL].[2021-06-30]. https://www.thepaper.cn/newsDetail_forward_13284964.

[205] 王群勇,王西贝.高铁网络对区域产业结构的影响:基于社会网络与空间计量模型的分析[J].现代经济探讨,2021(5):82-91.

[206] 宋文月,任保平.政府治理对产业结构变迁的影响及区域差异 中国软科学[J],2020(7):77-91.

[207] 史歌.数字经济背景下区域现代化的路径与政策创新 西安财经大学学报[J],2023,36(2):30-37.

[208] 金兰,何刚.技术创新对安徽省产业转型升级的影响研究[J].石家庄铁道大学学报(社会科学版),2019,13(2):1-6.

[209] 朱长存,陆佳丽,刘云飞.新常态下河北省经济增长潜力测度研究 石家庄铁道大学学报(社会科学版)[J],2019,13(1):10-18.

[210] 我国高铁达到4.5万公里[EB/OL].[2024-01-09]. https://www.gov.cn/yaowen/liebiao/202401/content_6925054.htm.

[211] 2024年中国高铁行业研究报告[EB/OL].[2024-01-29]. https://www.21jingji.com/article/20240129/herald/68b413a05bb425b73016157b5bf43b0a.html. [212] 十组数据,看中国高铁的巨大贡献[EB/OL].[2021-08-14]. https://news.cyol.com/gb/articles/2021-08/14/content_J7LyvIZyb.html.

[213] 中国铁路发展这十年:路网密布高铁飞驰 交通强国铁肩担责[EB/OL].[2022-08-24]. https://www.thepaper.cn/newsDetail_forward_19599081.

[214] 张诚,刘敏,严利鑫.高速铁路对我国区域经济影响的研究 华东交通大学学报[J],2020,37(2):64-71.

[215] 梁雯,孙红.新型城镇化、空间溢出与物流产业集聚:基于省域数据的空间杜宾模型研究[J].电子科技大学学报(社科版),2020,22(1):45-53.

[216] 霍鹏,魏剑锋.城市间高铁开通影响了产业集聚态势吗?:以知识密集型服务业为例 产业经济研究[J],2021(4):13-26.

[217] 杨星琪,黄海军.高铁对城市经济空间结构影响的研究综述[J]交通运输系统工程与信息[J],2022,22(5):7-18.

[218] 张宇.武广高铁对沿线区域旅游空间结构影响研究[D].北京:北京交通大学,2015.

[219] 刘宁宁. 高速铁路对沿线旅游业发展的影响研究: 以哈大高铁为例[D]. 大连: 辽宁师范大学, 2015.

[220] 任晓红, 郭晓彤, 王炜, 等. 高铁开通对物流业发展的影响: 来自全国280个地级市的证据[J]. 产经评论, 2020, 11(5): 104-121.

[221] 观察丨长三角如何通过高铁网络实现一体化发展？[EB/OL]. [2021-10-13]. https://www.thepaper.cn/newsDetail_forward_14884675.

[222] 鲁万波, 贾婧. 高速铁路、城市发展与区域经济发展不平等: 来自中国的经验数据[J]. 华东经济管理, 2018, 32(2): 5-14.

[223] 黄和平, 谢云飞. 高铁开通的碳减排效应研究——兼议经济与环境双重目标的约束 环境经济研究[J], 2022, 7(4): 1-22.

[224] 《自然》子刊: 高铁助力碳减排, 仅京沪线每年减排超三百万吨[EB/OL]. [2021-10-25]. https://www.thepaper.cn/newsDetail_forward_15063785.

[225] 五部门: 铁路碳排放总量在2030年前达峰[EB/OL]. [2024-02-05]. https://new.qq.com/rain/a/20240205A06BEL00.

[226] 李治国, 王杰. 高铁服务供给对碳减排的影响: 基于空间溢出效应[J]. 地理科学, 2024, 44(1): 121-129.

[227] 李光耀, 袁佳歆, 甘栋良, 等. 高铁新能源混合储能系统低碳经济优化运行研究 电气工程学报[J], 2024, 19(1): 67-78.

[228] 胡田飞, 刘济华, 李天峰, 等. 铁路与新能源融合发展现状及展望 中国工程科学[J], 2023, 25(2): 122-132.

[229] 马建军, 李平, 邵赛, 等. 智能高速铁路关键技术研究及发展路线图探讨 中国铁路[J], 2020(7): 1-8.

[230] 交通与能源融合发展进入快车道[EB/OL]. [2023-08-07]. https://paper.people.com.cn/zgnyb/html/2023-08/07/content_26011130.htm.